लाल किताब की दुनिया

AF103962

सोमनाथ

BlueRose ONE.com
Stories Matter
NewDelhi • London

BLUEROSE PUBLISHERS
U.K.

Copyright © Somnath 2024

All rights reserved by author. No part of this publication may be reproduced, stored in a retrieval system or transmitted in any form or by any means, electronic, mechanical, photocopying, recording or otherwise, without the prior permission of the author. Although every precaution has been taken to verify the accuracy of the information contained herein, the publisher assumes no responsibility for any errors or omissions. No liability is assumed for damages that may result from the use of information contained within.

BlueRose Publishers takes no responsibility for any damages, losses, or liabilities that may arise from the use or misuse of the information, products, or services provided in this publication.

For permissions requests or inquiries regarding this publication, please contact:

BLUEROSE PUBLISHERS
www.BlueRoseONE.com
info@bluerosepublishers.com
+4407342408967

ISBN: 978-93-6452-731-6

Cover design: Daksh
Typesetting: Tanya Raj Upadhyay

First Edition: October 2024

आरम्भिक परिचय

लाल किताब ज्योतिष के जानकारों के लिए हमेशा से ही रूचि, रहस्य और अध्ययन का विषय रहा है। लाल किताब का विश्लेषण और व्याख्या बहुत से विद्वानों ने बहुत अच्छे से की है और इस विषय पर बहुत कुछ लिखा भी गया है।

यह किताब सोमनाथ जी की लिखी हुयी है जो की ज्योतिष विद्या और लाल किताब के प्रमुख जानकार के रूप में जाने जाते थे। वे समस्त ज्योतिष की किताबों में लाल किताब को विशेष महत्व और सम्मान देते थे। लाल किताब के अध्ययन में उन्होंने कई वर्ष बिताये और अपनी मृत्यु तक इसके ज्ञान से लोगों की सेवा करते रहे। उसके गहन अध्ययन से जो ज्ञान प्राप्त होता था, उससे उन्होंने कई लोगों को यथा उचित परामर्श भी दिया, जिससे कई लोगों को उनके अपने जीवन में कुछ दुविधाएं और कष्टों को कम करने में मदद मिलती थी। सोमनाथ जी ने हमेशा लाल किताब को इसका श्रेय देते थे और उसके निरंतर अध्ययन और अभ्यास पर ज़ोर देते थे।

सोमनाथ जी की इच्छा रही की वे अपने लाल किताब के अध्ययन का सार और उनके लोगों के साथ उपायों के अनुभवों को वे सरलता से एक पुष्तक के माध्यम से प्रस्तुत कर पाएं, ताकि ज्यादा से ज्यादा लोग लाल किताब के फरमान और उनके तर्कों को समझकर उससे लाभ ले पाएं।

सोमनाथ जी के शब्दों में:

लाल किताब के दायरे में रहते हुए और अन्य विद्वानों के अध्ययनों को सम्मलित करते हुए अपना विवरण और व्याख्या इस किताब के माध्यम से प्रस्तुत कर रहा हूँ।

लाल किताब के मूल लेखक पंडित रूप चंद जोशी जी थे। उन्होंने यह किताब १९३९ से १९५२ के बीच में लिखी। कहा जाता है उनको ये ज्ञान उनको किसी रूहानी अदृश्य शक्ति ने सपने में दिए था। हर रोज़ वो सपना देखते थे और सपने में दिए गए फरमानों को वह रजिस्टर में नोट करते रहे। जैसे जैसे फरमान याद आते आये वैसे वैसे लिखते गए, पर इन फरमानों को वे सिलसिलेवार तरीके से नहीं जमा पाए। और इसी कारण इन फरमानों को तरतीबवार तरीके से ज़माने के इच्छा से उन्होंने आगे के संस्करण भी निकाले, जिसमे सबसे ज्यादा पन्नें १९५२ संस्करण में पाए गए। फिर भी सभी फरमानों को जमाया नहीं जा सका और इसी कारण से ऐसा कहा जाता है की लाल किताब को उपन्यास की तरह बार बार पढ़ने से लाल किताब अपना भेद स्वयं खोल देती है।

लाल किताब में बताये गए उपाय किसी टोटके (बिना किसी तर्क के उपाय, जो अंधविस्वास या पाखंड पर ज़्यादातर आधारित होते है) की श्रेणी में नही रखे जा सकते क्योंकि इन उपायों के पीछे कोई न कोई तर्क, जटिल गणना, अनेको प्रकार के परमुटेशन / कॉम्बिनेशन होते है, जिनको समझना भी बहुत आसान नहीं है। इसी कारण कई लोग उपायों का बिना पूरा विश्लेषण किए हुए रेड़ीरेकनर जैसा बता देते है। कई दफा ये उपाय लग भी जाते और कई दफा कोई फायदा नही होता या काफी नुक्सान भी हो जाता है। उदाहरणार्थ सुई के कार्य में यदि तलवार का प्रयोग किया जाए, तो हानि ही होना है या इस का उल्टा भी हो तो हानि ही होती है, अर्थात उपाय हर पहलू को देखकर ही बताना चाहिए।

लाल किताब के उपायों पर अक्सर कुछ लोगों को आपने यह कहते सुना होगा की उपाय किये पर कुछ फायदा नहीं हुआ या कुछ उल्टा हो गया मेरा ऐसा मानना है लाल किताब के कुछ नियम हैं जिनका पालन अवश्य करना चाहिए। लाल किताब में उपायों के साथ ये भी बताया जाता है की क्या

आपको करना चाहिए और क्या आपको नहीं करना चाहिए। लोग उपाय तो कर लेते हैं पर उपायों के नियम कई दफा नहीं भी मानते या किसी कारण वश कर नहीं पाते। उस स्तिथि में उपायों का पुरनासर या पूर्ण असर नहीं हो पता। इसीलिए यह बेहद ज़रूरी है की लाल किताब के उपायों को पूर्णतः समझें और पूर्णतः नियमो का पालन भी करें।

इस किताब में ऐसे लाल किताब की ऐसी कई बारीकियों पर चर्चा की गयी है और फरमानों और उपायों के तर्कों को आसान और सटीक तरीके से समझने का प्रयास किया गया है।

इस किताब को सोमनाथ जी अपने देहांत से पहले एक ड्राफ्ट के तौर पर लिख कर गए थे। मैंने सिर्फ उनकी किताब के उस ड्राफ्ट को अपनी क्षमता अनुसार आकार देने का प्रयास किया है। मैं सोमनाथ जी का पुत्र हूँ, फिर भी इस विद्या को जानने और समझने में अक्षम रहा हूँ। हो सकता है मेरे उनके किताब और विचारों को संग्रह करने में कुछ त्रुटि हुयी हो, परन्तु मुझे विश्वास है की इस विद्या को जानने वाले, इसमें रूचि रखने वाले पाठक, इन त्रुटियों को क्षमा कर, स्वयं के ज्ञान एवं अनुभव से इस किताब में लिखी हुयी व्याख्याओं को अपने प्रयास से समझ जाएंगे।

जो भी पाठक गण इस पुस्तक को लाभदायक समझेंगे और जो लाल किताब पर सोमनाथ जी के अन्य व्याख्यानों को जानने में रूचि रखते हैं, वे सोमनाथ जी के इन विषयों पर वीडियोस को यूट्यूब चैनल : Lal Kitab ki Duniya: @AstroSom Somnath पर देख सकते हैं। सोमनाथ जी अब तो हमारे बीच नहीं हैं, पर उनके ज्ञान से किसी भी तरह से आपको लाभ पहुंचे, तो उनका उद्देश्य पूरा हो जाएगा।

सुनील बैनर्जी
पुत्र : स्व.पं.सोमनाथ

विषय अनुक्रम

लाल किताब के अनुसार कुंडली विचार 4

लालकिताब की महादशा (ग्रहो का अशुभ समय)................... 14

लाल किताब के उपाय के तर्क एवं सावधानियां............................. 20

वर्ष फल विचार के लिए फार्मूले : 24

लाल किताब के व्याकरण 36

लाल किताब के अनुसार कुंडली विश्लेषण हेतु फार्मूले 70

ग्रहो का विशेष वर्णन.. 92

त्रिकभवनों (६, ८, १२ घरो) की विशेष व्याख्या.......................... 137

प्रत्येक घर और ग्रहों से संबंधों का असर 184

किसी भी घर में एक से अधिक ग्रह विश्लेषण का सिद्धांत 247

लाल किताब के अनुसार कुंडली विश्लेषण की विधि एवं उपायों का तर्क 281

लाल किताब के उपाय- विभिन्न घरों में ग्रहों की स्थिति:.................. 287

महत्वपूर्ण प्रारंभिक सिद्धांत:

सूर्य या (शु + बु = सु) का असर वास्तविक वर्ष फल से पहले या तदानुसार बाक़ी ग्रहों का फल:

कुंडली में सूर्य निकलने का वक़्त बच्चे के माता के गर्भ में आने के दिन से ही गिनते हैं। लेकिन आम दुनिया में बच्चे के पैदा होने के बाद और पैदा होने के दिन के सूर्योदय को गणना में लेते हैं इस प्रकार गणना में ९ महीनों का फर्क पड़ जाता है जिसकी वजह से सभी ग्रह अपने निर्धारित समय में असर करने में धोखा कर देते हैं। इस बात का सुधार होना और भी ज़रूरी `इसलिए है की सभी ग्रह बालिग कब हुए यह देखना ज़रूरी है।

नियम :- जन्म कुंडली में सूर्य की स्थिति घर न. ९ से आगे (१०, ११, १२) या घर न. ९ से पीछे (१ से ८ तक) देखना होता है। दोनों ही स्थितियों में इन घरों में बैठे ग्रहों (सूर्य को छोड़ कर) की अवधि (औकात दशा की अवधि) को जोड़ देते हैं और इस तरह मिली कुल संख्या यह बताती है की जन्मदिन के इतने दिन पहले (सूर्य घर न. ९ के बाद) या इतने दिन बाद (सूर्य घर न. १ से ८ तक) सूर्य का असर शुरू होगा एवं यही नियम बाक़ी ग्रहों पर भी लागू होगा। मान लें की सु, मं, बु १०वें घर में हैं, १ में के, २ में च, श, एवं ७वें घर में शु, गु, रा हैं ११ एवं १२घर खाली हैं अतः सूर्य को छोड़ कर बुध = २ + मंगल = ६ यानी की ८ दिन या माह पहले असर होगा, दूसरे उदाहरण में घर न. २ में सूर्य है, राहु ३ में, शुक्र ४ में, मंगल ५ में, बुध ६ में, शनि ७ में, चन्द्र ८ में, तथा केतु ९ में है यहाँ घर न. ९ तक सूर्य को छोड़ कर राहु=६,शुक्र = ३, मंगल=६,बुध=३,शनि=६,चन्द्र=१, तथा केतु = ३ सभी का जोड़ = २८ दिन या २८ माह बाद तक असर होगा।

ग्रहो की अवधि :- बू = २, मं = ६, रा = ६, शु = ३, श = ६, चं= १, के = ३सु = २, गु = ६।

मुट्ठी भरकर क्या साथ लाया फरमान – १ :-

घर पहला है तख़्त हज़ारी ; ग्रह फल राजा कुंडली का ज्योतिष में इसे लग्न भी कहते ; झगड़ा जहाँ रूह माया का

बैठे ग्रह उत्तम कितने; दस्ती लिखा जैसे विधाता हो खाली पड़ा घर सात हो जब टेवे ; शक्की असर कुल ग्रह का हो

लग्न बैठा ग्रह तख़्त नशीनी ; राज शाही जब कर ता हो

आँख गिना घर आठ है उस की ; ग्यारह से हर दम चलता हो

अकेला तख़्तपर बहुत हो सात वें ; उम्दा बहुत राजा वज़ीरी होती है

उलट मगर जब टेवे बैठे ; जड़ सातवें की कटती है

उच्च नीच जो गिने घरों की ; वह नहीं एक सात लड़ते है

बाक़ी ग्रह सब झगड़ा करते ; उम्र से भी चंद मरते है

लग्न अगर खुद खाली होवे ; किस्मत साथ न आई हो

किस्मत उसके सात वीं बैठी ; या घर चौथे दसवें हो मुट्ठी के घर चारो खाली; नौ, तीन, ग्यारह, पांच वे हो

ये घर भी ग़र खाली होवे ; दो, छह, आठ, बारह में हो

घर बारह ही घूम के देखे ; उच्च, क़ायम, या घर का जो

किस्मत का वो मालिक होगा ; बैठा तख़्तपर उसके हो

जिस घर में जो भी ग्रह बैठा हो, उसकी स्थिति जांचने के लिए उस घर के कारक ग्रह (पक्काघर) की स्थिति देखनी होती है । किसी भी खाने में आये हुए ग्रह पर उस खाने के पक्के ग्रह (कारक ग्रह) और उस खाने के मालिक ग्रह का असर ज़रूर शामिल होगा चाहे यह दोनों ग्रह कहीं भी बैठे हों । इसी सिद्धांत को दिमाग में रखकर लाल किताब के उपाय एवं ग्रहों के फला देश देखे जाते हैं । मान लें की शनि पहले खाने में बैठा है तो अब शनि पर पहले खाने के पक्के ग्रह सूर्य एवं मालिक ग्रह मंगल का असर शामिल रहेगा । यहाँ पर शनि बैठने पर सु + श = मंगल बद का असर होगा और मालिक ग्रह मंगल

बुरा असर देगा। इसी कारण वैदिक ज्योतिष में यहाँ के मंगल को मंगली बोला जाता है।

इंसानी अदालतों के ऊपर ग्रहो की अदालत भी होती है जो गुरु ने शनि के घर में लगा रखी है। जहाँ राहु सरकारी वकील (पब्लिक प्रोसिक्यूटर) के रूप में अभियुक्त (मुल्ज़िम) का चालान पेश करता है और केतु वकिले सफाई (डिफेंस काउन्सिल) होता है। दोनों पक्षों को सुनने के बाद मुंसिफ (न्यायाधीश) शनि अपना धर्मी फैसला सुनाते है। सही अर्थों में ग्रह ही सारा कानून चलाते है आदमी के बस में कुछ खास नहीं होता। लाल किताब ज्योतिष इसी सिद्धांत पर चलता है।

लाल किताब के अनुसार जातक की कुंडली के विचार के समय यदि जरूरी हो अर्थात किसी ग्रह का फल समझ में नहीं आ रहा हो, तो जातक की कुंडली के साथ परिवार के लोगों की भी कुंडली देखनी होती है। क्योंकि जन्म-जन्मांतर के कर्मबंधन के कारण जातक इस दुनिया में आता है और इसी प्रकार अन्य आत्माएं कर्मबंधन से जुड़कर इस इस जातक से संबंधित हो जाती है। माता पिता भाई बहन के रूप में, जन्म लेने से पहले संसार की सभी आत्माएं स्वतंत्र होती है, लेकिन कर्मबंधन से जुड़ने से विभिन्न जन्म लिए हुई आत्माओं से उसका रक्त संबंध बन जाता है। इस कारण ग्रहों का भी आपसी संबंध जातक एवं परिवार के बीच बन जाता है अक्सर पता है। यह देखा जाता है जातक की कुंडली में शुभ ग्रह का असर हो ही नहीं रहा है और जातक की कुंडली इसका कोई उत्तर नहीं दे पा रही है। इस अवस्था में परिवार के दूसरे लोगों की भी कुंडली देखनी पड़ती है। यह संबंध ऋण के रूप में भी होता है जैसे पितृ ऋण, मातृ ऋण, भाई का ऋण इत्यादि। इन ऋण के उपाय के बगैर कुंडली का फल नहीं मिल पाता। यह उपाय सिर्फ राशिफल वाले ग्रहों का ही हो सकता है क्योंकि ऐसे जन्मांतर के कर्म जो कुछ हल्के किस्म के थे, वह तो उपाय द्वारा ठीक किए जा सकते हैं, लेकिन ऐसे ही कर्म जोकि माफी योग्य नहीं थे वह ग्रह फल वाले ग्रहों से पता लगता है।

लाल किताब के अनुसार कुंडली विचार

लाल किताब के अनुसार कुंडली विचार करते समय पारम्परिक कुंडली के सभी राशि अंक मिटा कर लग्न में न. १ लिखकर, तदनुसार १२वे घर तक अंक लिखे जाते है। इसका अर्थ यह नहीं है की लाल किताब में राशियों को नकार दिया गया है। १९४२ एवं १९५२ संस्करणों की लाल किताब में ग्रहो के उच्च, नीच एवं अपनी राशियों में होने का ज़िक्र है इन राशियों में होने पर ग्रह का उपाय नहीं हो सकता अर्थात ये ग्रह, ग्रह फल के कहलाते है।

ग्रहों के उच्च नीच होने का निर्धारण- :

यदि कोई ग्रह पारंपरिक ज्योतिष के अनुसार अपने नीच राशि में स्थित है, लेकिन लाल किताब कुंडली के अनुसार अपने उच्च घर में स्थित है तो उस ग्रह को उच्च प्रभाव का ही माना जाएगा। यहां पर काल पुरुष कुंडली को पारंपरिक ज्योतिष के अनुसार बनाई गई कुंडली से ज्यादा महत्व दिया गया है।

उदाहरणार्थ यदि तुला लगने की पारंपरिक कुंडली है और बुद्ध छठे घर में मीन राशि का होकर बैठा है तो हो पारंपरिक कुंडली के अनुसार बुद्ध नीच राशि का हुआ, लेकिन काल पुरुष कुंडली अर्थात लाल किताब कुंडली के अनुसार वह छठे घर में हुआ और छठा घर बुद्ध के लिए उच्च का होता है। अतः यहां पर बुद्ध पारंपरिक ज्योतिष के अनुसार नीच होते हुए भी लाल किताब कुंडली के अनुसार उच्च का प्रभाव देगा।

१२ साल की उम्र तक के बच्चो के लिए उपाय बताते वक्त यही सिद्धांत काम में आते है। जैसे किसी बच्चे के सात साल की आयु का विचार करना है तो हमें उसका दूसरा घर देखना होता है (आगे चार्ट में है)। अगर दूसरा घर ख़ाली

हो तो उस घर में स्थित राशि के ग्रह का उपाय करना होता है। हम यहाँ पारम्परिक चार्ट एवं उसका लाल किताब के अनुसार बना चार्ट दे रहे है:-

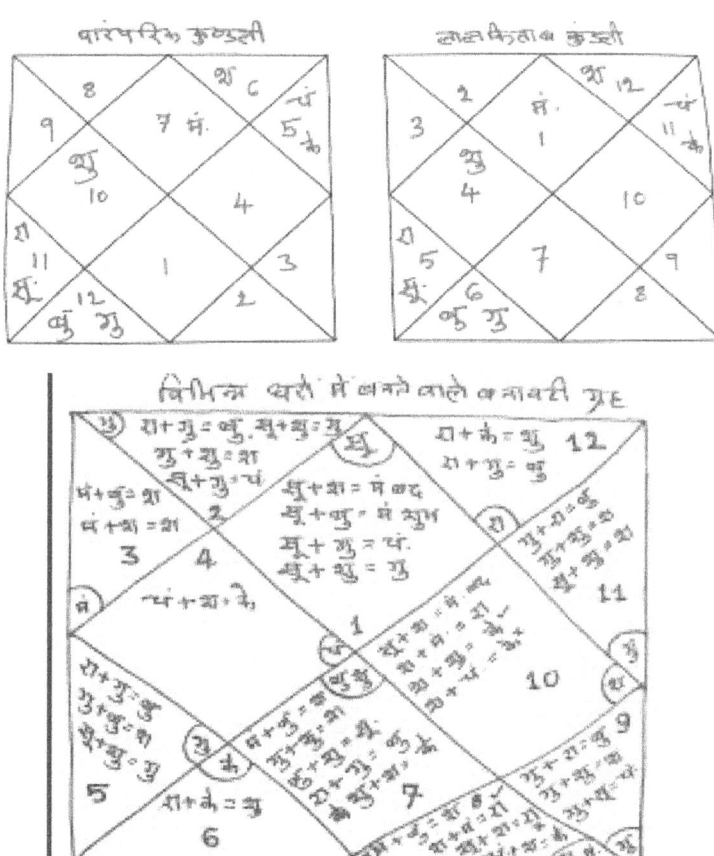

ऊपर दिए गए चार्ट में प्रत्येक घर में बन सकने वाले बनावटी (मस्नूई) ग्रह बताए गए हैं। हर घर के कारक ग्रह ब्रैकेट के अंदर दिए गए हैं। जैसे पहले घर का सूर्य, दूसरे का गुरु इत्यादि। हर घर में कारक ग्रह का एक अंश और दूसरे ग्रह का एक अंश मिलने से बनावटी ग्रह बनते हैं। जैसे यदि दूसरे घर में

बुध हो तो ऊपर के चार्ट से यह पता चलता है की दूसरे घर का कारक ग्रह राहु के साथ बनावटी बुध बनाता है, अर्थात यहाँ पर बैठे असली बुध पर बनावटी बुध, जिसमे राहु का अशुभ प्रभाव मिला हुआ है, अपना असर मिलाकर फल अशुभ कर रहा है। अतः उपाय के तौर पर या तो राहु को हटा दें या राहु के अशुभ असर को शुभ में बदल दें, क्योंकि दूसरे घर में सिर्फ राहु केतु को ही राशिफल (उपाय योग्य) मानते है चूंकि बनावटी बुध में केतु का कोई योगदान नहीं है, अतः केवल राहु का ही उपाय करते हैं।

<u>उपाय</u> :-

१. राहु के असर को शुभ करने के लिए चांदी की ठोस गोली अपने पास रखते है (ठोस गोली कारक राहु है उसमे चंद्र का असर मिलाने के लिए चांदी की गोली बनाते है क्योंकि दूसरे घर में चंद्र उच्च का होता है)

२. राहु को दूर करने के लिए एक मुट्ठी जौ (राहु की वस्तु) ४३ दिनों तक पानी में बहाए

टक्कर, जड़ एवं दृष्टी का चार्ट में वर्णन :-

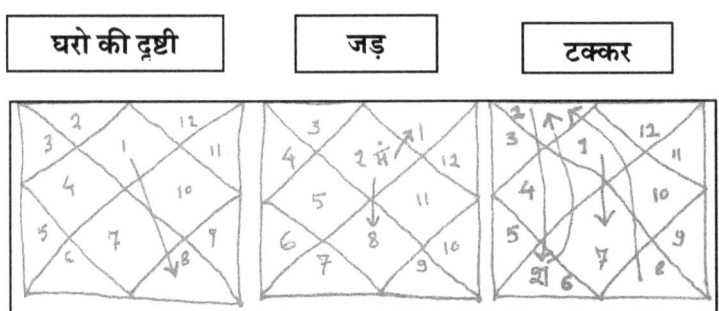

घरो की दृष्टी | **जड़** | **टक्कर**

हर घर अपने से आठवे घर में स्थित ग्रह को टक्कर मार कर उसके फल को खराब कर देता है, भले ही वह उसका दोस्त हो, लेकिन आठवे वाला पहले को टक्कर नहीं मार सकता। जड़ का मतलब हर ग्रह के लिए निर्धारित राशि

से है, जैसे मंगल के लिए मेष एवं वृश्चिक जैसा की ऊपर चार्ट में दिया गया है। अर्थात यदि मेष या वृश्चिक या दोनों में मंगल के दुश्मन बैठ जाए तो मंगल का फल काफी हद तक अशुभ हो जाता है। जैसे सूर्य केवल सिंह राशि का मालिक है, अतः यदि सिंह राशि में सूर्य का दुश्मन बैठा हो और भले ही सूर्य उच्च का हो उसके शुभ फल में कमी आ जाती है। दृष्टी में सभी ग्रह अपने से सातवे घर को देखते है, गुरु इसके अलावा ५ एवं ९ वि दृष्टी भी रखता है, शनि ३ एवं १० भी और मंगल ४ एवं ८ भी। सिर्फ ६ ठे घर का शनि ही दूसरे घर पर दृष्टी डालकर वहां पर स्थित ग्रह के फल को खराब करता है (जैसा की ऊपर चार्ट में है), आठवे घर की उलटी दृष्टी दूसरे घर पर जाती है लेकिन आठवे घर के गुरु, सूर्य, चंद्र दूसरे घर को नहीं देख सकते।

जैसे सिंह लग्न की कुंडली में मंगल पहले घर में है, तो इस हिसाब से वृश्चिक राशि (मंगल की राशि) चौथे घर में और मेष राशि (मंगल की राशि) नौवे घर में हुए। यही दोनों स्थान जड़ कहलाएंगे मंगल के लिए अन्य लग्न होने पर दोनों राशियों के घर भी बदलेंगे यही नियम सभी ग्रहो के लिए है।

ऋण :-

1. कुंडली में यदि सूर्य खराब अशुभ स्थिति में हो, राहु केतु शनि से दूषित पीड़ित (अशुभ योग संबंध केंद्र षडाष्टक, द्विद्वादश, प्रतियोग) में हो तो सूर्य जिस वस्तु का कारक है जैसे खनिज पत्थर, शिव, पशु, वन पर्वत, वृक्ष-वनस्पति को घर या घर के सामने अथवा आसपास में स्थापित करें।
2. आयु और ज्ञान में श्रेष्ठ व्यक्ति की मजाक, हंसी, नकल उतारने से भी सूर्य दूषित पीड़ित होता है अत: इससे बचें।

पितृदोष के अनेक कारण हो सकते हैं, जिनमें से कुछ प्रमुख इस प्रकार हैं:

(क) बहन पुत्री का ऋण :

बहन या पुत्री के साथ धोखा करना, उनकी इज्जत लूटना, जुल्म अत्याचार करना, हक दबाना, छीनना, हत्या करना, लालच में आकर उसे बेच देना। यह सभी कृत्य भयंकर पाप की श्रेणी में आते हैं तथा श्राप (ऋण) के रूप में भोगने ही पड़ते हैं।

जातक के परिवार में प्रत्यक्ष लक्षण:

आर्थिक तंगी, घर की बहन पुत्री के विवाह के समय दुर्घटना, मृत्यु, समय से पहले वृद्धावस्था के लक्षण पिचके गाल, सफेद बाल, झुर्रियां पडऩा आदि दिखाई पडऩा, जीने की इच्छा न रहना, स्त्री का सुख न मिलना, ननिहाल या ससुराल के वंश का नाश होना, कोई नाम लेने वाला भी न रहना।

कुंडली की ग्रह स्थिति से पहचान:

कुंडली के 3 या 6 भाव में चंद्रमा होने पर बुध दूषित पीड़ित होता है और बुध ही ऊपर लिखे अशुभ फल देता है।

मुक्ति का उपाय :

परिवार के सभी सदस्यों के समान रूप से चंदे का पैसा इकट्ठा कर बुध के दिन यथाशक्ति 11 से लेकर 101 कन्याओं को हलवा, पुड़ी, खिलाकर दक्षिणा देने तथा कन्याओं का आशीर्वाद लेने से ऋण मुक्ति हो जाती है। ध्यान रहे कि यह कार्य पूर्ण श्रद्धा से किया जाए तथा बेमन बेगार की तरह न भुगता जाए।

(ख) स्त्री ऋण :

किसी लालच के कारण गर्भवती स्त्री की हत्या करना, उसे मारना, पीटना, लूटना, उसका अपमान करना या बलात्कार करना। यह सभी कृत्य भयंकर पाप की श्रेणी में आते हैं तथा इन पापों का परिणाम भोगना ही पड़ता है।

जातक के परिवार में प्रत्यक्ष लक्षण

सुख के समय मांगलिक बेला में किसी की मृत्यु होने पर दुख भोगना, अकारण रोने लगना। कुंडली में जब शुक्र पीड़ित होता है तो ऊपर लिखे फल भोगने पड़ते हैं। कुंडली में सूर्य चंद्रमा राहु 2 या 7 भाव में होने से शुक्र दूषित होकर पीड़ित होता है यदि शुक्र 7 या 8 भाव में न हो। इसे स्त्रीऋण का कुंडली में प्रकट लक्षण समझना चाहिए।

मुक्ति का उपाय

परिवार के सभी सदस्यों समान पैसे चंदे के रूप में इकट्ठा करके एक ही दिन एक ही समय में 101 गायों को चारा दाना खिलाने से मुक्ति मिल सकती है किन्तु ध्यान रहे कि कोई भी गाय अंगहीन न हो।

(ग) निर्दयी का ऋण :

किसी जीव की हत्या करना, किसी भी अचल सम्पत्ति मकान, दुकान धोखे से छल से हड़प लेना, निराश्रितों को उनके आश्रय से भगाकर मकान दुकान बनवाना।

प्रत्यक्ष लक्षण

मकान बनवाते समय वर्षा शुरू होकर लगातार होती रहे, बंद न हो, जातक के परिवार में दुर्घटना, पलकों और भौहों के बाल झड़ाना, जातक के अपराध के कारण उसके परिवार या ससुराल वालों को पुलिस सताए, परिवार के सदस्य मृत्यु के कारण एक-एक कर कम होते जाना।

जातक की कुंडली की ग्रह स्थिति से पहचान

कुंडली के 10 या 11 भाव में सूर्य चंद्रमा मंगल के बैठने पर शनि दूषित पीड़ित होता है तथा इससे निर्दयी का ऋण प्रकट होता है।

मुक्ति के उपाय (शाकाहारी जातकों के लिए)

परिवार के सभी सदस्यों के समान पैसा चंदे के रूप में एकत्रित कर किसी दिन एक साथ एक ही समय में 100 से अधिक मजदूरों को भोजन कराएं अथवा कौओं को लगातार 43 दिन तक भोजन खिलाएं। (मासांहारी जातकों के लिए) सौ स्थानों की मछलियों को खाने हेतु आटे की सूखी गोलियां डालें। इन उपायों से शनि के दोष का निवारण होता है।

(घ) ईश्वरीय ऋण :

बुरी नीयत से कुत्तों को मारना या मरवाना, फकीरों साधुओं को कष्ट देना, धोखा, विश्वासघात षड्यंत्र कर किसी के वंशजों की हत्या करना, कबूतर मारना, व्यर्थ की जीव हत्या करना।

प्रत्यक्ष लक्षण :

जातक को दूसरों के पुत्रों का पालन करना पड़ रहा हो। यात्रा में या प्रवास में धन खो जाए या चोरी ठगी करके हड़प लिया जाए। परिवार में पुत्र संतान जन्म न ले, जन्म लेते ही लगातार रोगी रहे।

जातक की कुंडली की ग्रह स्थिति से पहचान :

बृहस्पति केंद्र (1, 4, 7, 10) में हो तथा शनि 2, 3, 6 भाव में हो अथवा शुक्र 5, 6 भाव में हो अथवा बुध 3, 6 भाव में हो तो बृहस्पति दूषित (पीड़ित) होने से ऊपर लिखे ईश्वरीय ऋण के लक्षण प्रकट होते हैं।

मुक्ति के उपाय :

परिवार के सभी सदस्यों से समान पैसा चंदा करके एक ही दिन में लगभग 100 कुत्तों को रोटी खिला। विधवा स्त्री की सेवा करें। कोई काम करने से पहले नाक साफ करें। बृहस्पति की पूजा करें। पितरों का श्राद्ध करें।

नोट : कुंडली में 2, 5, 7 में से किसी भाव में बुध शुक्र राहु हों तो बृहस्पति पीड़ित होता है। मकान के पड़ोस में कोई मंदिर या पीपल का पेड़ नष्ट करने से पितृदोष बनता है।

अगर किसी कारणवश जन्मकुंडली न हो तो परम्परागत विधि से प्रश्न कुंडली एवं उसे लाल किताब की कुंडली में बदलकर समस्याए वं उसके उपाय बताए जा सकते हैं। ग्रहो के अशुभ होने की निशानिया भी इस काम में प्रयोग कर सकते हैं।

लाल किताब में ज्योतिष के सूत्र फरमानों के रूप में दिए गए हैं अर्थात फरमान एक प्रकार के ईश्वरीय आदेश के समान हैं। हलाकि इन फरमानों के पीछे तर्क भी हैं और व्याख्या भी है लेकिन अभी तक सारे फरमानों एवं विवरणों की डिकोडिंग नही हो पायी है। अतः कोशिश यही की गई है कि जितना संभव हो पाया है फरमानों कि व्याख्या करने कि कोशिश कि गई है।

लाल किताब के १९३९ संस्करण के अनुसार फरमानों की कुलसंख्या १८१ है। इन फरमानों में ज्योतिष एवं हस्तरेखा शास्त्र दोनों को शामिल किया गया है। हम केवल उन्ही फरमानों की व्याख्या करेंगे जो की केवल ज्योतिष शास्त्र से सम्बंधित हैं क्योंकि दोनों शास्त्रो का एक साथ परिभासित करना बहुत कठिन कार्य है कहा जाता है की एक समय में केवल एक कार्य पर ही ध्यान देना चाहिए।

लाल किताब के नियम यदि ध्यानपूर्वक समझ लिए जाये तो हर ऐसे ग्रह जिनका उपाय करना संभव है उनका भी उपाय किया जा सकता है भले ही उस उपाय को लाल किताब में न बताया गया हो। लाल किताब में खासियत ही यही है की वह किसी माँ बाप की तरह अपने बच्चे को ऊँगली पकड़ कर चलना सिखाता है लेकिन आगे का रास्ता अपने विवेक के अनुसार एवं लाल किताब में बताये गए नियमों के आधार पर तय कर ना होता है। उदाहरणार्थ लाल किताब में फरमान है की केतु चौथे घर में होगा तो ऐसा व्यक्ति माता के चरणों में होता है। इस बात के आधार पर घर से यदि किसी की संतान घर से भाग जाए या गुम जाए तो केतु कारक वस्तुओं को शमशान में स्थापित करने से उसकी वापसी की सम्भावनाये बन जाती है तर्क यह है की व्यक्ति की जन्मकुंडली का ५वा घर संतान का माना जाता है केतु कारक वस्तुओ को शमशान में स्थापित करने से उसके पुत्र का केतु ४थे घर में कायम होगा क्योंकि व्यक्ति का ८वा घर उसके पुत्र का ४था घर है और वस्तु केतु का कारक है। इसी प्रकार वाहन भी ४थेघर का कारकग्रह है और कार भी केतु की वस्तु है लेकिन यहाँ पर लाल किताब के नियम के अनुसार ४थे घर का केतु पारम्परिक कुंडली में ग्रहफल (उच्च, नीच, स्वराशि) का न हो।

हमारी सुविधा के लिए धर्म की आड़ में कई ऐसे नियम बना दिए थे जिन के पालन से ग्रहो के शुभ फल प्राप्त किए जा सकते थे। जैसे शादी के समय गाय दान द्वारा शुक्र के फल को उच्च करने से वैवाहिक जीवन में ख़ुशी, कानों में सोना डालकर केतु और नाक में चांदी डालकर बुध के बुरे असर से बचा जा सकता था। कानो में सोना पहनने से कान, टांग, रीढ़ की हड्डी और पेशाब की तकलीफ नहीं होती थी। नाक छेदन से बुध का गन्दा पानी निकल जाता था और बुध दिमाग पर दबाव नहीं डाल पाता था इसी कारण उस समय के लोग आसानी से तनाव में नहीं आते थे। इस प्रकार धर्म के नाम पर वैज्ञानिक उपाय करवाए जाते थे। आज कल पनीर खाने का बहुत चलन है नीबू केतु की

वस्तु है और दूध चन्द्र का अर्थात चन्द्र + केतु से चन्द्रग्रहण की वस्तु को हम खाते है चन्द्रग्रहण से मानसिक तनाव एवं भ्रम तथा साथ ही माता से मन मुटाव होता है इसी कारण पुराने समय में नीबू से दूध को फाड़ना पाप समझा जाता था (धर्म के नाम पर वैज्ञानिक उपाय)।

लाल किताब में एक भाग दिया गया है जिसे व्याकरण कहा जाता है, वास्तव में इस भाग में लाल किताब में दिए गए उपायों तथा फला देश के तर्क है ये तर्क अच्छे से समझ लेना चाहिए। इससे लाल किताब के नियमों को समझा जा सकता है और रटने की ज़रूरत नहीं रहती। चूंकि लाल किताब के सारे फार्मूले विज्ञानं एवं गणित आधारित है और इन दोनो ही विषयों को समझने की ज़रूरत होती है, रटने की नहीं। अगर फार्मूला समझ गए तो अनगिनत सवाल हल कर सकते हैं जो की रटके नहीं कर सकते, हाँ इतना ज़रूरी हैं की फलादेश करते समय लाल किताब १९५२ को ज़रूर सन्दर्भ के रूप साथ है रखें तो कि कोई गलती न हो। लाल किताब के रचयिता आदरणीय स्व. रूपचंद जोशी भी फलकथन करते समय १९५२ लाल किताब को कंसल्ट करते थे जबकि वह खुद इस ग्रन्थ के सृजन कर्ता थे।

लालकिताब की महादशा
(ग्रहो का अशुभ समय)

लाल किताब की महादशा का अर्थ पारंपरिक ज्योतिष में दर्शाए गए महादशा से अलग है, हालांकि पारंपरिक ज्योतिष के विंशोत्तरी महादशा के 120 वर्ष लाल किताब की महादशा में भी लिए गए हैं, लेकिन यह समानता यही तक है। लाल किताब में महादशा का अर्थ दुर्भाग्य से है, जो कि साढ़ेसाती में होने वाले परेशानियों के बराबर होता है जैसा कि पारंपरिक ज्योतिष में है।

लाल किताब में कहा गया है "किसी ग्रह का लगातार ही मंदा जमाना महादशा का अरसा होगा" अर्थात किसी भी ग्रह का ऐसा समय जो कि दुर्भाग्यशाली समय लाता है वह महादशा कहलाता है लाल किताब की महादशा पारंपरिक ज्योतिष से इस मायने में अलग है कि इसमें हर जातक को इस महादशा से गुजरना ही पड़ेगा जैसा कि पारंपरिक ज्योतिष में दूसरा ग्रह अपनी महादशा चलाता है लाल किताब की महादशा में कई शर्तें हैं और यह शर्तें इतनी सारी हैं कि कुछ ही लोग इन महादशाओं के कारण होने वाले दुर्भाग्य से गुजरने को बाध्य होते हैं इसका वर्णन निम्नानुसार है: -

जातक महादशा (ग्रह का अशुभ समय) से प्रभावित नहीं होगा यदि: -

1। चंद्र अच्छी स्थिति में हो

2। कोई भी ग्रह चौथे घर में अच्छा माना जाता है

3। कम से कम एक ग्रह केंद्र (1, 4, 7, 10) में हो और उसी समय ग्रहों की निम्न स्थिति हो: -

- चंद्र दूसरे या 9 घर में हो

- राहु तीसरे घर में हो

- बुद्ध या राहु 6 घर में हो

- शुक्र या केतु 12 घर में हो

यदि ऊपर दिए गए कोई एक शर्त भी कुंडली में लागू होती हो तो जातक पर कोई महादशा नहीं होगी।

यदि किसी जातक पर महादशा लागू है तो निम्नलिखित ग्रह कोई भी फल नहीं देंगे: -

- किस्मत का ग्रह
- उच्च ग्रह
- कायम ग्रह
- राशिफल का ग्रह
- शुभ ग्रह

उपरोक्त बातों से पता लगता है की महादशा बहुत ही कम लोगों पर लागू होती है। उपरोक्त शर्तों के बाद कोई ग्रह महादशा वाला पाया जाता है तो निम्नलिखित शर्तों को भी पूरा करने पर ही उसे महादशा के प्रभाव वाला ग्रह माना जाएगा: -

1. गुरु 10, शनि 1, केतु 3 या 6, राहु 9 या 10 घरों में
2. सूर्य 7 और बुद्ध 12 में
3. चंद्र 8, सनी 1, मंगल 4, शुक्र 6, गुरु 10 घरों में
4. शुक्र 6, मंगल 4, गुरु 10
5. मंगल 4, सनी, शुक्र 6, राहु 9 या 12
6. बुद्ध 12, शनि 1, केतु 3 या 6, मंगल 4 गुरु 10
7. शनि 1, केतु 3 या 6, गुरु 10

8. राहु 9 या 12, चंद्र 8, गुरु 10
9. केतु 3 या 6, शनि 1, सूर्य 7 गुरु 10, बुद्ध 12

उपरोक्त बातों से यह स्पष्ट है की कोई भी ग्रह महादशा का प्रभाव उसी समय दे सकता है जब वह खुद नीच का हो एवं उसके सम वाला कोई अन्य ग्रह भी नीच का हो। इसका अर्थ है की कुंडली में कम से कम दो या दों से ज्यादा ग्रह नीच होने चाहिए तभी किसी ग्रह के महादशा का प्रभाव जातक पर होगा इसके अलावा ऊपर बताए गए शर्तें भी लागू होंगी।

महादशा का प्रभाव निम्न प्रकार होगा: -

1। महादशा वाले ग्रह का प्रभाव उस वर्ष से आरंभ होगा जब वर्षफल मैं यह ग्रह लग्न में आएगा

2। महादशा के दौरान इस ग्रह सहायता कोई भी मित्र ग्रह नहीं कर पाएगा

3। महादशा के दौरान शत्रु ग्रह जरूर नुकसान करेंगे

4। महादशा का प्रभाव सिर्फ उसी घर में होगा जहां से किस ग्रह का संबंध होगा

5। अभी जातक पर दुर्भाग्य का प्रभाव 39 वर्ष से ज्यादा नहीं रह सकता

स्वर्गीय पंडित रूपचंद जोशी ने उपरोक्त स्थिति पर एक उदाहरण दिया है उन्होंने विंशोत्तरी दशा के हिसाब से एक जातक का उदाहरण देते हुए यह मान लिया है की जन्म के समय जातक की 20 वर्षों की शुक्र की महादशा (लाल किताब) चल रही थी। जब महादशा समाप्त होने को थी, उसके बाद शुक्र की विंशोत्तरी महादशा प्रारंभ होती इस प्रकार जातक शुक्र की दशा दो बार भोग करता। इस प्रकार की परिस्थितियों में पंडित जी ने बताया था की इन दोनों प्रकार की दशाओं के दरमियान (लाल किताब महादशा से विंशोत्तरी महादशा) जो भी समय होता है वह समय बुरा नहीं होगा अर्थात 40 वर्ष के शुक्र की दशा में

सिर्फ 39 वर्ष बुरे रहेंगे। उपरोक्त सिद्धांत जिसमें दुर्भाग्य की अवधि 39 वर्ष से ज्यादा नहीं बताया गया इसी बात पर आधारित है।

किस वर्ष और महादशा ग्रह प्रभाव डालेंगे इसके लिए एक चार्ट बनाना जरूरी होता है।

ग्रहों का क्रमबद्ध प्रभाव निम्न प्रकार से होता है: -

सूर्य, चंद्र, केतु, मंगल, बुद्ध, शनि, राहुल, आठवें घर में स्थित ग्रह, नौवें घर में स्थित ग्रह, गुरु, शुक्र, बारहवें घर में स्थित ग्रह।

उदाहरण के लिए लाल किताब महादशा में बुद्ध की महादशा चल रही है, अतः बुद्ध को चार्ट के पहले खाने में लिखते हैं। उसके बाद शनि, राहु आठवें घर का ग्रह, नौवें घर का ग्रह, गुरु, शुक्र, बारहवें घर का ग्रह, सूर्य, चंद्र, केतु और मंगल। जैसा कि हम जानते हैं की बुध की महादशा तभी शुरू होगी जब बुद्ध वर्षफल म पहले घर में आएगा, इसके लिए पहले कॉलम के नीचे इस वर्ष को लिखना चाहिए।

मानते हैं की बुद्ध जन्मकुंडली के बारहवें घर में है अतः बुध की महादशा जातक के 12 वें वर्ष में प्रारंभ होगी। जिस वर्ष वर्षफल के अनुसार बुद्ध पहले घर में होगा, बुद्ध के नीचे चार्ट में 12 लिख देना चाहिए। अंक जातक के आयु को बताएगा। यदि 8, 9, और 12 में कोई भी ग्रह ना हो तो इन घरों के स्वामी को लिया जाएगा। क्योंकि चंद्र बुद्ध के साथ शत्रुता रखता है इस कारण चंद्र का बुरा प्रभाव खास कर जातक के 21 वर्ष की आयु पर पड़ेगा। ध्यान रखने वाली बात यह है की बुध की महादशा का प्रभाव 17 वर्षों तक है इस कारण शत्रु ग्रह का 17 वर्षों तक ही होना चाहिए। इस उदाहरण में बुध की दशा 12 वर्ष की उम्र में प्रारंभ हो रही है अतः इसका प्रभाव 28 साल के अंत तक रहेगा।

लालकिताब की महादशा (ग्रहो का अशुभ समय) जानने की दूसरी विधि

महादशा ग्रह	घर न।	वभिन्न घरो में दूसरे ग्रहो की स्थिति
गुरु	१०	शनि - १, केतु ३/६, गुरु -१०,राहु ९/१२
सूर्य	७	बुध - १२
चंद्र	८	श - १, बु - ४, शु - ६, गु - १०
शुक्र	६	मं - ४, श - १, गु - `१०
मंगल	४	शु - ६, श - १, राहु - ९/१२
बुध	१२	श - १, के -३/६, गु - १०
शनि	१	के - ३/६, गु - १०
राहु	९ / १२	चं - ८, गु -१०
केतु	३ / ६	श -१, सु - ७, गु- १०, बु - १२

यहाँ पर पारम्परिक विंशोत्तरी दशा के १२० वर्षों के हिसाब से हर ग्रह को उतने ही वर्ष दिए गए है जितने की विंशोत्तैरी दशा में, बस यही तक पारम्परिक और लालकिताब दशा में समानता है।

* यदि १, ४, ७, १० घरो में ग्रहो की युति किसी उच्च ग्रह से हो तो महादशा का असर नहीं होगा

* जन्म समय का ग्रह यदि उच्च का हो तो महादशा का असर नहीं होगा

यहाँ पर लालकिताब महादेश का उल्लेख सिर्फ जानकारी के लिए दिया गया है। यह विषय कठिन है अतः भविष्य कथन में इस पर ज़्यादा ज़ोर न दे तो भी चलेगा।

ग्रहो का पैतीस वर्षो का चक्र

लालकिताब के अनुसार जातक को ३५ वर्षीय चक्र से गुज़रना पड़ता है। जन्म समय का जो ग्रह होता है उसी ग्रह से ग्रह चक्र का प्रारम्भ होता है और ३५

साला चक्र पुरे होने के बाद फिर से ३५ वर्षीय दूसरा एवं इसके भी समाप्त होने के बाद तीसरा चलेगा इत्यादि।

उदाहरणार्थ यदि किसी का जन्म सोमवार की रात ८.३० पर हुआ है तो जन्म समय का ग्रह हुआ शनि अतः सबसे पहले शनि की दशा ६ वर्षो के लिए, फिर राहु ६ वर्ष,केतु ३ वर्ष, गुरु ६ वर्ष, सूर्य २ वर्ष, चंद्र १ वर्ष, शुक्र ३ वर्ष, मंगल ६ वर्ष,और बुध २ वर्ष कुल ३५ वर्ष। इसके बाद दूसरा ३५ साला चक्र शनि से प्रारम्भ होगा। इन दशाओ में विभिन्न तीन ग्रहो की अंतरदशाए भी होती है जो की नीचे टेबल में दिया गया है उपरोक्त उदाहरण के आधार पर

ग्रह	पहला	वर्ष	दूसरा	वर्ष	तीसरा	वर्ष	कुल
शनि	राहु	2	मंगल	2	शनि	2	6
राहु	मंगल	2	केतु	2	राहु	2	6
केतु	शनि	1	राहु	1	केतु	1	3
गुरु	केतु	2	गुरु	2	सूर्य	2	6
सूर्य	सूर्य	0। 8	चंद्र	0। 8	मंगल	0। 8	2
चंद्र	गुरु	0। 4	सूर्य	0। 4	चंद्र	0। 4	1
शुक्र	मंगल	1	शुक्र	1	बुध	1	3
मंगल	मंगल	2	शनि	2	शुक्र	2	6
बुध	चंद्र	0। 8	मंगल	0। 8	गुरु	0। 8	2
						कुल	35

लाल किताब के उपाय के तर्क एवं सावधानियां

लाल किताब में बताये गए उपाय किसी टोटके (बिना किसी तर्क के उपाय जो अंधविस्वास या पाखंड पर ज़्यादातर आधारित होते है) की श्रेणी में नही रखे जा सकते क्योंकि सभी के पीछे कोई न कोई तर्क, जटिल गणना, परमुटेशन / कॉम्बिनेशन होते है जिनको समझना भी बहुत आसान नही है। इसी कारण कई लोग उपाय बिना पूरा विश्लेषण किए हुए रेड़ीरेकनर जैसा बता देते है। कई दफा ये उपाय लग भी जाते और कई दफा कोई फायदा नही होता या काफी नुक्सान भी हो जाता है। उदाहरणार्थ सुई के कार्य में यदि तलवार का प्रयोग किया जाए तो हानि ही होना है या इस का उल्टा भी हो तो हानि ही होती है अर्थात उपाय हर पहलू को देखकर ही बताना चाहिए। निम्नलिखित उदाहरण दिए जा रहे है :-

शुभ / अशुभ घर कैसे बनते है

१. किसी घर में बैठे ग्रह का असर जानने के लिए यह देखना चाहिए की इस घर के कारक ग्रह की क्या स्थिति है अर्थात शुभ / अशुभ घर में है या इस पर शुभ / अशुभ दृष्टी पड़ रही है, शत्रु / मित्र के साथ है या इस की जड़ में शुभ / अशुभ ग्रह बैठे है। कभी कभी युति में एक घर एक ग्रह के लिए शुभ तथा दूसरे के लिए अशुभ होता है ऐसी स्थिति में उपरोक्त परिस्थितियों के आधार पर दोनों या अधिक ग्रहो का अलग अलग शुभ / अशुभ विचार करें।

वर्ष कुंडली में उपाय बताने से पहले जन्मकुंडली में उस ग्रह की शुभ / अशुभ स्थिति ज़रूर देख लेना चाहिए, यदि जन्मकुंडली में ग्रह शुभ है लेकिन वर्षकुंडली में अशुभ हो रहा है तो ग्रह को नष्ट करने वाले उपाय कभी नही करना चाहिए अन्यथा इस ग्रह का शुभ असर जो जातक को मिल रहा था वह

भी उस वर्ष के लिए समाप्त हो जाता है। उदाहरणार्थ शनि यदि जन्मकुंडली में ११वे घर में है तो इस " लिखे विधाता खुद विधाता " अर्थात अत्यंत शुभ लेकिन यही शनि यदि वर्ष फल में ६ठे घर में आ जाए तो शुभ नही रहता। अब यहाँ पर शनि को नष्ट / दूर करने वाला उपाय नही करेंगे (शराब की बोतले पानी में बहाना) बल्कि उपाय के तौर पर बुध कारक वस्तु मिटटी के घड़े या कुल्हड़ लेकर, उसमे सर्सो तेल(शनि कारक) भरकर तालाब में दबा देना चाहिए। तर्क यह है की ६ठे घर के मालिक बुध (बुध छठे घर में उच्च का होता है और इस घर का मालिक भी यहाँ इसलिए बुध की वस्तु को शामिल किया गया और शनि की वस्तु के साथ मिलाया गया) के बर्तन में शनिकारक सर्सो तेल डालने से शनि को अपने मित्र बुध की मदद मिल जाती है चन्द्रकारक पानी के नीचे बलवान बन चुका शनि शांत और शुभ असर का बन जाता है इसके अलावा शुक्रकारक मिटटी की सहायता भी शनि को मिल जाती है।

२. आठवे घर का राहु धोखे, हादसों, बीमारी का प्रतीक है, उपाय के तौर पर सीसे (लेड) के ८००-८०० ग्राम के आठ टुकड़े पानी में बहा देते है अर्थात ४थे घर में भेज देते है (राहु की नौवीं दृष्टी छठे घर पर) जो की चन्द्र का घर है और राहु यहाँ कोई शरारत नही करता। सीसे के आठ टुकड़े राहु के आठवे घर के कारण लिया जाता है लेकिन यदि नौकरी / कारोबार में अशुभ असर पड़ रहा हो तो आठ के बजाए दस टुकड़े लेंगे क्योंकि १०वे घर का कर्म स्थान है और राहु की ७वीं दृष्टी १०वे घर पर जाती है क्योंकि उपाय द्वारा हम राहु को ४थे घर में ले जा रहे है लेकिन यदि ४थे घर में सूर्य है तो ये उपाय नही करना चाहिए अन्यथा राहु एवं सूर्य की युति बन जाएगी और जातक को दिल की बीमारी हो सकती है। यहाँ पर चांदी के चौकोर टुकड़े (मंगलशुभ) को साथ रखना चाहिए क्योंकि मंगल ८वे घर का कारकग्रह और शुभ मंगल का आकर चौकोर होता है, जो की महावत के रूप में राहु पर नियंत्रण रख सकता है।

और चूंकि ४थे घर का मामला है, जिसका मालिक चन्द्र होता है एवं जिसकी वस्तु चांदी है, इसीलिए चांदी का उपयोग उपाय में करना होता है।

४थे घर में शनि शुभ नही माना जाता क्योंकि यह घर चन्द्र का पक्का घर है। यहां के शनि को खुश करने के लिए पानी में थोड़ा शराब मिला कर पीने से शनि को चन्द्र से मिला देते है और शनि शुभ हो जाता है। पानी चन्द्र का कारक है। दोनों ही द्रवरूप में है इस प्रकार मिलने से चन्द्र, शनि की युति शुभ हो जाती है।

४थे घर में राहु माँ (चन्द्र) के घर में होने से शांत रहता है, लेकिन यदि जातक खुद अपने किसी कार्य द्वारा राहु को नाराज़ कर ले तो राहु तबाही मचा देता है। यह कार्य है ;- गुसलखाने की नई छत बनवाना उपाय के तौर पर इस नए छत को तुरंत तुड़वा देना चाहिए और छत बनवाना ज़रूरी हो तो नए छत के मटेरियल में पुराने छत का थोड़ा हिस्सा मिला लेना चाहिए। दूसरा वर्जित कार्य है : किसी बेऔलाद आदमी के साथ साझेदारी करना।

३रे घर में शनि आए तो दोस्तों, रिश्तेदारो में बैठकर शराब पी लेने से शुभ शनि और शुभ हो जाता है लेकिन यह ध्यान रखना है की अपने पैसो से शराब नही पिलाना है क्योंकि ऐसा करने से शुभ शनि के फल नष्ट हो सकते है। इसी प्रकार शनि यदि ८वे घर में हो तो किसी दूसरे के पैसो से खरीदी हुई शराब कभी नही पीनी चाहिए क्योंकि इस से अशुभ शनि के फल में और वृद्धि हो जाती है। बल्कि खुद शराब शराब खरीद कर दुसरो को पिलाए तो लाभ। शनि शुभ हो तो कॉकटेल पार्टी देने से जातक तबाह हो जाएगा।

३रे घर का मंगल बहुत शुभ माना जाता है यदि ऐसा जातक मिठाई बाटे तो मंगल की ताकत घट जाती है। बुध शुभ हो तो कलम का दान नही करना चाहिए। गुरु शुभ तो किताब गिफ्ट नही दे।

शनि के बारे में बहुत बुरा कहा जाता है लेकिन यदि जातक रूहानी तबियत का है और जीवन की हर घटना को ईश्वर प्रेरित मानता है तो शनि फिर उसे तकलीफ नही देता क्योंकि जातक अपना अहम "मैं" अपने ईश्वर के मैं से मिला चूका है अर्थात" **जहां अहंकार का वास शनि वहीं करे विनास** "। कहते है की जब द्रौपदी का चीरहरण हो रहा था तब दूर कहीं कृष्ण को द्रौपदी का विलाप भी सुनाई दे रहा था लेकिन वह राधा के द्रौपदी की सहायता करने के अनुरोध को अनसुना करते रहे इधर द्रौपदी अपने अहम जो की पांडवो की शक्ति पर और खुद के आत्म विश्वास पर आधारित था के बल पर खुद को बचाने का प्रयास करती रही लेकिन यह अहम किसी काम न आया और अंत में जब उसने अपना अहम त्याग कर कृष्ण को पुकारा अर्थात अपने अहम को ईश्वर के अनंत अहम में विलीन कर दिया और द्रौपदी की साड़ी अंतहीन हो गयी उसे ईश्वर की शक्ति मिल गयी।

वर्ष कुंडली के हिसाब से कोई ग्रह शुभ हो जाए तो उसकी कारक वस्तुओ को किसी को देना नही चाहिए क्योंकि इस प्रकार उस ग्रह की शुभता कम हो जाती है या खत्म हो जाती है।

वर्ष फल विचार के लिए फार्मूले :

अतः कोई भी उपाय को बताने से पहले उपाय से होने वाले नुक्सान भी देख लें। अतः कारक ग्रहों का पूरा ध्यान रखना है। जिस साल का फल देखना हो उस साल के अंक को जिस अंक राशि में वह ग्रह बैठा हो उस से भाग देने पर जो शेष बचे उस अंक वाले घर पर ग्रह अपना असर डालेगा। मान लें की हमे ५२वे साल का फल देखना है, जन्म कुंडली में सूर्य ११वे घर में है। अब ५२ को ११ से भाग दिया तो शेष ८ बचे अर्थात ५२वे साल में सूर्य को ८वे घर के असर वाला माना जाएगा। सभी ग्रहो के लिए अलग अलग इसी तरह गणना करना चाहिए। इस फार्मूले को सिर्फ जन्म कुंडली पर इस्तेमाल किया जाता है। घर न. १ के ग्रह के असर को देखने के लिए न. १ वर्ष फल उम्र को १२ से, न. २ के ग्रह को ११ से और न. ३ के ग्रह को १० से भाग देकर जो शेष बचे उस नंबर के घर पर इन ग्रहो को रख कर वर्ष फल निकालें। मानले की ५२वे वर्ष का फल जानना है। यदि सूर्य जन्मकुंडली में पहले घर में है और ५२वे वर्ष की वर्ष कुंडली में यह आठवे घर में आ गया है तो ऊपर बताये गए नियम के अनुसार ५२/१२ = ४ शेष, अर्थात आठवे सूर्य का असर चौथे घर एवं चन्द्र पर आएगा का विचार करना है।

वर्ष फल में ग्रहों का असर जानने की विधियां:-

वर्ष कुंडली में किसी भी ग्रह की अच्छी / बुरी स्थिति जानने के लिए उस घर के मालिक एवं कारक ग्रहो (पक्के ग्रह) की सहायता लेनी पड़ती है। जैसे सूर्य यदि दसवे घर में है तो दसवे घर का मालिक एवं कारक ग्रह शनि है अतः शनि की स्थिति से ही सूर्य का शुभ / अशुभ असर मालूम होगा और सूर्य पर पड़ने वाला असर वह भी जाएगा जहा पर सूर्य की दृष्टी जाएगी। अर्थात यदि मंगल ५ वे घर में है तो इस घर का मालिक सूर्य और कारक ग्रह गुरु है तो अब

मंगल पर सूर्य का शुभ / अशुभ असर होगा और यह असर गुरु बैठे होने वाले घर (५ वे घर का कारक ग्रह गुरु है) में जाएगा साथ ही मंगल की दृष्टी में आने वाले घरो (४, ८, १०) पर और वहां बैठे ग्रहो पर भी जाएगा। विभिन्न ग्रहो की शुभ / अशुभ स्थिति निम्न प्रकार से है : -

गुरु :- शुभ -- कर्क में या १ / ५ / ८ / ९ /१२ घरो में
अशुभ -- मकर में या ६ / ७ / १० में
सूर्य :- शुभ -- मेष में या १ / ५ / ८ / ९ / ११ /१२
अशुभ -- तुला या ६ / ७ /१०
चंद्र :- शुभ -- वृषभ या १/ २ /३ /४ /५ /७ /९
मंगल :- शुभ -- मकर में या १ / ३ / ५ / ७ / ९ / १२
अशुभ -- कर्क में या ४ / ८
बुध :- शुभ -- कन्या या १ / २ ४ / ५ / ६ / ७
अशुभ -- मीन या ३ / ८ / ९ /१२

शुक्र :-
शुभ --मीन या २ / ३ /४ /७ / १२
अशुभ -- कन्या या १ / ६ / ९

शनि : -
शुभ -- तुला या २ / ३ / ७ / १२
अशुभ -- मेष या १ / ४ / ५ / ६

राहु :-
शुभ -- कन्या या ३ / ४ / ६
अशुभ -- मीन या १ / २ /५ / ७ / १२

केतु :-
शुभ -- मीन या ३ / ६ / ९ / १० /१२
अशुभ -- कन्या या ८ / ७ / ११

वर्षफल में दूसरे घर में आया ग्रह किस्मत का ग्रह बन जाता है बशर्ते दसवे घर में उसका मित्र ग्रह आ जाए।

आठवे घर का ग्रह वर्षफल में दूसरे घर में आ जाए लेकिन अथवा घर ख़ाली रहे तो आर्थिक मामलो के लिए बहुत शुभ।

३. कुंडली के जो घर खाली हो लेकिन वर्षकुंडली में इन खाली घरो में जो भी ग्रह आएगा उसका फल वर्षकुंडली के सूर्य की स्थिति के अनुसार होगा जैसे यदि वर्षकुंडली में जन्मकुंडली के ४थे खाली घर में मंगल आ गया हो और वर्षकुंडली में ही सूर्य ८वे घर में हो तो मंगल का असर जन्म तारीख से गिनकर आठवे महीने में मिलेगा। वर्ष का प्रारम्भ और अंत हिंदी महीनो के अनुसार लेना चाहिए।

४. लाल किताब के अनुसार वर्ष कुंडली, मासकुंडली, दिनकुंडली, घंटा कुंडली भी बना सकते है। मासकुंडली के लिए सूर्य को वर्षकुंडली में वांछित दिन से संबंधि घर में रखकर बाकी ग्रहो को तदनुसार लिखते हैं। जैसे ४०वे साल की वर्षकुंडली के उपरोक्त कुण्डलिया बनाना है अब मासकुंडली बनाने के लिए मानले की सूर्य वर्षकुंडली में ९वे घर में है और हमे ४०वे साल की ५वे महीने की मास कुंडली बनानी है तो हम ९वे सूर्य को ५वे घर में रखकर बाकी ग्रहो को तदनुसार लिख लेंगे। इस तरह ५वे मास काफल निकाल सकते हैं। दिन कुंडली बनाने के लिए मास कुंडली के मंगल को वांछित दिनों तक घुमाते है और जहां भी वांछित दिन का घर आता है वह उसे लिख देते है जैसे मानले की मास कुंडली में मंगल १०वे घर में है और हमे १७वे दिन की कुंडली बनानी है तो १०वे घर से १७वां दिन गिनते है तो दूसरा घर होगा। घंटा कुंडली बनाने के लिए दिन कुंडली स्थित गुरु को उपरोक्त तरीके से घुमाते हैं।

५. घर न. २के ग्रह हमेशा उच्च्च फल देते है बशर्ते घर न. ८ खाली हो।

६. सूर्य ६ठे घर में हो तो लड़के के जन्म के बाद शुभ फल ही देगा।

७. सूर्य मंगल की युतिकहीं पर भी हो पहला घर खाली तो पहले घर का असर ही देंगे। इसी तरह निम्न ग्रहो की युति कहीं पर भी हो नीचे लिखे हुए अनुसार ही फल होगा :-

शुक्र बुध युति तीसरे घर का फल, मंगल शुक्र चौथे घर का फल, सूर्य गुरु ५वे घर का फल, बुध केतु ६ठे घर का, शुक्र बुध ७वे घर का, मंगल शनि, चन्द्र ८वे घर का, बुध शनि ९वे घर का, सिर्फ शनि तो १०वे घर का और गुरु शनि तो ११वे घर का फल मिलेगा। अशुभ ग्रह तभी असर डालता है जब वह वर्ष कुंडली में भी अशुभ घरो में बैठे। यही शर्त शुभ ग्रहो पर भी लागु होती है।

लाल किताब के अनुसार ग्रहयुति (इकट्ठे ग्रह) के नियम

पारम्परिक ज्योतिष में एक ही घर में बैठे ग्रहो को इकठ्ठा या युति वाला मानते हैं लेकिन लाल किताब के नियम निम्न प्रकार से हैं :-

१. जब दो ग्रह एक दूसरे की उच्च / नीच राशि में हों जैसे मंगल -४ और गुरु – १० या शनि -१ और सूर्य -७।

२. जब दो ग्रह अदल बदल कर एक दूसरे के कारक घरों में हों जैसे शुक्र -९ और गुरु -७ ; शनि -५ और सूर्य -१०।

३. जब दो ग्रह एक दूसरे की जड़ (राशि) में हों जैसे गुरु मिथुन में और बुध धनु / मीन में।

४. कुंडली की प्रत्येक दीवार (रेखा) दो घरों को बांटती है यदि साथ साथ के घरों में दोस्त ग्रह हों तो दोनों इकट्ठे माने जायेंगे लेकिन दोनों दुश्मन हों तो इकट्ठे नहीं मानते।

५. १०० % दृष्टी (१ -७) वाले ग्रह भी इकट्ठे माने जाते हैं।

६. संयुक्त घरों (घरों के ग्रुप के अनुसार) में स्थित ग्रह भी इकट्ठे मानते हैं दृष्टी की शर्त नही।

७. संयुक्त ग्रहों का फल देखने से पहले सभी ग्रहों का अलग अलग फल देखना चाहिए। कई बार अकेले ग्रह का फल संयुक्त फल से अलग होता है।

८. यदि संयक्त ग्रहों में कोई ग्रह शामिल नहों तो उसका फल अकेले का ही होगा जैसे सूर्य बुध शनि की युति है लेकिन फला देश में बुध के बजाय कोई और ग्रह है तो यहाँ बुध का अकेला फल होगा।

९. युति फल देखते समय पहले ६ ग्रहों, फिर ५ फिर ४ फिर ३ फिर २ की युति देखना चाहिए।

१०. केवल बारवां बुध ही छठे घर को देख सकता है इसी प्रकार केवल छठा शनि ही दूसरे घर को देख सकता है। जैसे बुध नौवें घर में है अर्थात इस नियम के अनुसार यह दूसरे घर को छठी दृष्टि से देख सकता है अर्थात यह बुध दूसरे घर के द्वारा छठे घर को भी देखेगा (दूसरा घर छठे घर को देखता है)।

यह बुध सभी ग्रहों के असर को मिटा सकता है।

चन्द्र केतु की युति तो माता पुत्र दोनों कष्ट में (चंद्र माता कारक और केतु पुत्र कारक)।

गुरु ६ठे घर तो पिता को स्वास कष्ट और सोना गम हो जाए।

बुध दूसरा हो तो घर में पड़े निवाड़ या सूत के गोले खोल दे या निकाल दे (गोला बुध का आकार शुक्र की वस्तु सूत)।

गुरु ७वे हो तो मंदिर एवं घंटी बजाना तथा मूर्ति पूजा निषेध। पिता से अनबन(दैत्य गुरु के घर देव गुरु की पूजा नहीं होती)।

सूर्य + शुक्र तो पत्नी से मत भेद, पत्नी की रक्त विकार या ऑपरेशन से मौत भी हो सकती है(दोनों एक दूसरे से १ - ७ है)।

शुक्र न. २ तो जातक ससुराल के लिए निकम्मा और विधवा स्त्री से प्रेम बर्बादी का कारण।

केतु न. ९ तो ननिहाल के लिए अशुभ

सूर्य न. ६ और बुध १२ (वर्ष फल में सम्भव) तो पत्नी की मौत हो जाए बुध में राहु(१२वे घर का कारक ग्रह) का असर शामिल होगा जो सूर्य को ग्रहण लगा देता है छठा घर सातवे घर(पत्नी) के लिए बारहवा होता है और अशुभ है।

शुक्र न. ३ हो तो खुद का घर बनवाने से घर उजड़ जाएगा(चौथे घर अर्थात रिहायशी घर से बारहवा)।

गुरु शनि की जन्म कुंडली या वर्ष कुंडली में युति हो तो घर ज़रूर बने पर पत्नी को कष्ट हो जाए मंगल बद का असर लिए अष्टम शनि स्त्री की कुंडली में एक मारक भाव न. २ और गुरु रोग भाव (छठे) को संकेत करता है।

शनि + चन्द्र तो आँखों का आपरेशन ज़रूर होता है।

शुक्र + केतु की युति में अविवाहित रहने से जीवन अंधकारमय होता है या जातक अँधा हो जाता है।

शनि+केतु में ५वां घर अशुभ होतो संतान उतपत्ति में रुकावट।

किसी भी उपाय को ४, ९, १४ तिथियों से प्रारम्भ न करे इनमे किए गए उपाय या कार्य पूर्ण नही होते।

१. जो लोग एक ही समय में हर देवी / देवता को पूजते हैं वह हर तत्व को जागृत कर लेते हैं और ये तत्व आपस में टकराकर नष्ट हो जाते हैं इसी कारण लोग सारी उम्र पूजन करने के बाद भी दुखी रहते हैं।

२. अपना इष्ट ५वें घर में बैठे ग्रह से चुनना होता है यहाँ पर यदि एक या एक से ज़्यादा केवल पुरुष ग्रह हों तो उस ग्रह से सम्बंधित देवता और यदि एक या एक से ज़्यादा स्त्री ग्रह हों तो उस ग्रह से सम्बंधित देवी को पूजना होता है यहाँ पर बैठे एकाधिक ग्रहों में से सब से ताकतवर ग्रह को ही लेते हैं यदि इस घर में स्त्री एव पुरुष ग्रह दोनों हों तो अर्धनारीश्वर की पूजा करना होता है।

३. यदि ५वां घर ख़ाली हो तो उस घर के स्वामी ग्रह को चुनना चाहिए और यह देखना होगा की यह ग्रह कौन से घर में बैठा है एवं इस घर का मालिक ग्रह कौन है इस ग्रह को लेना है।

४. ९वां घर पूजा की विधि का स्वरुप(सत्त्व, रजयातम) बताता है। ९वें घर में जो भी राशि हो उससे पहचान कर वही पूजन मार्ग अपनाना है :-

सात्त्विक राशि - वृषभ,वृश्चिक, मीन – बाहरी धर्मस्थान जाना ज़रूरी नहीं— भाव भक्ति मार्ग

राजसिक राशि :- मेष, मिथुन, सिंह, तुला, धनु, कुम्भ --भक्ति मार्ग

तामसिक राशि - कर्क, मकर, कन्या -- तंत्र मार्ग

५. कोई भी इंसान कभी भी उस मन्त्र की साधना न करे जिसका पहला अक्षर जन्मकुंडली के ६ /८ /१२घर की राशि से सम्बंधित हो। यदि किसी का ६, ८, १२ राशि का प्रथम अक्षर ओउम का ओ अक्षर आ जाए तो उसे ओउम के स्थान पर होअम का उच्चारण करना चाहिए।

६. यदि कुंडली में ११वें घर में बुध हो तो ऐसे आदमी को किसी पीर / फ़क़ीर का दिया तावीज़ नहीं पहनना चाहिए क्योंकि ११वन घर गुरु का पक्का घर है

। गुरु एवं बुध आपस में दुश्मन हैं इसलिए गुरु कारक पीर / फ़क़ीर से लिया तावीज़, बुध के दुश्मन से लिया तावीज़ बन जाएगा। यहाँ के बुध को सूर्य का उपाय ही ठीक कर सकता है अर्थात ताम्बे के पैसे(ताम्बा – सूर्यकरक एवं गोल आकार बुध कारक) में छेद कर के गले में (घर न. १) में पहनने से उच्च सूर्य में बुध का असर शामिल हो जाएगा।

(सु + बु = मं शुभ) घर न. १ का मालिक भी मंगल है घर न. ११ की ३ स्रिदृष्टि घर न, १ पर है अर्थात घर न. ११ से घर न. १ तक रास्ता बना हुआ है।

७. यदि किसी की कुंडली में दूसरा घर ख़ाली है और ८वें और १२वें घर में बैठे ग्रह आपस में शत्रु हो तो ऐसी हालत में किसी देवी देवता को पूजना अशुभ होगा क्योंकि १२वें घर को समाधिकार क माना जाता है इसे मोक्ष स्थान भी कहतें हैं दूसरा घर धर्मस्थान और ८वन घर मौत का। अब यदि १२वें घर की समाधी ८वें घर के मौत से टकरा गई और जब ८वें घर की मौत नें पूरी दृष्टि से २सरे घर को देखा तो उसकी (२रे घर) की भी मौत हो गई। ८वे घर में भले ही शुभ ग्रह हों तब भी यही स्थिति बनती है। ८वें घर में बैठे ग्रह से सम्बंधित कार्य या रिश्तेदार अशुभता की लपेट में आ जाएंगे यदि ऐसी कुंडली वाला धर्मस्थान में गया। जिन लोगो को मंदिर जाने के लिए वर्जित किया गया है उनके कुंडली के आधार पर उसके पीछे का तर्क समझना होगा की क्यों उनकी कुंडली में ऐसे योग बने। समुद्र मंथन के समय अमृत के साथ ज़हर की भी प्राप्ति हुई थी अर्थात हर इंसान के अंदर सात्विक, राजसिक एवं तामसिक गुण होते है। इन गुणों में से कौन सा गुण किस कर्म के कारण ज़्यादा हो जाता है उसी पर आधारित है इंसान का मंदिर में जाना या न जाना उदाहरण के तौर पर यदि सात्विक वातावरण में पले जातक को कसाईखाने में ले जाया जाए तो वह मानसिक रूप से परेशान हो जाएगा उसकी हालत ख़राब हो जाएगी। इसी

प्रकार हिंसक वातावरण में पले जातक को सात्विक स्थान में ले जाया जाए तो वह उस स्थान को दूषित करने के बारे में कोशिश करेगा।

८. यदि कुंडली के घर न. २ व १२ में शुभ ग्रह हों तथा घर न. ८ व ११ में आपस में शटर ग्रह हों तो यदि ऐसा आदमी धर्म स्थान में जाएगा तो न तो उसे भयानक मुसीबतों का सामना करना पड़ेगा और नाही कोई उसे धोखा दे सकेगा अर्थात धर्मस्थान में जाना शुभ।

९. यदि घर न. ८ व १२ के ग्रह आपस में दोस्त हों या घर न. ६ में शुभ ग्रह हो तथा २सरा खाली हो तो धर्मस्थान में जाना शुभ।

१०. ६ठे घर में चन्द्र हो तो आम लोगों के लिए मुफ्त तालाब, कुआँ, बावड़ी या प्याऊ लगवाना या कुओं की मरम्मत करवाना जातक को संतानहीन बना देगा एवं उसका वंश अकाल मौतों से घटताचला जाएगा छठा घर पाताल है पानी पाताल से ही आता है अतः इन कार्यों से पाताल को अधिक शक्तिशाली बना देते है। ६ठे घर के चन्द्र वाले को रात में दूध पीना मना है यह ज़हर सामान होगा क्योंकि ६ठा घर पाताल होता है छठा घर संतान भाव अर्थात पंचम भाव से दूसरा होता है, जो उसके लिए एक मारक भाव भी है क्योंकि चंद्र पाताल में चला जाएगा।

११. शनि ८वा ला जातक यदि धर्मशाला या रेस्टरूम आम आदमी के लिए बनवाए तो खुद बेघर हो जाए क्योंकि शनि (मंगल बद के रूप में) का संबंध चंद्र (अपना घर या चौथा घर) से होकर चौथे घर में चला जाएगा और इस घर में मंगल बद का रौद्र रूप होता है।

१२. यदि शनि १पले और गुरु ५वें हो तो ऐसा आदमी यदि किसी मांगने वाले को ताम्बे का पैसा या चिल्लर पैसा दान में दे तो अपने बच्चों के लिए मौत का कारण बनता है। ताम्बा सूर्य की वस्तु है और शनि के पहले घर में होने से सूर्य कमज़ोर है, सूर्य पांचवे घर (संतान भाव) का मालिक भी हैगुरु इस भाव

का कारक ग्रह है और बारहवे घर (संतान केलिए आठवां घर) से संबंध जुड़ जाएगा जो की संतान के लिए अशुभ है।

१३. गुरु न. १० और चन्द्र न. ४ हो और ऐसा जातक मंदिर / मस्जिद / गुरुद्वारा बनवाए तो झूठी तोहमत लग सकती है यहाँ तक फांसी भी लग सकती है क्योंकि नीच का गुरु, चंद्र को भी ज़हरीला करेगा यह ज़हर धर्म स्थान (घर न. २) जहा पर चंद्र उच्च का होता है उसे अशुभ कर देता है। गुरु यदि पांचवे घर में हो तो नगद पैसे दान न दे संतान भाव कमज़ोर होता है। इसी तरह गुरु यदि नौवे घर में हो तो धार्मिक कार्यो के लिए दान न दे गुरु की शक्ति कम होती है और भाग्य भी दान के साथ चला जाता है।

शुक्र यदि नौवे घर में हो अनाज का दान या धार्मिक कार्यो के लिए दान न दे नौवा घर गुरु का है और यहाँ पर बैठा शुक्र गुरु को कमज़ोर करता है और अनाज का दान गुरु को और कमज़ोर कर देगा

१४. शुक्र न. ९ हो और ऐसा जातक गरीब / यतीम बच्चों के पढाई के लिए आर्थिक मदद करे तो खुद दीवालीआ हो जाएगा। यहाँ पर बैठा शुक्र गुरु को कमज़ोर करता है पढाई के लिए आर्थिक मदद गुरु के कार्य है गुरु की शक्ति कम होती है।

१५. यदि चन्द्र घर न. १२हो तो मुफ्त स्कुल बनवाना या धमोपदेशक को भोजन करवाने से जातक के लिए ऐसी बीमारियां खड़ी हों जाएगी की उसे अंतिम समय पानी तक न मिले।

१६. यदि गुरु ७वें घर में हो तो मूर्ति पूजा, घंटा बजाना या किसी धर्म स्थान के पुजारी को मुफ्त न एक पडे देना जातक के लिए गरीबी का घंटा बज देंगे और औलाद पर भी बुरा असर होगा दैत्य गुरु के घर देव गुरु की पूजा नहीं होती सातवां घर गुरु के शत्रु बुध और शुक्र का है, अतः गुरु से संबंधित कोई भी काम इनका अशुभ असर शामिल रहेगा।

रिहाइशी मकान से सम्बंधित नियम :-

१. यदि मकान में प्रवेश करते समय विवाह इत्यादि के समय कुँए की तरह खुदी हुई भट्टी बनी हो जिसे ज़रूरत के समय खोल सकते हों तो जब भी उस घर में मंगल घर न. ८ वाला बच्चा पैदा होगा तो ऐसी तबाही शुरू होगी की सब कुछ भस्म हो जाएगा । अगर ऐसी भट्टी बनी हो तो जहाँ तक उसकी मिटटी जली हो वह सबकी सब मिटटी बहते पानी में बहा दें क्योंकि राहु और मंगल की युति बन जाती है और अथवा घर संतान के लिए चौथा घर अर्थात स्वयं का घर है और जली हुई मिटटी(राहु) को पानी में बहा देने से राहु का असर चौथे घर में चला जाता है जहाँ राहु कोई शरारत नहीं करता ।

२. मकान में प्रवेश करते समय दाहिने हाथ की ओर आखिर में जाकर कई बार अँधेरी कोठरी हुआ करती है जिसमें प्रवेश करने के दरवाज़े के अलावा रौशनी या हवा जाने का और कोई रास्त नहीं होता यदि ऐसी कोठरी में रोशन दान या एक और दरवाज़ा बना ली जाए तो वह घर / वंश बर्बाद होगा सूर्य दसवे घर में स्थापित हो जाएगा शनि के असर में और उसकी अशुभ दृष्टी चौथे घर (रिहायशी घर) में जाएगी ।

३. मकान में यदि ज़ेवर / नगदी रखने की जगह खाली न रखें यदि कुछ न हो तो बादाम / छुआरे रखें क्योंकि ख़ाली जगह में राहु का निवास होगा ।

४. मकान के फर्श में यदि कच्चा हिस्सा बिलकुल न हो तो ऐसे घर में शुक्र (लक्ष्मी, गृहस्त सुख) का निवास नहीं मानते शनि के पत्थर ऐसे घर में पड़ते हैं उपाय के तौर पर गाय पीला / मनीप्लांट / आलू का पौधा लगाए ।

५. दक्षिण मुखी दरवाज़े वाला घर स्त्रियों के लिए विशेष कर मंदा होता है । आदमी भी को कोई ही सुखी रह पाएगा । यह जगह अविवाहितों के रहने की / मातम की जगह होती है । दक्षिण मुखी दरवाज़े वाले घर में रहने वाले जातक

अपने को बुरे प्रभाव से बचने के लिऐ साल में एक बार बकरी का या बुध की चीज़ों का दान शाम (दिन ढलने की पहले)को दान दें।

६. गली का आखरी मकान (जहाँ से आगे जाने का रास्ता बंद हो) और ऐसा मकान जहा हवा बाहर से आकार अंदर दाखिल होती हो तो बच्चों के ली महस या हवाए बद या बुरी रूह का का दाखिला गिना जाएगा बाल, बच्चे, स्त्री सबके सब बर्बाद राहु केतु के मंदे असर सुबह शाम होंगे। ऐसा मकान सदा बुरा प्रभाव देगा।

७. रिहायशी मकान के हर कोने एवं हर दिशा किसी न किसी ग्रह का पक्का स्थान होता है। यदि मकान के सम्हाधित ग्रह के स्थान पर उस ग्रह के दुश्मन ग्रह की चीजों को रख दें तो तो उस ग्रह की चीजों (जिनके लिऐ मकान में पक्के ग्रह के तौर पर स्थित है) से फायदा नहीं होगा। उदाहरणार्थ चन्द्र के लिऐ मकान में उत्तर – पूर्वी कोना (घर न. ४) होता है अगर उस जगह में लोहे की अलमारी (शनि कारक)रख दें तो चन्द्र का फल मंदा हो जाएगा एवं माता को भी कष्ट होगा क्योंकि चन्द्र माता कारक होता है।

८. मकान के पास यदि पीपल का वृक्ष हो तो उस वृक्ष की सेवा (पानी / दूध डालना, पूजना) शुभ फल देगा लेकिन यदि उसकी सेवा नहीं की गई तो जहाँ तक उसका साया जाएगा तबाही और बर्बादी करता जाएगा। यही हाल कुँए का है यदि समीप के कुँए में थोड़ा सा दूध डालते रहे तो ठीक नहीं तो बर्बादी।

लाल किताब के व्याकरण

लाल किताब में ग्रहों एवं घरों के फल बताने के लिए कुछ नियम हैं जिन्हें व्याकरण कहा गया है। लाल किताब को समझने के लिए इन व्याकरणों को समझना बेहद ज़रूरी है। व्याकरणों की कुल संख्या १०० है जिनमे हस्त रेखा के व्याकरण भी शामिल है। हम हस्त रेखा वाले हिस्सों को नहीं ले रहे हैं।

व्याकरण -१ :-

ज्योतिष की नीव पर (कुंडली के खाके आदि) लाल ख़ूनी रंग (जो चमकीला न हो अर्थात मंगल नेक का हो) शुभ होता है। बाकी सभी रंग मनहूस होंगे। किताब को बारबार पढ़ते रहने से यह अपना भेद बता देगा। फलादेश के समय किताब को हमेशा अपने पास रखे और कोई भी फलादेश देने से पहले किताब से पक्का कर लें।

कुंडली में राशी, नक्षत्र भुला के लग्न के स्थान पर न. १ ही लिखे लेकिन लग्न एवं सभी घरों की राशि भी याद रखनी है क्योंकि इस से ग्रहों की उच्च, नीच स्वगृ ही होने का पता रहेगा। ग्रहों के मंदे होने की निशानी हालात से पता लगती है (देखे चार्ट)।

व्याकरण २ :-

रियायती ४० दिन अर्थात मंदे ग्रहों का असर उनके लिए तय समय से पहले नहीं आ सकते इसी प्रकार भले ग्रहो की मदद भी तय सीमा से ज़्यादा नहीं रह सकती। एक गृह का असर ख़त्म और दूसरे गृह का असर शुरू होने के बीच का समय करीब ४० दिनों का माना गया है अर्थात बुरे ग्रह का असर उसके तय सीमा के बाद भी ४० दिनों तक रह सकता है एवं भले ग्रह भी अपनी तय सीमा के ४० दिनों पहले शुभ असर दे सकते है। ४० दिनों की यह संख्या २८

नक्षत्रों एवं १२ राशियों का जोड़ है इकट्ठे असर सिर्फ ४० दिनों के ही होंगे, दोनों ग्रहों अलग अलग ४० दिनों के नहीं होंगे। अच्छे और बुरे ग्रहों की असर का हिसाब ग्रहो की निशानिया देखकर भी कर सकते हैं।

व्याकरण ३ :-

जब तख़्त (पहला घर) के मालिक ग्रह से कोई दूसरा ग्रह टकरा जाए (१ - ८) और दोनों ग्रह आपस में दोस्त हो तो चूंकि टकराव से दुश्मनी होती है तो तख़्त के मालिक के शुभ फल में कंमी आ जाती है जैसे सूर्य - ९/९, चन्द्र - ८/९, शुक्र - ७/९, गुरु - ६/९, मंगल - ५/९, बुध४/९, शनि ३/९, राहु ३/९, केतु - १/९ यह ताकत का पैमाना दूसरे ग्रह के लिए उपाय करते समय भी प्रयोग में लकया जाएगा अर्थात जैसे किसी ग्रह के लिए गुरु और केतु के उपाय हो सकते हो और यदि दोनों ही टकराव से प्रभावित हो तो गुरु का ही उपाय ज़्यादा ताकतवर होगा केतु का नहीं।

व्याकरण ४ :-

जब कोई ग्रह अपनी निश्चित / उच्च्च / नीच / राशीया अपने पक्के घर के बजाय किसी और घर में जा बैठे या अपने साथी ग्रह के साथ जड़ अदला बदली करके (ग्रह की राशी उसकी जड़ होता है) बैठ जाए तो ऐसे ग्रह को शक्की ग्रह कहते है इसके बुरे असर का उपाय हो सकता है लेकिन उपरोक्त के अलावा ग्रह यदि ग्रह फल (अपनी /उच्च्च / नीच/ पक्के घर की / राशी का हो तो इस का उपाय नहीं हो सकता। इसके बुरे असर सिर्फ आध्यात्मिक रूप से उन्नत लोग ही दूर कर सकते है लेकिन उन्हें भी इसका मुआवज़ा चुकाना होता है जैसे जान के बदले जान चाहे वह अपनी हो या किसी अपने की हो।

व्याकरण ५ :-

७ ग्रह को १२ राशियों से गुणा करने पर ८४ का अंक मिलता है। यह ८४ लाख योनिया रात दिन का मिलाके ८४ लाख सांसो का परिचायक भी है। हर ग्रह अपने असर को हर सातवे वर्ष ख़त्म होने अर्थात आठवे वर्ष दोहराता है। घर न.२ में कोई नीच नहीं है यह राहु केतु की बैठक है और यहाँ पर आये हुए ग्रह अपने पाप पुण्य की जाँच खुद करने कराने के अधिकारी है यहाँ आये हुए ग्रह का उपाय दूसरे ग्रहो द्वारा करते है। घर न. ५ में कोई ग्रह उच्च / नीच का नहीं है यहाँ आये हुए ग्रह खुद अपनी किस्मत और औलाद की किस्मत का ग्रह होता है। घर न.। ११ में भी कोई उच्च नहीं है ये आम दुनिया से किस्मत का लेन देन है। घर न. ८ में कोई उच्च का नहीं होता यह मौत का घर है जिसे चन्द्र के अलावा और कोई नहीं संभाल सकता क्योंकि दुनिया को अर्थात चन्द्र को माता माना तो इंसान उसके पेट में पलने वाला बच्चा है।

व्याकरण ६:-

राहु घर न. १२ में कारक ग्रह (पक्का ग्रह) है लेकिन यहाँ पर यह नीच माना गया है इसी तरह केतु घर न. ६ में नीच लेकिन कारक ग्रह है अतः राहु न. ६ शुभ असर एवं केतु न. १२ में शुभ असर देते है इसके उलट होतो असर अशुभ हो जाता है। केतु यदि बुध के साथ घर न. ६ में हो तो नीच होगा लेकिन यदि यहाँ पर बुध के बजाय गुरु हो तो असर शुभ हो जाएगा। राहु, बुध के घरो (३, ६ में उच्च एवं केतु ३,६ घरों में नीच होगा। केतु ९, १२ घरों में उच्च तो राहु ९, १२ में नीच होगा। जब बुध घर न. १२ में नीच का होगा क्योंकि यह घर उसके दुश्मन गुरु का है जबकि न. १२ का पक्का ग्रह राहु है जो की बुध का दोस्त है। इसी तरह जब बुध न. ६ में होगा जो कि उसका अपना ग्रह है और केतु इस का पक्का ग्रह है तो फल शुभ होगा क्योंकि न. ६ बुध का उच्च का घर है और केतु तथा बुध आपस में बराबर के है :-

१. घर न. ६ में बुध और केतु इकट्ठे माने जाते है। यदि घर न. ६ खाली है और बुध न. ३ में हो तो घर न. ६ के मालिक के बतौर केतु को लेंगे। लेकिन यदि बुध न. ३ में न हो तो घर न. ६ के लिए बुध एवं केतु में से उसे ही लेंगे जो कुंडली में अच्छी स्थिति में होगा।

२. घर न. १२ के मालिक के बतौर गुरु एवं राहु को लेते है जब न. १२ खाली हो और गुरु न. ९ में न हो तो मालिक के रूप में राहु को लेंगे लेकिन यदि न. ९ में गुरु हो तो मालिक के बतौर बनावटी बुध (गु+रा) को लेंगे जो कि आकाश का कारक है।

३. केतु न. ६ में और राहु न. १२ में नीच के होते है उन की शक्की हालत के लिए जब राहु को बुध और केतु को गुरु की मदद मिले यानि राहु न. ३, ६ और केतु न. ९, १२ तो दोनों ही उच्च के होंगे वरना नीच के होंगे संक्षेप में कुंडली में जैसा बुध होगा वैसा ही फल राहु न. १२ का होगा और केतु भी न. ६ में वही असर देगा जो गुरु का होगा।

ग्रहों के असर का उदाहरण

१. यदि ११वे घर को ले तो पक्का ग्रह गुरु एवं मालिक ग्रह शनि है अर्थात ज़मीं शनि की है जिस मे लोहा सफ़ेद संगमरमर है और इस पर गुरु की ईमारत खड़ी है जो सोने की है अब यदि इस घर में राहु आ गया जो शनि का एजेंट और बदी की निशानी है तो ज़मीं के अंदर भूचाल आ गया सोने की इमारत का रंग काला हो गया और इमारत तबाह हो गई धर्म पूजा पाठ का निशाँबाकी न रहा और शनि का काळा रंग चमकने लगा गुरु नष्ट हो गया और जमाने में हर तरफ ज़ालिम जल्लाद की कार्यवाही होने लगी और आकाश में राहु का मंदाधुआं भर गया इसीलिए राहु न. ११ के लिए उपाय है की जिस्म पर सोना पहनना अर्थात गुरु कायम करना, क्योंकि

राहु द्वारा नष्ट गुरु कोइ सी प्रकार से बचा सकते हैं। इसी प्रकार राहु + गुरु का फल है की दोनों के मेल से मस्नूई बुध बनता है अर्थात खाली आकाश लेकिन राहु इस आकाश की सीमाएं बांध देगा और फल होगा राजा से फ़क़ीर एवं फ़क़ीर से राजा।

यही तरीका फलादेश के लिए सभी ग्रहों पर लागू होगा।

२. **अंधे ग्रह :-**१०वे घर में दो या दो से अधिक ऐसे ग्रह हों जोकी आपस में दुश्मन हों। तर्क यह है की कालपुरुष कुंडली के अनुसार १०वे घर में शनि की मकर राशि आती है, शनि हमारे नज़र का कारक है और इस घर में आपसी दुश्मनी वाले ग्रह बैठ जाए तो शनि उन्हें अँधा कर देता है। यहाँ पर प्रश्न पैदा होता है की यदि यहाँ पर एक ही ग्रह हो तो वो अँधा क्यों नहीं होगा इसकी व्याख्या है की एक से अधिक शत्रु ग्रह आपस में लड़कर कमज़ोर हो जाते हैं अतः उन पर शनि का बुरा प्रभाव आसानी से हो जाता है यह घर कर्म क्षेत्र है अतः इस घर के खराब होने से असंतुलन बन जाएगा।

उपाय एवं तर्क :-अंधे हो चुके ग्रहों की नज़र ठीक करने के लिए एक साथ १० अंधों को खाना खिलाए उदाहरण के लिए यदि १०वे घर में गु, रा, सु हैं सूर्य एवं गुरु आपस में मित्र हैं पर राहु, सूर्य का शत्रु एवं गुरु से समान है अतः यहाँ पर तीनो ग्रहों का उपाय किया जाएगा :-

* दस अंधों को एक साथ खाना खिलाना (सामान्य उपाय)।

* गु + रा का उपाय अर्थात थोड़े से जौ (राहु कारक) दूध (चन्द्र कारक) से धोकर बहते पानी में बहाना, तर्क यह है यहाँ पर ४थे और १०वे घर के बीच दृष्टि होने से रास्ता बना हुआ है इस उपाय से दोनों ग्रहों का असर ४थे घर में चला जाएगा जहाँ गुरु उच्च एवं राहु शुभ है।

* सूर्य के उपाय हे तु ताम्बे का पैसा (सूर्य करक) पानी में बहाने से सूर्य अपने मित्र चन्द्र के ४थे घर में चला जाएगा और शुभ बन जाएगा अतः

१०वे घर का सूर्य जो शनि के अशुभ प्रभाव में में था ४थे घर (मित्र चन्द्र) जा कर शुभ हो गया।

३. **रतांध ग्रह :-** अर्थात रात में अंधे (निष्प्रभावी) हो जाने वाले ग्रह शनि ७वे एवं सूर्य ४थे होने पर आधा अँधाठेवा होता है। तर्क यह है की ७वे शनि उच्च एवं शक्ति शाली होता है इस शनि की १०वीं दृष्टि ४थे घर के सूर्य पर पड़ती है, जो कि शनि का शत्रु है इस कारण ४था घर अशुभ हो जाएगा और इसी प्रकार अशुभ बने सूर्य की दृष्टि १०वे घर पर जाने से कर्म भाव भी अशुभ हो जाएगा, मानसिक शांति गृहस्त जीवन में क्लेश आदि।

उपाय :- ४थे घर के सूर्य के उपाय की ज़रूरत नहीं है क्योंकि वह अपने दोस्त चन्द्र के घर में है केवल शनि का ही उपाय होगा क्योंकि सारा कुप्रभाव शनि का ही है। शनि के दो प्रकार के उपाय हो सकते हैं,

अ) यदि शनि सोया (इसकी ७वि दृष्टि में कोई ग्रह न हो) तो किसी मिटटी के बर्तन में शहद भर के किसी वीरान जगह में गाड़ देते हैं। तर्क यह है की मंगल कारक शहद को शुक्र कारक मिटटी से मिला देते है अर्थात मंगल + शनि = उच्च राहु ७वे घर में असर डालता है राहु ४थे घर को नुकसान नहीं करता।

बी) यदि शनि जागता (इससे ७वे घर में कोई ग्रह हो) हो तो काले रंग की बांसुरी (शनि कारक) में खांड (मंगल कारक) भर कर वीराने में गाड़ देते हैं, यहाँ भी शनि+ मंगल =उच्च राहु बनाया गया लेकिन यहाँ पर बांस (बुध कारक) पर काला रंग (शनि कारक) चढ़ाकर बुध से मिला देते है, बुध, शनि का मित्र है अतः यहाँ ताकतवर शनि के साथ मंगल (खांड) की युति होने पर ज़्यादा ताकतवर राहु बनता है।

४. **धर्मी ग्रह :** -राहु, केतु, शनि पाप ग्रह होते हैं लेकिन राहु / केतु ४थे घर में या इन के साथ किसी भी घर में चन्द्र की युति होने से ये शुभ हो जाते

हैं क्योंकि चन्द्र सभी ग्रहों की माता है एवं चन्द्र ४थे घर का मालिक है। इसी प्रकार शनि ११वे घर या गुरु के साथ किसी भी घर में हो तो शुभ क्योंकि ११वे घर का पक्का ग्रह गुरु है अतः गुरु के शुभ गुण शनि के स्वाभाव को शुभ में बदल देंगे।

५. **धर्मीटेवा :-**ऐसी कुंडली जिस में गुरु एवं शनि की युति ६ / ९ / ११ / १२ में हो। ऐसे जातक को जीवन में कोई बहुत बड़ी समस्या नहीं आ सकती एवं मुश्किल समय में ईश्वरीय सहायता मिलती है।

६. **साथी ग्रह :-** जब कोई ग्रह आपस में अपनी अपनी राशि अर्थात उच्च राशि / नीच राशि /अपने पक्के घरों के लिहाज से अदल बदल कर बैठ जाए तो साथी ग्रह कहलाते हैं। जैसे सूर्य का पक्का घर न. ५ है और शनि का पक्का घर १० है, अब यदि शनि न. ५ और सूर्य न. १० में बैठे तो दोनों आपस में साथी ग्रह होंगे मतलब इन ग्रहों की दुश्मनी काफी हद तक कम हो जाएगी। इसी प्रकार चन्द्र का पक्का घर ४ एवं शनि का पक्का घर ८ है। अब यदि चन्द्र ८ एवं शनि ४ में बैठे तो दोनों में आपसी दुश्मनी कम हो जाएगी।

७. **मुकाबले के ग्रह** :-ग्रह आपस में दोस्त हों मगर कसी एक या दोनों की जड़ (उनकी राशि) में दुश्मन ग्रह बैठ जाए तो आपसी दोस्ती में काफी कमी आ जाएगी। जैसे बुध की कन्या राशि ६ठे घर में हो और बुध के दोस्त शुक्र की राशि तुला या उसके पक्के ७वें घर में सूर्य बैठ जाए, तो बुध एवं शुक्र में, जो आपस में दोस्त हैं, के बीच दुश्मनी वाला भाव पैदा हो जाएगा।

८. **क़ायम ग्रह :-**जो ग्रह किसी भी प्रकार के दुश्मनी वाले प्रभाव से आज़ाद हो, पक्के घर या दृष्टि से दुसमन ग्रह का असर अपने में न मिला रहा हो, न ही किसी दुश्मन ग्रह का साथ ग्रह बन रहा हो।

९. **ग्रह का घर :-**ग्रह की जो राशि पारंपरिक ज्योतिष के अनुसार है वही ग्रह का घर कहलाती है।

१०. **घर का ग्रह :-**ग्रह का पक्का घर या वह घर का करक ग्रह है जैसे घर न. २, ५, ९, १२ गुरु के घर हैं घर न. ७ का बुध करक है।

११. **उच्च / नीच ग्रह :-**पारम्परिक ज्योतिष अनुसार जैसे सूर्य -मेष, गुरु – कर्क इत्यादि।

१२. **टकराव के ग्रह :-**जो ग्रह एक दूसरे से ६ठे, ८वें पर बैठ जाएं तो चाहे दोस्त या दुश्मन हों सिर्फ दुश्मनी ही करेंगे मान लें की एक ग्रह पहले घर में है, तो पहले घर में बैठा ग्रह ८वें घर में बैठे ग्रह की जड़ काटेगा ८वें घर में बैठा ग्रह पहले घर में बैठे घर पर असर नहीं डाल सकता।

१३. **बुनयादी ग्रह :-** जब एक ग्रह दूसरे ग्रह से ९वे स्थान पर हो (९ – ५ स्थिति) तो एक दूसरे की मदद करते हैं।

विशेष :-४थे घर में जो कोई ग्रह बैठा हो उस की ताकत की जांच करने के लिए हमें यह देखना होगा की चन्द्र वर्ष फल में कहाँ बैठा है। यदि चन्द्र शुभ तो उस ग्रह का असर भी शुभ, चन्द्र अशुभ तो ग्रह भी अशुभ फल देगा। इसके अलावा उस ग्रह का शुभ / अशुभ असर विशेष रूप से उस खाने में होगा जहाँ पर जन्म कुंडली या वर्ष फल के अनुसार शनि बैठा हो। इस का मतलब है की जो ग्रह कुंडली /वर्ष फल के अनुसार ११वें घर में बैठा है, शनि की स्थिति देखकर ही कर सकते हैं अर्थात शनि शुभ तो ग्रह भी शुभ फल देगा, शनि अशुभ तो ११वें बैठा ग्रह अशुभ फल देगा। लेकिन ज़्यादा असर उस घर में जाएगा जहाँ पर गुरु बैठा है (कुंडली या वर्ष फल में) क्योंकि गुरु ११वें घर का पक्का ग्रह है एवं किस्मत का ग्रह है। यह सिद्धांत घरों के सेहन (आंगन) पर आधारित है। इसका चार्ट नीचे दिया जा रहा है। किसी भी घर से सातवा

घर उस घर का सेहन होता है, तथा उस घर का करक ग्रह या मालिक ग्रह उस सेहन का मालिक होता है। इसी प्रकार हर घर के मुंसिफ (न्यायाधीश) ग्रह भी होते है। यदि २रे घर में कोई ग्रह वर्ष फल में हो तो वह उस साल के लिए किस्मत का ग्रह बन जाता है लेकिन यदि १०वां घर ख़ाली हो तो निष्फल हो जाता है। यदि दूसरे और दसवें घरो में दोस्त ग्रह हो तो शुभ इसी प्रकार जब ८वें घर का ग्रह (कुंडली में) वर्ष फल में २रे घर में आ जाए लेकिन ८वां खाली हो तो आर्थिक लाभ।

ग्रहों का राशि एवं घर से सम्बन्ध, सेहन, मुंसिफ ग्रह

इन ग्रहो द्वारा ही उपाय होगा एवं उपाय में उस घर में स्थित ग्रह के वस्तुओ को भी शामिल करते है जैसे पहले घर में केतु + चन्द्र है तो राहु कारक जौ को चन्द्र कारक दूध से धो कर पानी में प्रवाहित करते हैं ।

राशि→	मेष	वृष	मिथुन	कर्क	सिंह	कन्या	तुला	वृश्चिक	धनु	मकर	कुम्भ	मीन
मालिक ग्रह	मं	शु	बु	चं	सु	बु	शु	मं	गु	श	श	गु
उच्च ग्रह	सु	चं	रा	गु	---	बु, रा	श	----	के	मं	--	शु के
नीच ग्रह	श	--	के	मं	--		शु के	चं	रा	गु	--	बु रा
घर क्र।	1	2	3	4	5	6	7	8	9	10	11	12
पक्का घर (कारक ग्रह)	सु	गु	मं	चं	गु	के	शु बु	मं श	गु	श	गु	रा
किस्मत ग्रह	मं	चं	बु	चं	सु	रा	शु	चं	गु	श	गु	के
ग्रह फल	मं	रा के	श	चं	गु सु	बु के	शु	मं	गु	श	गु श	रा
राशि फल	रा	--	श	मं शु के	--	श	सु गु रा	--	श	बु के	--	बु
सेहन	7	8	11	10	9	12	1	2	5	4	3	6
मुंसिफ ग्रह	मं	चं	गु, सु	चं	गु	के	शु	मं बद	सु	श	बु	रा

व्याकरण- ७:- घरों का विवरण

घर न. १ :-यह कुंडली के राजा का स्थान है। यहाँ सूर्य उच्च, शनि नीच, मंगल मालिक एवं शुक्र सेहन का मालिक एवं मुंसिफ शुक्र होगा जब इस घर में एक से ज़्यादा ग्रह हो। घर न. १ के लिए ८वा घर आँख तथा ११व घर पैर है। इस राजा का वज़ीर ७वा घर है।

यदि घर न. १ में गुरु, चन्द्र, बुध, राहु हो और ७वे घर में केतु हो तो ३५ साल (बुध की अवधी) तक नर औलाद नहीं होती या पैदा हो के मर जाए। उसके बाद ४८ साल की उम्र तक एक ही लड़का रहे इस आयु के बाद दूसरा लड़का पैदा होगा तो लड़की के लिए (बुध के लिए) मंदे नतीजे होंगे। ऐसी कुंडली वाला यदि कन्या, घोडा, गाय और तोता को रोटी का हिस्सा देगा तो नर संतान की प्राप्ति होगी। औलाद पैदा होने के दिन से गुरु,चन्द्र, बुध, राहु इकट्ठे राज योग बनाएगे अन्यथा इन ग्रहों का अशुभ असर होगा। कुंडली में असली मंगल के अलावा बनावटी मंगल ने क (सु+बू) या बनावटी मंगल बद(सु+श) दोनों ही मौजूद हो तो न. १ देखेगा न. ११ को और न. ११ खाली हो तो न. १ का ग्रह का वही असर होगा जैसा की बुध का होगा। इसी तरह जब न. ८ खाली हो और न. १ में ज़्यादा ग्रह हो तो घर न. १ का इन्साफ (मुंसिफ) करने वाला ग्रह शुक्र होगा जैसे की शुक्र न. १ में ही बैठा हो। तख़्त पर बैठे ग्रह राजा होगा घर न. १ में लें स, घर न. ८ में फोकसिंगग्लास और ११ रेगुलेटर होंगे।

हर ग्रह की घर न. १ में असर और दूसरे ग्रहो के मुकाबले उसकी ताकत

गुरु :- यह ग्रह किसी से दुश्मनी नही करता, चन्द्र १/२, शनि ३/४ केतु ५/६, शुक्र 15/४ होगा। गुरु खुद सूर्य और राहु के वक़्त चुप होगा मगर बुरे ग्रहो के साथ, गुरु का पहला ८ साल शुभ लेकिन बाद के ८ साल अशुभ होंगे।

सूर्य :- यह ग्रह खुद नीच नहीं होगा बल्कि शुक्र के साथ हो तो शुक्र नीच का होगा मगर दोनों के मिलाप से बुध पैदा हो गा या नी फूल होंगे पर फल नही होंगे केतु १/२, बुध १/२, शनि अपनी दौलत के लिए २/३, पिता की दुलत के लिए १/२ और जायजाद के लिए १/३ होगा।

चन्द्र :- इस से कोई दुश्मनी नहीं करता यह खुद अपना नेक असर दूसरो के साथ होने पर घटा लेता है राहु १/२ होगा।

शुक्र :- यह किसी को नीच नहीं करता चाहे दूसरे इसको नीच करे चन्द्र १/२, शनि १/३ होगा।

शनि :- चन्द्र १/३, केतु १/२ होगा।

बुध :- शनि ५/४, केतु १/४, चन्द्र १/२ होगा।

मंगलनेक :- शुक्र, शनि, मंगल बदती नोही हरेक १/३, केतु तथा बुध १/२ हरेक, राहु 0 होगा।

राहु :- सूर्य 0, चन्द्र १/२ होगा।

केतु :- चन्द्र 0, सूर्य १/२ होगा।

घर न. २ :-

इसे धर्म स्थान एवं बुढ़ापे का घर कहते है क्योंकि यहाँ आये हुए ग्रह बुढ़ापे में असर करते है। सेहन का मालिक एवं मुंसिफमंगलबद होगा, जब इस घर में एक से ज़्यादा ग्रह हो। इस घर में मंगल बद(सु+श) और पापी ग्रह (रा, के, श) खुद जातक पर बुरा असर नहीं देंगे बल्कि इस घर में बैठा राहु भी गुरु के मातहत होगा। यहाँ आये हुए सभी ग्रह अपना फल जो उनके लिए न.९ के लिए दिए हुए है, उम्र के आखिरी हिस्से में देंगे उदहारण के लिए जैसे शनि यदि न. ९ में है, तो उसका फल उम्र की शुरुआत से बुढ़ापे की तरफ होगा लेकिन यही शनि

यदि न. २ में बैठा हो तो मौत की तरफ से उल्टा गिनकर जन्मदिन की ओर ६० साल गिन कर होगा इसी तरह बाकी ग्रह भी असर देंगे।

१. घर न. २ की बुनियाद न. ९ होगा लेकिन न. २ की बुनियाद न. ४ में होगी इसीलिए न. ९ से उठने वाले किस्मत के बादल न. २ में स्थित पहाड़ों से टकरा कर न. ४ में बारिश करेंगे अर्थात किस्मत वाली कुंडली वही होगी जिसमे न.२,न. ९,और न. ४ में शुभ ग्रह होंगे अर्थात न. ९ खाली तो किस्मत के बादल बनेंगे नहीं, न. २ खाली तो टकराने को पहाड़ नहीं और न. ४ खाली तो ज़मीन बंजर जिसमे बारिश का फायदा नहीं।
२. जैसा गुरु होगा वैसे ही हवा के झोंके होंगे।
३. घर न. ८ उलटी दृष्टी से घर न. २ को देखता है, घर न. २ देखता है घर न. ६ को अर्थात घर न. २ में न. ८ और न. ६ का आपसी सम्बंध् हो जाता है।
४. घर न. ८ खाली हो तो घर न. २ शुभ हो जाता है लेकिन न. २ खाली तो सब कुछ अच्छा। गुरु घर न. २ में और घर न. ८ खाली तो गुरु अशुभ होगा और गुरु की हवा मंदी आंधी की तरह नुकसान करेगी।

घर न. ३:-

इस घर को दुनिया से अंतिम यात्रा में जाने का एक रास्ता भी मानते है (बीमारी आदि)। जब यहाँ पापी ग्रह (श, रा, के) एवं न. ६ तथा न. ८ में भी अशुभ ग्रह हो तो मौत जैसी स्थिति का सामना करना पड़ता है। घर न. १२ में बैठा ग्रह न. ३ में बैठे ग्रह को मदद करता है भले ही दोनों में दुश्मनी हो उदाहरणार्थ यदि न. १२ में रा+श हो तो २१ या २५ साल की उम्र में पति / पत्नी की मौत का सूचक है। लेकिन यदि इस समय न. ३ में शनि हो तो राहु का शुक्र पर कोई बुरा असर नहीं होगा क्यों कि शनि शुक्र की मदद करेगा। लेकिन यदि न. ३ में

मिली जुली असर वाले ग्रह हो तो न. १२ एवं न. ३ की ग्रहो का अलग अलग फल दोस्ती या दुश्मनी की रूप में जारी रहेगी।

घर न. ४ :-

इस घर के ग्रह रात के समय या मुसीबत के समय जाग जाते हैं, क्योंकि यह चन्द्र का पक्का घर है और चाँद की रौशनी रात के समय ही होती है। इस घर में बैठे ग्रह से सम्बंधित कार्य रात में करने से शुभ होते हैं।

१. इस घर में शनि ज़हरीला सांप और मंगल का असर मंगल बद के रूप में होता है राहु और केतु सिर्फ इसी घर में धर्मात्मा बने रहते है और किसी दूसरे घर में अपना मंदा असर नहीं छोड़ते और अगर छोड़ते भी है तो कोई नुकसान ज़रूर छिपा होता है।
२. चन्द्र १, ४, ७, १० के बाहर हो और घर न. ४ खाली हो तो चन्द्र भले ही रद्दी हो तो वह भी शुभ हो जाएगा और बाकी ग्रहो पर भी शुभ असर डालेगा।
३. चन्द्र १,४,७,१० से बाहर हो और न. ४ में कोई ग्रह हो तो चन्द्र भले ही खराब हो रहा हो (जैसे चन्द्र -८) तो भी न. ४ में बैठा ग्रह शुभ फल ही देगा।

घर न. ५ :-

औलाद एवं शिक्षा को देखते है यदि गुरु शुभ तो औलाद तथा शिक्षा भी शुभ

१. न. ६ एवं न. १० में बैठे शत्रुओं से बचाव के लिए न. ५ के दुश्मन ग्रह की वस्तु पाताल(न. ६) या पैतृक मकान (न. १०) रखना चाहिए जबकि ८वां घर मंदा न हो लेकिन यदि ८वां मंदा है तो इन वस्तुओ को गाड़ देना चाहिए। उदाहरणार्थ गु-१०, शु -११, के-८, श-रा-५, औरत को पेट की बीमारी के बाद (केतु) औलाद (केतु) को भी पर भी अशुभ असर आता है। उपाय के तौर पर

औलाद के वजन के बराबर २५ दिन (शुक्र) या ४८ दिन(केतु) कुत्तो को आटे की रोटिया खिलाएं।

२. शनि या शुक्र या दोनों जब कभी मंदे हो तो दोनों की स्थिति के अनुसार फ़ौरन मंदा असर होगा लेकिन यदि चन्द्र की स्थिति शुभ हो तो असर शुभ हो जाएगा। जैसे जन्म कुंडली के न. ५ में सु+शु या सु+गु हो तो जब कोई पापी ग्रह (रा, के,श) या शुक्र वर्ष फल न. १ में आए तो सेहत में खराबी आएगी। लेकिन यदि न. ५ में शु, बू या पापी ग्रह हो और न. १ में सु+गु हो तो भी सेहत मंदी रहेगी। जब गुरु न. ५ में होतो बीमारी नई औलाद की पैदाइश के बाद समाप्त हो जाती है।

घर न. ६ : -

इसे पाताल भी कहते है यह घर रहम का खज़ाना और गुप्त सहायता के लिए भी जाना जाता है।

इस घर के फल का निर्णय करते समय दूसरे आठवें एवं १२वें घर की भी स्थिति देखना चाहिए क्योंकि २, ६, ८,१२ घर दृष्टी संबंध द्वारा एक दूसरे से जुड़े हुए हैं :-

८वें घर के ग्रह दूसरे घर को देखते हैं एवं दूसरे घर के ग्रह छठे घर को, इस तरह आठवें घर की अलामते (बला) दूसरे घर में चली जाएँगी फिर ये दूसरे से छठे में पहुंच जातीहै। छठा घर बारवें घर को देखता है अतः छठे घर की अलामते बारवें में चली जाएँगी। छठे घर में यदि बुध या केतु होतो इस घर पर दुष्ट ग्रहों का असर नही होगा क्योंकि छठा घर इन दोनों का उच्च स्थान है।

१. न. ६ एवं न. १२ में शुभ ग्रह हो तो न. ६ को जगा लेना शुभ होगा (यानि जातक अपने मां पक्ष को मदद करे या अपनी लड़कियों के बच्चो की सेवा करे और इस उपाय से न. ६ का ग्रह बिजली का वो बटन बन जाएगा

जिस से बिजली की मशीने चलती है अर्थात फ़ौरन असर शुरू हो जाएगा । न. २ का शुभ असर भी हमेशा साथ रहेगा ।

२. सु, गु, चं राशि फल एवं बाकी ग्रह ग्रह फल के होंगे। बुध और केतु न. ६ या न. ८ में बैठे ग्रहों की अवधि तक मंदे फल देंगे। न. ६ के ग्रह का असर उस घर तक भी जा सकता है जहां पर बू /के /शु बैठे हों।

३. न. ६ में बैठा शनि न. २ को उलटी दृष्टी से देखता है। न. २ में सु / चं हो तो न. ४ में बैठा मंगल भी अब मंगल बदन हीं होगा।

४. न. ६ में उच्च माने गए ग्रह (बू, रा) कभी मंदे नहीं होंगे और न ही १, २, ४, ७, १० पर बुरा असर डालेंगे।

घर न. ७ :-

यह खाना घर गृहस्थी का स्थान माना जाता है। इस घर में न. १ में बैठे ग्रहो का असर भी शामिल होता है (न. १ से न. ६ तक सभी घरो के ग्रहो का असर अपने से न. ७ वाले घर में बैठे ग्रहो पर होता है)।

१. जब घर न. ८ के ग्रह वर्ष फल में न. ८ या न. १ में आये तो आपसी दोस्ती और दुश्मनी का मिला जुला असर होता है।

२. हर पांच वर्ष में किस्मत का साथ होगा।

३. यहाँ पर बू, श, के, अपना अपना फल देंगे (उपाय के काबिल)।

४. यहाँ पर मं, गु एक हि प्रकार के फल देंगे जैसे की चक्की के दोनों पाट पिसाई का कार्य ही करते हैं।

५. चूँ कि इस घर का कारक ग्रह शुक्र है अतः जातक की कुंडली में जिस घर में शुक्र होगा उस घर के मालिक ग्रह के मार्ग दर्शन के अनुसार फल मिलेगा।

६. सामान्यतः स्त्री ग्रह (शु,चं) स्त्रियों पर एवं पुरुष ग्रह (गु, सु, मं) पुरुषों पर असर करते हैं, लेकिन यदि घर न. ७ में दो से अधिक ग्रह हो तो स्त्री

ग्रहो के असर स्त्री के बजाय खुद जातक पर ही होगा। यह असर गु,मं या सु से या तीनो से सम्बंधित हो सकता है।

घर न. ८ :-

मौत का पैगाम या मुक़ाम फानी (मुक़ाम= स्थिति, फानी = समाप्त) इस घर को कहा जाता है। केवल इस घर के ग्रह उलटी दृष्टी से न. २ के ग्रहों को देख सकते हैं।

१. इस घर के ग्रह इंसाफ के बजाय " अद्ले का बदला " वाले सिद्धांत पर कार्य करते हैं। जैसे यदि किसी ने दूसरे की लड़की की हत्या की है, तो सज़ा के तौर पर इसके लड़के या लड़की की हत्या कर दी जाए। यहाँ आए हुए ग्रह अपना अपना असर देंगे और एक दूसरे के प्रभाव में दखल नहीं देंगे।

२. इस घर सु, गु या चं अकेले अकेले या इकट्ठे हो तो घर न. ८ के ग्रह न. २ और न न. १२ को देखेगे बल्कि असर सिर्फ घर न. ८ तक ही सिमित रहेगा।

३. शनि या मंगल या चन्द्र अकेले इस घर में शुभ लेकिन तीनो या कोई दो इस घर में इकट्ठे आ जाए तो शनि मौत का भंडारी, चन्द्र दौलत, सेहत को बर्बाद करने वाला और मंगल घर न. २ एवं ६ का मंदा असर शामिल होगा अर्थात मंगल बद बन जाएगा।

४. बुध न. ८ हमेशा बुरा, मंगल न. ८ मंगल बदले कि न मंगल + बुध शुभ शर्त यही है की न. २ में शनि न हो अन्यथा मंगल बद ही रहेगा।

५. न. ८ या न. ६ कोई भी मंदा तो दोनों (मं, बू) दोनों ही मंदे लेकिन अंतिम फैसला चन्द्र करेगा अर्थात चन्द्र शुभ तो ये दोनों शुभ।

६. घर न. ११ का ग्रह जब वर्ष फल में ८ या ११ में आ जाए तो न. ११ में बैठे ग्रह की नई वस्तु खरीद कर घर लाने से घर की सेहत व्दौलत दोनों ही बर्बाद होगे

७. न. ८ की मंदी हालत का फैसला न. २ से होगा। जब तक न. २ खाली तब तक मंदी हालत न. ८ तक सिमित रहेगा लेकिन न. ११ में न. ८ का दुश्मन होतो भी न. ८ का बुरा असर न. २ में नहीं जाएगा।

८. जब न. २, न. ८, न. ११ के ग्रहो में दुश्मनी हो तो न. ८ के ग्रहो की दृष्टी न. २,११ के ग्रहो को मार देगी।

घर न. ९:-

इसे किस्मत का आरम्भ कहते हैं अर्थात जातक की तक़दीर का सफर यही से शुरू होता है अर्थात यहाँ बैठे ग्रह से और यदि यह घर खाली हो तो यहाँ के मालिक ग्रह एवं पक्के ग्रह से अर्थात गुरु से शुरू होती है।

१. जब न. ९ सोया हो अर्थात न. ३, ५ खाली तो न. २ के द्वारा जाग जाएगा अर्थात न. २ में गुरु के दोस्त ग्रहों की वस्तुए मंदिर में अर्पित करें।

२. जब न. ३ सोया हुआ हो अर्थात न. ९ खाली हो तो तक़दीर ३ साल की उम्र के बाद जागेगी।

३. जन्म कुंडली का सोया ग्रह, वर्ष फल में न. ९ में आ जाए और जाग जाए अर्थात न. ३ में भी कोई ग्रह आया हो तो न. ९ में आया ग्रह अपनी उम्र की अवधी तक नेक असर देगा। जैसे सूर्य न. ९ में आए तो २२ साल की उम्र से अगले २२ सालों तक अर्थात ४४ साल की आयु तक नेक असर देगा, इसी प्रकार २४ से २४ =४८ साल, मंगल २८ से २८ = ५६ साल, शनि ३६ से ३६ = ७२ साल, केतु ४८ से ४८ = ९६ साल, राहु ४२ से ४२ =८४ साल सबके सब शुभ सिवाय :-

अ. शुक्र न. १२ जो की २५वे साल मंदा होगा (जब न. ३ या न. ५ में उसके दुश्मन ग्रह सु / चं / रा बैठकर दृष्टी द्वारा उसको मंदा कर रहे हो वरना नेक असर देगा।

ब. बुध न. ३ का १७ से १७ साल = ३४ साल ताल मंदा जब शत्रु ग्रहों का बुध पर युति द्वारा या दृष्टी द्वारा बुरा असर पड़ रहा हो वरना यह भी नेक असर देगा। ऐसी हालत में न. ५ में बैठे पापी ग्रहो का औलाद पर कोई बुरा असर नहीं होगा।

यदि न. ९ का असर नहीं आ रहा हो तो न. ९ में बैठे ग्रह से सम्बंधित या न. ९ खाली हो, तो गुरु से सम्बंधित वस्तुओ से तिलक लगाना चाहिए क्योंकि न. ९ का गुरु मालिक एवं पक्का ग्रह है

घर न. १० :-

यहाँ पर वर्ष फल में जो भी ग्रह आएगा वह धोखे का ग्रह माना जाएगा दसवा घर विश्वास घाती घर होता है। इस घर में आए ग्रह विश्वास घाती होते है। विश्वास घाती ग्रह २रे एवं ११वे घर के लिए शुभ होते है। अर्थात यहाँ आया हुआ ग्रह शुभ / अशुभ फल दोनों ही दे सकता है अगर न. ८ मंदा (अशुभ या शत्रु ग्रहो के स्थित होने के कारण) तो न. १० में आया ग्रह दुगना मंदा असर देगा अगर न. २ में शुभ ग्रह / दोस्त ग्रह हो तो दुगना शुभ असर होगा। अगर न. ८ उपरोक्त कारणों से अशुभ एवं न. २ उपरोक्त कारणों से शुभ है तो पहले शुभ असर और बाद में अशुभ असर।

१. अगर न. २ व्न। ८ खाली तो न. ३, ५, ११ के ग्रह मददगार होंगे अगर ये घर भी खाली हों तो शनि की अच्छी बुरी स्थिति के अनुसार फल होगा।

२. इस घर में दो या इस से अधिक आपसी दुश्मन बैठ जाए तो यह अंधे ग्रहो की कुंडली मानी जाएगी शनि हमारे नज़र का कारक है और इस घर में आपसी दुश्मनी वाले ग्रह बैठ जाए तो शनि उन्हें अँधा कर देता है। यहाँ पर प्रश्न पैदा होता है की यदि यहाँ पर एक ही ग्रह हो तो वो अँधा क्यों नहीं होगा इसकी व्याख्या है की एक से अधिक शत्रु ग्रह आपस में लड़कर कमज़ोर हो जाते हैं। अतः उन पर शनि का बुरा प्रभाव आसानी से हो जाता है यह घर कर्म क्षेत्र है।

अतः इस घर के खराब होने से असंतुलन बन जाएगा। जातक बिना परिणाम सोचे समझे कार्य करता है चन्द्र की शुभ स्थिति इस हालत को बदल सकती है।

३. यह ग्रह खाली हो तो न. ४ के ग्रहो का कोई फल नही मिलता। अंधे ग्रहो की कुंडली वाले को उपाय के तौर पर १० अन्धो को एक साथ खाना खिलाना चाहिए। राहु, केतु, बुध तीनो ही इस घर में शक्की रहेंगे और शनि की स्थिति के अनुसार ही फल देंगे। अर्थात शनि शुभ तो दुगना शुभ, शनि अशुभ तो दुगना अशुभ।

घर न. ११ :-

इसे इंसानी किस्मत की बुनियाद कहते है।

१. न. ३ में यदि गुरु के दोस्त सु, चं, मं तो न. ११ हमेशा शुभ।

२. घर न. ८ में स्थित ग्रहो से सम्बंधित मौत को न. ३ में स्थित केतु के दोस्त (शु, रा) न. ११ कोने क असर देने वाला बना देते है।

३. घर न. ११ न. ३ को देखता है लेकिन असर उसी समय होगा जब जब दोनों ही घरो में ग्रह हो।

४. यहाँ पर चन्द्र केतु हो तो दोनों एक दूसरे को बर्बाद करते है इसी प्रकार गुरु राहु हो तो भी यही होता है।

५. वर्ष फल के अनुसार न. ८ एवं न. ११ में आपसी दुश्मन ग्रह होतो न. ११ में स्थित ग्रह से सम्बंधित वस्तु या कार्य अशुभ होगे, मातम होगा। उपाय के तौर पर न. ११ में स्थित ग्रह की वस्तु के साथ न. ८ मे स्थित ग्रह की वस्तु घर में साथ रखें। जैसे केतु न. ६ और शनि न. ११ हो तो शनि की एवं केतु की वस्तु साथ रखना चाहिए अर्थात यदि मकान (शनि करक) बनवाना हो तो दोरंगा कुत्ता पाल लेना चाहिए, मशीने (शनि कारक) ख़रीदे तो बच्चो के

खिलौने (केतु कारक) भी ख़रीदे। इस तरह बुरे असर को भले असर में बदला जा सकता है।

६. घर न. ११ के ग्रह सिर्फ पापी ग्रहो पर ही भरोसा कर सकते हैं। अगर न. ३ खाली तो अपना नेक फल तख़्त (लग्न या न. १) आने पर शुरू करेंगे और मंदा असर न. ८ में आने पर शुरू करेंगे। मंदी हालत में उपायके तौर पर उम्र के बराबर मात्रा में न. ८ में बैठे ग्रह की वस्तु घर में लेकर आएगे बशर्ते कोई भी पापी ग्रह (श, रा, के) वर्ष फल में न. १ में न हो। अगर कोई पापी ग्रह न. १ में हो तो न. ९ में बैठे ग्रहो की वस्तुओ से मदद लेंगे (घर में ले आयेगे)। अगर न. ९ खाली हो तो गुरु की वस्तु लाएगे।

घर न. १२ :-

इसे आराम करने का स्थान या शयन कक्ष भी कहते है। घर न. १२ का फैसला आखिरी होता है लेकिन यदि घर न. १२ को अपील (मदद) की ज़रूरत पड़ी तो वह न. २ होगा अर्थात न. १२ के असर का फैसला न. २ करेगा।

१. गुरु न. १२ हो तो पिता / बाबा के ज़िंदा रहने तक जातक की रात आराम से गुज़रेगी उनके गुज़र जाने के बाद उनके उपयोग किये हुए चादर, बिस्तर या कपडे अपने साथ रखने से आराम मिलेगा।

२। न. ८ अशुभ, न. २ खाली और न. १२ में न. ८ स्थित ग्रह का दुश्मन हो तो धर्म स्थान जाना नुकसान देगा।

खाली घरो के फला देश का तरीका :-

आम तौर पर खाली घरो के मालिक को लेते हैं, अर्थात जिस न. का घर खाली है, उस न. के मालिक ग्रह को लेंगे। जैसे घर न. ६ में बुध के साथ केतु का भी निवास और न. १२ में गुरु के साथ राहु का भी निवास माना जाता है। जब बुध न. ३ हो तो न. ६ का मालिक केतु और रु जब न. ९ में होतो न. १२ का

मालिक राहु होता है। लेकिन अगर गुरु ९ या १२ दोनों जगह न हो तो खाली घर न. १२ में गुरु + राहु अर्थात बनावटी बुध का असर मानते है। इसी प्रकार यदि बुध ३ या ६ दोनों में न हो तो घर न. ६ में बुध एवं केतु इकट्ठे माने जाएगे लेकिन जहां बुध जबरदस्त होगा तो केतु कमज़ोर होगा अतः न. ६ के मालिक के बतौर बुध या केतु जो भी ताकतवर हो उसे ही लेंगे। घर न. ९ का मालिक गुरु और न. ६ का बुध होगा बाकी खाली घरो के लिए उस घर न. के मालिक ग्रह को लेंगे।

सोए हुए घर और सोए हुए ग्रह :-

ग्रह का जागना और घर का जागना दोनों अलग अलग बाते है। जिस घर में कोई भी ग्रह न हो या जिस घर पर किसी ग्रह की दृष्टी न पड़ती हो वो घर सोया हुआ कहा जाता है। लाल किताब के अनुसार एक घर की दूसरे घर पर दृष्टी उसी वक़्त जाती है जब किसी एक घर में ग्रह हो लेकिन यदि दूसरे घर में कोई ग्रह न हो तो ये ग्रह सोया रहता है।

१. कुंडली में १ से ६ घर पहली तरफ के और ७ से १२ तक के घर बाद की तरफ के माने जाते हैं। अपने घर बैठा ग्रह तो हमेशा जागता रहता है, चाहे सामने वाले घर में कोई ग्रह न हो (जैसे शुक्र न. ७)। इसी तरह पक्के घरों में बैठा ग्रह भी पूरी तरह जागता होगा जैसे मंगल न. ३ में।
२. जब पहली तरफ के घर सोये हो तो उन्हें जगाने वाले किस्मत के ग्रह को उस घर के सामने वाले घर में स्थापित करना होगा।
३. जब बाद के घर खाली हो तो तो उस घर को हीं जगाने वाले उपाय की ज़रूरत होगी। अर्थात उस खाली घर में उस घर के मालिक या उसके लिए शुभ ग्रह को उस खाली घर में स्थापित करना होगा।
४. किसी भी ग्रह को किसी भी घर में स्थापित करने के पहले यह आवश्यक है कि स्थापित होने वाले ग्रह का उस घर में जाने का रास्ता बना हो,

अर्थात स्थापित होने वाले ग्रह की दृष्टी उस घर तक जाती हो, अन्यथा यह उपाय करना व्यर्थ हो जाएगा। सोये हुए ग्रह खास खास परिस्थितियों में या एक निश्चित अव धीमें बिना किसी उपाय के भी जाग जाते है।

५. बगैर जगाए सोया ग्रह खुद हीं जाग उठे या निफल देना शुरू कर देतो ऐसे जागे ग्रह की जैसे शुक्र ३ साल, मंगल ६ साल, केतु ३ साल इत्यादि के अंतिम साल जैसे शुक्र शादी के तीसरे साल, पर सभी ग्रहो असर मंदा कर देगा चाहे वह खुद जागे ग्रह का दोस्त हो या दुश्मन।

६. सोये हुए ग्रह को जगाने वाला ग्रह यदि खुद उस ग्रह के पक्के घर से सम्बन्ध रखता हो तो कोई भी मंदा असर नही होगा, जैसे शुक्र न. ११ में है और न ३ खाली, अब अगर औरत के भाई कायम हो तो खुद जगे हुए शुक्र का बुरा असर न. ३ पर नहीं होगा।

७. घर न. १० खाली हो तो घर न. २ के ग्रह सोये माने जाएगे। घर न. २ खाली हो तो घर न. ९ एवं १० के ग्रह सोये होंगे।

सोया ग्रह खुद कब जागेगा

ग्रह	कब जागेगा	किस उम्र में जागेगा	किस साल मंदा फल
गुरु	रोज़गार शुरू होने पर	१६ साल के बाद	६ठे या १२वे साल
सूर्य	सरकारी नौकरी	२२ साल के बाद	२,८, ९, २४ साल
चन्द्र	शिक्षा पूरी होने पर	२४ साल के बाद	१ ले या २५वे साल
शुक्र	शादी के बाद	२५ साल के बाद	३रे या २८वे साल
मंगल	औरत से संबंधित	२८ साल के बाद	६ठे या ३४वे साल
बुध	व्यापार,बहन/ लड़की की शादी	३४ साल के बाद	२रे या ३६वे साल

शनि	**मकान बनने पर**	**३६ साल के बाद**	**६ठे या ४२वे साल**
राहु	**ससुराल से सम्बन्ध**	**४२ साल के बाद**	**२, ४४ या ४८वे साल**
केतु	**औलाद पैदा होने पर**	**४८ साल के बाद**	**३ या ५१वे साल**

व्याकरण ८:-

सहायता के लिए उपाय

आत्मा (रूह) और शरीर (बुत) के सम्बन्ध में ग्रह को आत्मा और राशि को शरीर (बुत) कहा गया है। ग्रह फल के उपाय करना आम इंसान के वश में नहीं है। केवल आध्यात्मिक क्षेत्र में ऊंची पहुंच वाले इंसान ही ग्रहफल के उपाय करने का फरमान जारी कर सकते हैं। लेकिन उन्हें भी इसकी कीमत चुकानी पड़ती है, अर्थात जानके बदले जान और अमान के बदले अमान इत्यादि, फिर चाहे यह बदला वो खुद चुकाए या उनका करीबी रिश्तेदार। बेहतर यही है की इस झंझट से दूर रहे क्योंकि अक्सर आम इंसान यह नहीं जानता की उसकी आध्यात्मिक पहुंच कहा तक है कुछ लोगो में यह ताकत पिछले जन्म से भी आई हुई होती है, जिसका उन्हें पता नहीं रहता और कई दफा ग्रह फल के उपाय बताने की हिमाकत कर बैठते है जिसका परिणाम कई बार बहुत भयानक होता है। जो ग्रह राशि फल के होगे केवल उनका ही उपाय करना आम इंसान के वश में है।

१. पापी ग्रह राहु, केतु,शनि सभी पर अपना बुरा असर डालते है पर उनको मरने के लिए उनका अपना ही पाप (राहु, केतु) समर्थ होगा।

अ. राहु के मंदे असर को केतु का उपाय और केतु के मंदे असर को राहु का उपाय दूर करता है।

२. पापी ग्रहो के उपाय बतौर इन ग्रहो की वस्तुओ की पालना करना (पास रखना), इन का आशीष लेना या इनसे माफ़ी मांगना होगा।

३. शुक्र की मदद के लिए गाय को अपने भोजन से हिस्सा दे। धन की प्राप्ति।

४. शनि की सहायता के लिए कौवे को रोटी का टुकड़ा डाले। धन की हानि रुकेगी ।

५. केतु की मदद के लिए आवारा कुत्ते को रोटी का टुकड़ा डालें। औलाद होगी।

६. हर ग्रह की बनावटी हालत में दो ग्रह होते है जब कोई ग्रह मंदा हो तो उसकी बनावटी हालत में दिए हुए दो ग्रहो में से उस ग्रह को उपाय द्वारा हटा देना चाहिए जिस के हटने से फल शुभ हो जाए जिसके लिए ऐसे किसी ग्रह को कायम कर लेना चाहिए जो बुरे फल के हिस्से को दने वाले ग्रह कोही ग़ुम करदे या शुभ कर दे। जैसे शनि अगर मंदा हो जाए तो चूंकि बनावटी शनि दो ग्रहो शुक्र + गुरु से बनता है तो गुरु को हटाने के लिए बुध कायम करे तो शुक्र बाक़ी रह जाता है, अब शुक्र के साथ बुध मिलने पर शनि शुभ हो जाता है। इसी तरह शुक्र जब खराब असर दे तो चूंकि बनावटी शुक्र दो ग्रहो राहु +केतु से बनता है, तो शुक्र को शुभ करने हेतु राहु को हटा देना चाहिए।

७. बुध एवं गुरु दोनों को कायम रखकर चलाने के लिए बुध के हरे रंग की वस्तुए मदद देंगी। जैसे हरे रंग की कागज़ में सोने के ज़ेवर लपेट कर रखें। बुध, शुक्र, शनि एक ही उपाय द्वारा शांत होते है, वह है गौ ग्रास अर्थात अपने भो जन से तीन हिस्से कर के गाय, कुत्ते व्कौवे को डालें।

८. मंदा फल करने वाले ग्रह से बचाने के लिए उस के असर को दूर करने वाली वस्तु के प्रयोग से दूर कर सकते हैं, जैसे मंगल बद के असर को मृग छाला के प्रयोग से दूर किया जा सकता है।

९. मंगलबद के इलाज के लिए चन्द्र पूजन या चन्द्र की चीज़ो से सहायता ले सकते हैं।

१०. तंदूर में मीठी रोटी बनाकर बाटने से मंगल बद का असर दूर होता है।

११. राहु का मंदा असर दूर करने के लिए, राहु कारक जौं को किसी बंद जगह में बोझ के नीचे दबाए या दूध से धोकर चलते पानी में बहा दें। अगर बुखार या तपेदिक लम्बा खिचे तो जौं को गाय के मूत्र से धो कर लाल सुर्ख कपडे में बांध कर रखें और गौ मूत्र से दांत साफ करें।

१२. जो ग्रह उच्च हो उससे संबंधित वस्तु अपने पास रखने से मंदे ग्रह का असर दूर हो जाता है।

१३. धोखे के ग्रहो को भी देख लेना ज़रूरी है, अगर लड़का, लड़की दोनों ही बाप के लिए मंदे हो जाए तो लड़का (सु) एवं लड़की (बू) दोनों के गले में ताम्बे का टुकड़ा पहनाए यह बुध को दबाएगा।

१४. पापी ग्रहो के साथ जब मंगल हो तो मंगल को कायम रखना उत्तम होगा, बशर्ते जातक की कुंडली में मंगल राशि फल का हो। यदि मंगल घर न. १, ३ या ८ में हो तो मंगल का नहीं बल्कि बुध का उपाय करें, बुध काम देगा।

१५. इसी प्रकार स्त्री ग्रहो (शु,चं) बुध की ताकत मदद देगी बशर्ते बुध ३, ६, ७ या ९ न हो ऐसी हालत में मंगल मदद देगा। संक्षेप में उपाय करते समय यह ज़रूर देखना चाहिए कि जिस गृह की मदद लेनी है वह खुद तो ग्रह फल का ही नही है।

१६. जो ग्रह मंदा हो और घर न. ९ में शुक्र / बुध / मंगल बद आदि हो तो उनके मित्र ग्रह का पल ना करे या कम से कम उस नेक ग्रह के रंग की चीज़े फर्श पर न लगाए जो घर न. ९ के ग्रह का है।

जब आम उपाय काम न दे तो घंटो में असर देने वाले निम्न उपाय करें

नाम ग्रह – उपाय

गुरु - केसर नाभि या ज़ुबान पर लगाएं।

सूर्य - पानी में गुड बहाएं।

चन्द्र - दूध या पानी का बर्तन सिरहाने रखकर कीकर में डालें।

शनि - तेल का छाया पात्र दान करें।

शुक्र - गौ दान या चरी ज्वार दान करें।

मंगल - नेक मीठा या मीठा भोजन दान करे या बताशे दरिया में डालें।

मंगल - बद रेवडि या पानी में बहाएं।

बुध - ताम्बे के टुकड़े में छेद करके चलते पानी में बहाएं।

राहु - मूली दान या वजन बराबर कोयला दरिया में डालें।

केतु - कुत्तो को रोटिया डालें।

१८. हर उपाय की अवधी ४० या अधिक से अधिक ४३ दिनों की होती है। कुल खानदान की बेहतरी के लिए उपाय की अवधी ४० – ४३ हफ्ते है यानि की हर आठवे दिन जो की हफ्ता है, उपाय करना होगा। यदि किसी कारणवश उपाय के क्रम को तोडना पड़े, तो चावल दूध से धोकर अपने घर में रख लें और फिर जब उपाय शुरू करें तो यह चावल पानी में बहा दें। ऐसा न करके उपाय तोड़ने पर किया हुआ सारा उपाय बेकार हो जाएगा और दुबारा फिर से शुरू करना होगा। यह उपाय जातक के बदले कोई रक्त सम्बन्धी भी कर सकता है।

विवाह समय के उपाय

विवाह के समय मंदे ग्रहो का उपाय सबसे कारगर रहेगा। स्त्री के उपाय भले ही न करें, लेकिन मर्द के मंदे ग्रहो का उपाय ज़रूर कर लेना चाहिए क्योंकि शादी होते ही मर्द के ग्रह औरत पर हावी हो जाते है:-

१. गुरु मंदा हो तो लड़की के विवाह के संकल्प के समय समान वज़न के सोने दो टुकड़े लेकर एक टुकड़ा पानी में बहा दें और दूसरा टकड़ा लड़की जीवन भर अपने साथ रखे। इसे कभी बेचे नही। यदि कभी टुकड़ा खो जाए तो दूसरा टुकड़ा बना ले, पानी में बहाने की ज़रूरत नही। यदि सोना न खरीद सकें, तो केसर की दो पुड़िया या हल्दी की दो गाठ उपरोक्त उपाय जैसे करें।

२. सूर्य मंदा हो तो उपरोक्त उपाय ताम्बे के टुकड़ो के साथ करें।

३. चन्द्र मंदा हो तो उपरोक्त उपाय मोती या चाँदी या चावल के साथ करें या मर्द के वज़न के बराबर दरिया, नदी का पानी शादी के समय मकान में कायम करें।

४. शुक्र मंदा हो तो मोती ऊपरोक्त अनुसार प्रयोग कर सकते हैं।

५. मंगल मंदा हो तो लाल पत्थर जो चमकदार न हो को उपरोक्तानुसार प्रयोग करें।

६. बुध मंदा हो तो हीरा ले सम्भव न हो तो सीप लें।

७. शनि मंदा हो तो लोहा या स्टील लें। न मिले तो काला नमक या काला सुरमा लेंगे।

८. राहु मंदा हो चन्द्र वाला उपाय (चांदी) करेंगे। ध्यान रहे मंदे राहु के समय कभी नीलम की अंगूठी न दें, वरना दूल्हा दुल्हन के ताकतवर हाथी पुराने खंदकों में घिर जाते हैं।

९. केतु मंदा हो तो दोरंगा पत्थर कायम करें (कायम का मतलब है कि अपने साथ या अपने घर में रखें)।

१०. शुक्र न. ६ के समय लड़की के माता पिता की ओर से शादी के समय लड़की के लिए उसके सर पर पहनने के लिए शुद्ध सोना, दान की तरह लड़की को दें, जिसे लड़की कभी कभी प्रयोग करे। लड़की उसे कभी न बेचे अन्यथा गुरु का असर अशुभ हो जाएगा।

११. पुरुष या स्त्री की कुंडली में :-

अ. शुक्र के घर २ या ७ में उसके शत्रु सूर्य, चन्द्र, राहु हो।

ब. उपरोक्त शत्रु ग्रह शुक्र के साथ किसी भी घर में हो।

स. अकेला शुक्र या उपरोक्त में से किसी के साथ घर न. ४ में हो।

द. राहु अकेला या किसी के साथ घर न. १, ५, ७ में हो या शनि घर न. ५, ९ में हो।

क. केतु घर न. ८ में अकेला हो।

ख. घर न. ५ में या किसी भी घर में केतु या उसके साथ उसके शत्रु - मंगल, चन्द्र, बुध हो।

* उपरोक्त सभी स्थिति में विवाह के लिए अशुभ फल बनता है। निम्न उपाय करे :-

\# शुक्र को शुभ बनाने हेतु और दो विवाह को टालने हेतु अपनी स्त्री से दो बार विवाह कर लें।

\# केतु को शुभ करने हेतु लड़की के माता पिता विवाह के समय लड़की को शुद्ध चांदी दें या धर्म स्थान में दो रंगो वाला कम्बल दें या १०० कुत्तो को खाना खिलाए (जब केतु पितृ ऋण से दूषित हो)।

बुध घर न. १२ के दोष को दूर करने के लिए दो लोहे के बिना जोड़ वाले छल्ले बनवाकर एक को पहनले एवं दूसरे को जातक अपने हाथ से नदी में बहा दें।

पापी ग्रहों का उपाय उन ग्रहों की वस्तुओ को अपने पास रखने से होता है

नाम ग्रह - किस ग्रह का उपाय मदद देगा

राहु केतु का - नब्ज घर न. १० में होगा (उपाय घर न. १० के ग्रहो की मदद से होगा)।

केतु राहु का - मंदे केतु का उपाय घर न. १० के ग्रहो की मदद से होगा।

शनि - धन की मंदी में कौओ को रोटी डाले। औलाद मंदी हालत में कुत्तो

को रोटी डालें।

शुक्र - गाय को भोजन का भाग दें।

मंगल बद - मृग छाला रखें, मीठी तंदूरी रोटी कुत्तो या भिखारिओ को दें।

मंगल - जौ को दूध में धो कर चलते पानी में बहा दें, बुखार हो तो जौ को गौ मूत्र में धोकर लाल कपड़े में बांधे, गौ मूत्र से दांत साफ करने से तेज से तेज बुखार भी उतर जाता है। रेवडिया पानी में बहाए, केसर नाभि पर लगाये, गुड पानी में बहाएं।

ग्रहो पर रंगो का असर

हर चीज़ किसी न किसी ग्रह से सम्बंधित है लेकिन रंगो के परिवर्तन से ग्रहों का असर भी बदल जाता है। दो रंगो का कुत्ता यदि काला सफेद है तो केतु, लेकिन लाल रंग भी साथ हो जाए, केतु के साथ बुध भी होगा, तो बुध का असर होगा। इसी तरह काली भैंस शनि की मगर भूरी भैंस सूर्य की इसी तरह काली भैंस का माथा यदि सफेद हो तो शनि के साथ चन्द्र की युति लेंगे। घोडा

चन्द्र का कारक है, लेकिन पीले रंग का हो तो गुरु के साथ चन्द्र का असर भी होगा । यदि कला घोडा हो तो चन्द्र का असर का दबा होगा और शनि का असर ताकतवर होगा । ग्रहों से संबंधित चीज़ो में भी उपरोक्त अनुसार ही ग्रहो का असर रंगो के अनुसार होगा ।

इकट्ठे घरो के देखने का तरीका

दृष्टी की शर्त नही । सांझे घरो में बैठे ग्रहो को इकट्ठा गिनते हैं

१. घर न. १,७, ८,११ घर साझे में परिणाम देते हैं । इन सब का प्रभाव वैसा ही होगा जैसा की न. एक (राजा) का ।

२. घर न. ३, ४७,११ का संझा असर धन की आमद और खर्च बताता है ।

३. घर न. २, ३, ४, ८ का साँझा असर बीमारी, सेहत अंतिम समय जायदाद की हानि, चोरी, दोस्ती बताता है ।

उपरोक्त सांझे घरो में शुभ ग्रह या दोस्त ग्रह हो हो तो शुभ अन्यथा अशुभ असर सभी सांझे घरो में फ़ैल जाता है ।

घर न. १, ७, ११, ८ :-

अगर घर न. ११ खाली तो राजा तानाशाह और अगर न. ८ खाली तो वज़ीर ताकतवर यदि घर न. ८ में बैठा ग्रह घर न. १ में बैठे ग्रह का शत्रु हो तो अब वज़ीर राजा को अपनी मर्ज़ी से चलाएगा जैसे की राजा की आँखों में ज़हर डाल दिया गया हो । इसी प्रकार न. ११ में बैठा ग्रह न. १ में बैठे ग्रह का दुश्मन हो तो तो राजा अपाहिज होगा अर्थात टांगो में कमज़ोरी होगी और राजा न. ११ में बैठे ग्रह के इशारे पर चलेगा ।

यदि न. ११, १, ८ के ग्रह आपस में दोस्त हो तो तख्त पर बैठा राजा (न. १) अपनी टांगो (न. ११) और आँखों(न. ८) से मदद पाता रहेगा और उसके वज़ीर (न. ७) के ग्रह उसका सही मायनो में साथ देंगे शर्त यही है कि न. १

में न. ७ से ज़्यादा ग्रह न हो यहाँ पर ख्याल सिर्फ गिनती का रखना है दोस्ती दुश्मनी का नही । यदि घर न. १ में ज़्यादा ग्रह हुए तो वज़ीर कई राजाओ के मातहत दबा होगा और और खुद अशुभ हो जाएगा घर न. ८ के ग्रहो को वज़ीर की दलील बाज़ी या हुक्म नामा कहते हैं। यदि ७वे (वज़ीर) और ८वे (आँखे) घरो में बैठे ग्रह आपस में दोस्त हो तो ७वे घर का ग्रह कोई बदमाशी नही करता। ७वे घर का मंगल बड़ी जायदाद प्राप्त करने का योग बनता है लेकिन इसी समय यदि पहले घर में बुध हो तो जायदाद नष्ट भी हो जाती है। यह फल जातक की अपनी मूर्खता के कारण ही होता है, क्योंकि पहले घर में बैठा ग्रह जातक का प्रतिनिधित्व करता है। इसी तरह बुध यदि ८वे घर में हो तो यही फल प्राप्त होता है, लेकिन अज्ञात कारणों से क्योंकि ८व घर अज्ञात या रहस्यमय गतिविधियों का कारक है। पहले और ग्यारहवे घर के ग्रह आपस में दुश्मन हो तो बुरे परिणाम सामने आते है और बुरे परिणामो का जिम्मेदार जातक खुद होता है यदि यहाँ के ग्रह आपस में दोस्त हो तो ७वे घर के ग्रह नियंत्रण में रहते हैं। ८वे घर का ग्रह २रे घर के ग्रह पर बहुत बुरा असर डालता है।

घर न. २, ८, १२, ६ :-

यदि शुभ हालत में हो तो रात का आराम, साधु की समाधि या निमानसिक शांति, लेकिन अशुभ हालत में अचानक मौत, मुसीबत।

अ. घर न. ८ का असर न. २ में मिल सकता है। उलटी दृष्टी के कारण लेकिन घर न. २ का असर न. ६ में मिलता है। न. २ और न. १२ आपस में मिलते रहते है भले ही घर न. २ घर न. ६ में अपना असर मिलाता हो लेकिन घर न. ६, न. १२ में सिर्फ अपना असर मिलाता है और न. २ के असर को न. १२ में नही ले जाता। ८वे घर का ग्रह २रे घर के ग्रह पर हमेशा बुरा असर डालता है। ८वे घर के ग्रह का दूसरे घर में स्थित ग्रहो के असर का आकलन ११वे घर में

बैठे ग्रह से करते हैं । यदि ८ वे और ११वे घर के ग्रह आपस में दोस्त हो तो शुभ फल अन्यथा अशुभ ।

ब. न. १२ अपना असर न. ६ में नही मिलाता, लेकिन यदि न. १२ में बुध हो और शनि न. ६ में हो तो बुध अपना ज़हर शनि में मिला देता है। और इस तरह सांप बन चूका शनि, न. २ के ग्रह को डस लेगा । १२वे घर का असर २रे घर पर पड़ता है और ६ठे एवं ८वे घर में आपस में दुश्मन ग्रह हो तो इन ग्रहो के अशुभ फल में दस गुना बढ़ोत्तरी हो जाती है ।

स. घर न. ६, ८ के ग्रह भी आपस में मिल जुल सकते है ६ठे एवं ८वे घर के ग्रह आपस में छुपा हुआ रिश्ता रखते है इसी कारण दूसरे घर के ग्रह पर अपना असर डालते हैं । जैसे की न. २ एवं १२ के ग्रह। न. ८ का ग्रह, न. ६ के ग्रह की सलाह लेकर (अर्थात असर लेकर) घर न. ११ के रास्ते घर न. २ में अशुभ असर डालेगा और यह अशुभ असर न. ८ में बैठे ग्रह से संबंधित होगा । लेकिन यदि न. २ और न. १२ में शुभ ग्रह हो तो भले ही न. ८, ११ के ग्रहों में दुश्मनी हो, कोई अशुभ असर या तो होगा नही, या आएगा भी तो टल जाएगा ।

द. न. ८ एवं न. १२ में बैठे ग्रह आपस में दुश्मन हो और न. २ खाली हो तो मंदिर नही जाना चाहिए, अन्यथा न. ८ और न. १२ के ग्रहो का बुरा असर शुरू हो जाएगा । मंदिर न जाने पर बुरा असर नही होगा इसके विपरीत अगर न. ८ और न. १२ में दोस्त हो तो मंदिर जाने से फायदा होगा ।

घर न. ३, ११, ५, ९ :-

पूर्व जन्म और आने वाले समय का हाल मालूम पड़ता है । न. ९ पूर्वजों की हालत बताता है, लेकिन यदि न. ३ में कोई ग्रह हो, तो भाइयो के जन्मदिन से घर न. ९ के ग्रह का असर जातक पर शुरू होगा और औलाद के जन्म तक तक यह असर रहेगा । औलाद के जन्म के बाद फिर परिवर्तन आएगा लेकिन

यदि न. ५ न. ९ में पापी ग्रह हो तो औलाद के जन्म के बाद कोई ख़ास नेक असर नही होगा और यदि न. ५ में पापी और न. ८ में अशुभ या दुश्मन ग्रह हो तो घर न. ११ का ग्रह तेजी के साथ बुरे असर देना शुरू कर देगा और बिजली अंत में घर न. ८ या न. ५ के रिश्तेदारो पर गिरेगी। न. ११ खाली हो तो आय के संबंध में किस्मत सोई होगी न. ५ और न. १० के ग्रह आपस में दुश्मन होगे भले ही आपस में उनकी दोस्ती रहती हो जैसे चन्द्र और मंगल दोस्त है लेकिन इन घरो में बैठने पर दुश्मन बन जाएगे। यदि घर न. ९ में सूर्य और चन्द्र हो तो न. ५ में बैठे पापी ग्रह औलाद पर बुरा असर नही डाल पाएगे और नही जीवन में गुरबत का सामना करना होगा।

घर न. ९ को समुद्र माने तो यहाँ से उठने वाला मानसून न. २ के पहाड़ो से टकरा कर न. ४ में बारिश करता है (किस्मत की बारिश)। मानसून को गति देने के लिए हवा (गुरु) की मदद ज़रूरी है। न. २ अगर खाली हो तो न. ९ की मानसून बिन बरसे निकल जाएगी अर्थात पुरखो की धन दौलत का सिर्फ गुमान ही रहेगा, मिलेगा नही। यदि न. ९ में शुभ ग्रह हो और न. २ में भी कोई ग्रह हो, तो पुरखो का धन मिलता है। न. २ में ग्रह हो लेकिन न. ९ खाली हो तो सिफ दिखावे का धन।

घर न. ४, १०, २ :-

किस्मत का पैमाना माना जाता है। जातक की किस्मत का खेत कितना फैला हुआ है अर्थात किस्मत में कितना मिल सकता है यह न. १० का ग्रह बता सकता है लेकिन खेत की मिटटी कितनी उपजाऊ होगी यह न. २ का ग्रह और कितना पानी चाहिए यह न. ४ बताएगा। अगर न. ४ खाली हो या उसमे पापी ग्रह हो तो किस्मत की मिटटी भले ही कितनी उपजाऊ हो वक्त ज़रूरत पानी नही मिलेगा अर्थात ऐसा जातक अपनी हिम्मत के बलबूते बना तो बहुत कुछ लेगा लेकिन बचत सिफ रही रहेगी। अगर न. २ खाली तो किस्मत का

मैदान (न. १०) भले ही बहुत बड़ा हो चमक नही होगी इसके उलट अर्थात न. २ में कोई ग्रह हो और न. १० खाली हो तो भी यही फल। न. ४ में शुभ ग्रह हो और न. १० और न. २ खाली तो मृगतृष्णा जैसी हालत होगी। ४ था घर खाली हो या यहाँ राहु / केतु / शनि हो तो १०वे घर के शुभ फल जातक को नही मिलेंगे, इसी तरह यदि घर १०, २ खाली हो तो ४थे घर के शुभ फल बर्बाद। यदि घर न. ३, ९, अशुभ तो ५वे घर का फल भी अशुभ। यदि ९वे घर में सूर्य / चन्द्र हो तो ५वां घर शुभ इसी तरह ९वे घर में सूर्य / चन्द्र और ५वे घर में राहु / केतु हो तो ५वां घर शुभ ही रहेगा। यदि राहु / केतु ५वे घर में हो और दुश्मन ग्रह ८वे घर हो तो दुर्भाग्य की ठोकर जातक को ११वे घर के द्वारा मिलेगी, ५, ८से संबंधित रिश्तेदारो पर भी बुरा असर। दूसरा घर खाली तो रोज़गार पर भी बुरा असर, अब घर न. १० एवं ५ के ग्रह भी शत्रुता पूर्ण व्यवहार करेंगे भले ही प्राकृतिक रूप से वह शुभ ग्रह माने जाते हो।

लाल किताब के अनुसार कुंडली विश्लेषण हेतु फार्मूले

१. लाल किताब में यह बताया गया है कि कुंडली चार्ट में सभी राशि अंको को मिटाकर सिर्फ लग्न में न. १ देकर बाक़ी घरो में इस के बाद के अंक डालें । यह तो ठीक है लेकिन १९४२ की लाल किताब में कायम ग्रहों की व्याख्या में पारम्परिक राशियों को भी लिया गया है। अर्थात हमे राशियों का भी उपयोग नियमानुसार करना है।

२. लाल किताब में हर घर के लिए मालिक ग्रह एवं पक्के ग्रह निर्धारित है अर्थात ज़मीन पक्के ग्रह (कारक ग्रह) की एवं उस ज़मीन पर मालिक ग्रह की इमारत बनी हुई है। इसका अर्थ यह है की किसी भी घर में जो भी ग्रह आएगा उस ग्रह / ग्रहों पर उस घर के मालिक एवं पक्के ग्रह का असर आएगा ही भले ही ये ग्रह कहीं भी बैठे हो । जैसे लग्न में गुरु हो तो उस पर सूर्य + मंगल का असर शामिल रहेगा ही।

३. मालिक एवं पक्के ग्रह अपना कैसा असर उस घर में बैठे ग्रह / ग्रहो पर डालेंगे, इसके लिए इन ग्रहो की स्थिति देखनी होगी :

अ. इन पर (मालिक एवं पक्के ग्रह) पर कैसे ग्रहो (शुभ, अशुभ, पापी) की दृष्टी है।

ब. पारम्परिक कुंडली के अनुसार ये अपनी उच्च /नीच राशि में है।

स. इन की जड़ (इन की राशि) में किस प्रकार के ग्रह (शत्रु, मित्र, पापी) बैठे हैं। यहाँ पर पारम्परिक कुंडली का नही, बल्कि लाल किताब कुंडली को आधार मानेंगे। जैसे मान लें की गुरु ५वे घर में है तो हमे यह देखना होगा की

कुंडली के ९वे और १२वे घर (धनु एवं मीन राशि के घर) पर कौन से ग्रह है, यह नही देखेगे की पारम्परिक कुंडली के अनुसार कौन सी राशि में है।

द. घरों के हिसाब से ये ग्रह अपंने लिए निधारित शुभ / अशुभ घर में हैं। लाल किताब के अनुसार शुभ एवं अशुभ घरों का निर्धारण हर ग्रह के लिए किया गया है।

इ. कौनसा ग्रह किस ग्रह को टक्कर मार रहा है। टक्कर मारने वाला ग्रह, टक्कर खाने वाले ग्रह का दुश्मन बन जाता है, भले ही ही वह दोस्त माने जाते हो।

फ. खाली घरों के फला देश के लिए खाली घरो के मालिक को देखा जाता है।

ग. घर न. १२ के ग्रह न. ३ के ग्रहो की मदद करते हैं।

घर न. २, ४, ८, १२ में सिर्फ शुभ ग्रह हो तो ऐसा जातक यदि छह दिनों से तड़पते मरणा सन्नव्यक्ति के मुह में पानी डाल देतो उसे आराम आ जाए।

फरमान - १

जब बच्चा पैदा होता है तो बंद मुट्ठी लाता है और जब दुनिया से जाता है तो दोनों हाथो की मुट्ठियाँ खोल जाता है। इसका अर्थ है की बचपन में अपना कुदरती भेद जो अपने साथ लाया है दिखाना नहीं चाहता। जब अंत समय अपने साथ लाया हुआ दाना पानी और दुनिया का तमाम हिसाब किताब ख़त्म कर चुकता है, तो बाकि बची हुई चीज़ को मुट्ठी भर कर अपने साथ नहीं ले जा सकता। यही एक भेद है कि मुट्ठी भर कर क्या साथ लाया और क्या साथ नहीं ले जा पाया। बंद मुट्ठी में सिर्फ़ ख़ाली जगह अर्थात आकाश है, जिसमे सिर्फ़ हवा भरी हुई है। हवा से जब आग मिली तो पानी पैदा हुआ पानी से मिटटी मिली तो दुनिया का सब भंडार पैदा हुआ आकाश का मालिक बुध है। बंद

मुट्ठी की हवा का मालिक गुरु था और जब सूर्य की आग चद्र के पानी और शुक्र की मिटटी का मेल हुआ तो मंगल का खाना पीना बुध की अक्ल का बोलना शनि का जादू मंत्र और देखना दिखाना राहु की रहनुमाई एवं कल्पना केतु से चलना फिरना गैरों से मिलना मिलाना सब प्रारम्भ हुआ।

लाल किताब के मूल सिद्धांत

सबसे पहले लाल किताब की कुंडली के बारे में चर्चा करते हैं। लाल किताब की कुंडली में लग्न में हमेशा १ नंबर ही लिखा जायेगा भले ही जन्म कुंडली में कोई भी लग्न हो। अर्थात लाल किताब में काल पुरुष कुंडली को ही आधार बनाया गया है। लेकिन इसका मतलब यह नहीं की राशियों के महत्व को नकार दिया गया है १९४२ एवं १९५२ के लाल किताबों में स्पष्ट किया गया है कि किस्मत का ग्रह वह है, जो अपनी उच्च राशि में हो जैसे गुरु कर्क में, सूर्य मेष में इत्यादि। इसके बाद उस घर का पक्का ग्रह, फिर उस घर का मालिक ग्रह, फिर दोस्त ग्रहों से बना दोस्त ग्रह अर्थात बनावटी ग्रह किस्मत का मालिक होगा जैसे मान लें कि सूर्य मेष राशि का में है और पहले घर में स्थित है अब निर्णय निम्नप्रकार से होगा :

१. सूर्य उच्च राशि मेष का
२. सूर्य पहले घर का पक्का ग्रह
३. पहले घर का मालिक ग्रह मंगल

अब यदि सूर्य के साथ बुध भी है, तो बनावटी मंगल ने कब ना। अतः ये चारो किस्मत के ग्रह हुए। वास्तव में लाल किताब में ज़्यादा ज़ोर इस बात पर है कि हम काल पुरुष कुंडली और भाव को ज़्यादा महत्त्व दें। इस विधि से ग्रहों की शुभ अशुभ स्थिति का पता सहज ही चल जाता है जैसे बुध किसी भी राशि का हो, छठे भाव में शुभ ही होगा, क्योंकि छठा भाव बुध के लिए उच्च का होता है। जैसे उपरोक्त उदाहरण में बुध ६थे भाव में मीन राशि का है मीन राशि

बुध के लिए नीच राशि है, लेकिन लाल किताब के अनुसार ६ घर बुध के लिए उच्च का ही अतः यहाँ बुध शुभ होगा । इसके अतिरिक्त लाल किताब के अनुसार एक ग्रह की दृष्टि जब एक भाव से दूसरे भाव में जाती है तो उसका दूसरे भाव पर प्रभाव तभी होगा यदि उसमे कोई ग्रह हो। यदि दृष्टि पड़ने वाला भाव खाली हो, तो दृष्टि डालने वाले ग्रह का प्रभाव दृष्टि पड़ने वाले भाव के लिए निष्फल हो जायेगा ।

बनावटी (मस्नूई) तथा एक ग्रह के दो हिस्से

प्रत्यक ग्रह दो ग्रहों के हिस्सों से मिलकर बनता है । एक पक्के ग्रह के जो दो हिस्से होंगे उनको उस पक्के ग्रह का बनावटी या मस्नूई हिस्सा मानते हैं। यह निम्नप्रकार से है

१.	गुरु	सूर्य + शुक्र
२.	सूर्य	बुध + शुक्र
३.	चन्द्र	सूर्य + गुरु
४.	शुक्र	राहु + केतु
५.	मंगल (शुभ)	सूर्य + बुध
६.	मंगल (अशुभ)	सूर्य + शनि
७.	बुध	गुरु + राहु
८.	शनि (केतु स्वाभाव)	शुक्र + गुरु
९.	शनि (राहु स्वाभाव)	मंगल + बुध
१०.	राहु (उच्च)	मंगल + शनि
११.	राहु (नीच)	सूर्य + शनि
१२.	केतु (उच्च)	शुक्र + शनि
१३.	केतु (नीच)	चन्द्र + शनि

बनावटी ग्रहों का जीवन में असर

१.	गुरु	औलाद की पैदाइश पर
२.	सूर्य	अपने स्वास्थ पर
३.	चन्द्र	माता-पिता से सम्बंधित
४.	शुक्र	दुनियावी दुःख सुख औलाद से
५.	मंगल	औलाद के जीवन एवं आयु
६.	बुध	स्वयं की इज़्ज़त, शोहरत
७.	शनि	स्वयं की सख्त बीमारी
८.	राहु	दूसरों से झगड़ा फसाद
९.	केतु	जीवन के भोग/ ऐश

मस्नूई ग्रह के समय उसके दो ग्रहो का असर अलग अलग या दोनों का इकट्ठा हो सकता है। फल के मामलो में पक्का ग्रह शायद ही बदले, मगर इसके मस्नूई ग्रह का बदलना सम्भव है। पक्के ग्रह का असर उसके संबंधित चीज़ो पर होगा लेकिन मस्नूई ग्रह दोनों ग्रहो से संबंधित चीज़ो पर भी असर दे जाता है, जैसे सूर्य पक्का ग्रह है और बुध + शुक्र = मस्नूई सूर्य, अब सूर्य घर न. १ - ५ का असर देगा लेकिन मस्नूई सूर्य में शुक्र शादी और बुध क़ाबलियत का असर देगा और घर न. ७ का असर भी देगा।

मस्नूई ग्रह पक्के ग्रह को मदद ही देता है। जिसकी कुंडली में पक्का ग्रह और उसका मस्नूई ग्रह दोनों मौजूद हो वह बहुत किस्मत वाला होता है। उदाहरण के लिए जिसकी कुंडली में सूर्य अच्छा हो और मस्नूई सूर्य (बुध + शुक्र) भी हो, तो उसे काफी ऊँचा मकाम हासिल होता है, चाहे ज़िंदगी की शुरुआत कैसी भी रही हो। नष्ट ग्रह के समय उस ग्रह का मस्नूई ग्रह काम देता है। जैसे सूर्य, राहु इकट्ठे होने पर सूर्य नष्ट होता है लेकिन यदि उसी समय मस्नूई सूर्य हो तो सूर्य अशुभ नहीं होगा।

वर्ष फल में जब जन्म कुंडली के ८वें घर का ग्रह दूसरे घर में आ जाये और ८वां घर ख़ाली हो तो आर्थिक क्षेत्र के लिए बहुत शुभ होता है।

ग्रह फल एवं राशि फल के ग्रह

ग्रह फल के ग्रह :- ऐसे ग्रह जो अपनी उच्च, नीच, या अपनी राशि में हों। इनका उपाय नहीं हो सकता ये सभी स्थितियां काल पुरुष कुंडली के हिसाब से लेंगे।

राशि फल के ग्रह :- उपरोक्त के अलावा बाकि सभी, इनका उपाय हो सकता है

घर नम्बर २, ५, ८, में आए ग्रह, ग्रह फल के होते हैं अर्थात इन ग्रहों का उपाय दूसरे ग्रहों से करते हैं।

ग्रहों की वस्तुएं

सूर्य –बाजरा, सफेद नमक, इकलौता लड़का, भूरि चींटी, नारंगी रंग, भूरा रीछ।

चन्द्र – पानी के स्रोत, माता, मौसी, नानी, दादी, दूध वाले पेड़, जड़ी बूटी, धोती, घोड़ा, खरगोश, चांदी, मोती, चावल, दूध।

मंगल - हनुमान जी, लाल रंग, गोला बारूदनी, मसाला, ताम्बा. लाल मूंगा, शहद मीठा. मसूर दाल,मूंग दाल, सिंदूर, हिरन, सफेद सुरमा, चॉकलेटी रंग, नाई दर्ज़ी, सर्जन, भाई।

मंगल बद :- कसाई, लाल चमकीला पत्थर, लाल मिर्च, भूत, जिन, ऊँट ऊंटनी, हिरण, अभिमानी, ईर्ष्या, जिगर, नीचे का होठ, ढाक (डेक)का पेड़, लाल चमकीला पत्थर।

बुध – दुर्गा जी, कलई, पारा, पन्ना, फिटकरी, अंडा, मूंग दाल, साबुत दिमाग, दांत, नाड़ियाँ, लेखन, वकील, हरा रंग, व्यापारी, बुआ, मौसी, साली, लड़की,

बहन. कन्या, मिटटी का घड़ा, रेत, शहतूत,, बांस पलाश का पेड़, नाड़ा या बेल्ट।

गुरु – सोना, पीतल, पुखराज, केसर, हल्दी, चना, दाल, कस्तूरी, ब्राह्मण, पुरोहित, सफेद बालों वाला आदमी, सुनार, पीला रंग, बबर शेर, मेंढक (नीच गुरु), पीपल, बड़ पेड़, पिता, दादा, धर्म स्थान, ब्रम्हा जी।

शुक्र – लक्ष्मी जी, हीरा, कपूर, अभ्रक, घी, दही, आलू, जमी, कन्दक, पासक्रि (ज्वार), खुशबू, स्त्रियों से संबंधित कार्य, कलाकार, गाय, स्त्री, प्रेमिका, कुम्हार, कृषक, कच्ची मिटटी, बीज।

शनि- भरौं जी, कोयला, काला नमक, काला सुरमा, पत्थर, काली मिर्च, साबुत उड़द दाल, सरसों तेल, स्प्रिट, शराब, नज़र लगना, कनपटी, मशीन, सीमेंट, प्लास्टिक, चमड़ा, लोहा, रबढ़, ईमोची, काला रंग, मगर मच्छ, मछली, सांप, बिच्छू, कौवा, चील, ताया, चाचा, जादू, मंत्र, कीकर पेड़, आक (मदार), खजूर पेड़, जूते, जुराब, नारियल।

राहु - सरस्वती जी, सीसा (लेड), कच्चा कोयला, जौ, सरसों, मूली, याददाश्त, नीला रंग, बिजली के यंत्र, हाथी, सीढ़ियां, टॉयलेट, चिमनी, ननिहाल, ससुराल, नारियल (सौंध), सिघाड़े, पजामा, पतलून।

केतु – गणेश जी, लाल -सफ़ेद/काला पत्थर, पीला निम्बू, तिल (काला - सफ़ेद), इमली, पाँव, केला, चूहा, कुत्ता, सूअर, गधा, छिपकली, दुपट्टा, कम्बल, ओढ़ना, लड़का, भतीजा, दोहता भांजा, चारपाई, तख्ता (मुर्दे को श्मशान ले जाने वाला)।

मंदे स्वाभाव का शनि जिस घर में बैठा हो, उस घर से सम्बंधित चीज़ों पर बुरा असर देगा भले ही वह धर्म स्थान में बैठा हो।

पहले घरों में	बीच के घरों में	बाद के घरों में	शनि का स्वाभाव
रा	श	के	ख़राब
के	श	रा	नेक
रा	के	श	ख़राब
के	रा	श	नेक
श	रा	के	ख़राब
श	के	रा	नेक
रा के		श के	शनि का अपना ख़राब
श		रा के	शनि का अपना नेक
रा		के	ख़राब
श के		रा	नेक
श रा		के	ख़राब
के		श रा	नेक

नाबालिग टेवा :- १, ४,७,१० ख़ाली हो या उन में रा / के /श /बु हो तो ऐसा टेवा (कुंडली) नाबालिग टेवा कहलाता है एवं ऐसे टेवे में बच्चे की १२ वर्ष की आयु तक उसके पिछले जन्म के भाग्य का ही असर रहता है। लाल किताब के अनुसार नाबालिग टेवे का उपाय करते समय १ साल की आयु से १२ साल की आयु तक हर एक ग्रह का अपना असर होता है।

अतः यदि कुंडली में बिमारी आदि का उपाय करना पड़े तो आयु का साल और घर में बैठे ग्रह का विचार करें।

यदि किसी आयु वर्ष में कोई घर घर खाली हो तो उस घर के मालिक ग्रह को लेंगे अर्थात मालिक ग्रह जिस घर में बैठा हो उस घर को लेंगे **इसलिए यह ज़रूरी है की वर्ष फल बनाते समय लग्न में नम्बर -१ न लिखते हुए लग्न की राशि का अंक लिखना होगा जिस से समझ में आ जाए की किस ग्रह का उपाय करना है।**

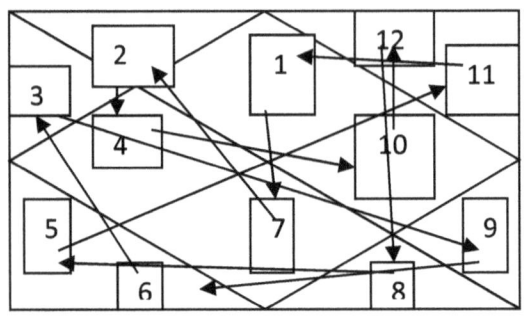

नाबालिग कुंडली में उपाय के ग्रह

ग्रहों की अशुभ होनें की निशानिया

कभी कभी जन्म कुंडली उपलब्ध नहीं होती या जन्म कुंडली से अशुभ स्थितियां जानना कठिन होता है ऐसे में निशानियों से अशुभता जान सकते हैं:-

गुरु :- ब्रम्हा जी - माला पहने, चोटी के बाल उड़ जाये

क्र।	आयु	घर एवं मालिक ग्रह जिसका उपाय होगा
1	1	7
2	2	4
3	3	9
4	4	10
5	5	11
6	6	3
7	7	2
8	8	5
9	9	6
10	10	12
11	11	1
12	12	8

सूर्य :- विष्णु जी - मुह में हर दम थूक आये जिस्म सुन्न हो

चन्द्र :- शिव जी - महसूस करने की ताकत ख़त्म हो

शुक्र :- लक्ष्मी जी - अंगूठे में कमज़ोरी चर्म रोग

मंगल शुभ :- हनुमान जी - आँख कानी हो जाए बच्चे पैदा होके मरें जोड़ों में दर्द

मंगल अशुभ :- जिन,भूत - हर काम अंतिम समय बिगड़ जाए

बुध :- दुर्गा जी - दांत खराब सूंघने की शक्ति काम हो

शनि :- भैरव जी - पलकों भवों के बाल झड़ जाए मकान गिर जाए

राहु :- सरस्वती जी - काले कुत्ते गुमें या मरें दिमागी खराबी दुश्मनी

केतु :- गणेश जी - पैर के नाख़ून झड़े पेशाब या जोड़ों में दर्द औलाद कष्ट

ग्रहों के असर का उदाहरण

यदि ११वे घर को लें तो पक्का ग्रह गुरु एवं मालिक ग्रह शनि है अर्थात ज़मीं शनि की है जिसमे लोहा सफ़ेद संगमरमर है और इस पर गुरु की ईमारत खड़ी है जो सोने की है। अब यदि इस घर में राहु आ गया जो शनि का एजेंट और बदी की निशानी है तो ज़मीं के अंदर भूचाल आ गया सोने की इमारत का रंग काला हो गया और इमारत तबाह हो गई। धर्म पूजा पाठ का निशाँ बाकी न रहा और शनि का काळा रंग चमकने लगा। गुरु नष्ट हो गया और जमाने में हर तरफ ज़ालिम जल्लाद की कार्यवाही होने लगी और आकाश में राहु का मंदा धुआं भर गया। इसीलिए राहु न. ११ के लिए उपाय है कि, जिस्म पर सोना पहनना अर्थात गुरु कायम करना। क्योंकि राहु द्वारा नष्ट गुरु कोइ सी प्रकार से बचा सकते हैं। इसी प्रकार राहु + गुरु का फल है की दोनों के मेल से मस्नूई बुध बनता है अर्थात खाली आकाश लेकिन राहु इस आकाश की सीमाएं बांध देगा और फल होगा राजा से फ़क़ीर एवं फ़क़ीर से राजा।

यही तरीका फला देश के लिए सभी ग्रहों पर लागू होगा।

लाल किताब के अनुसार ग्रहों की दृष्टि

भाव में बैठा ग्रह किस भाव पर कितने प्रतिशत दृष्टि

१। **न. ७ पर १००%**

४। **न. १० पर १००%**

८। (उलटी दृष्टि) **न. २ पर १००%**

३। **न. ३ न. ९, ११ पर ५०%**

२। **न. ६ पर २५%**

६। (केवल शनि की) न. २ पर २५% शनि यहाँ बैठे ग्रह पर डंक मारता है

८। **न. १२ पर २५%**

६। **न. १२ पर २५%**

१२। (सिर्फ बुध) न. ६ पर २५% क्योंकि बुध आकाश एवं न ६ पाताल

* 12वेँ घर में बैठा बुध ६ठे घर में बैठे गुरु के फल को ख़राब कर देता है क्योंकि दोनों में दुश्मनी है अतः पिता की सेहत और दौलत पर बुरा प्रभाव होगा।

* यदि १२वेँ बुध के समय २रा घर ख़ाली हो तो धर्म स्थान में अक्सर जाने से बुध के गर्म स्वाभाव में कमी आती।

* आम तौर पर पहले घरों (१ से ६ तक) के ग्रह बाद के घरों (७ से १२) के ग्रहों को देख सकते हैं। लेकिन ख़ाली घरों की हालत में सोये हुए ग्रह या सोये हुए घर को देखने के लिए यह शर्त नहीं मानी जाएगी। अर्थात दृष्टि आगे पीछे दोनों तरफ चलाकर देखि जाएगी। उदाहरणार्थ घर न. १० में गुरु नीच होता है और ४थे घर में कोई ग्रह न हो (अर्थात गुरु सोया है), तो गुरु के उपाय के तौर

पर ताम्बे (सूर्य करक) को तालाब (चन्द्र करक पानी) में डालते हैं, जिससे सूर्य ४थे घर में स्थापित होकर ७वीं दृष्टि से गुरु को देखता है और गुरु को शक्ति देता है। जबकि यहाँ पर ४था घर १०वें को देखता है लेकिन १०वां ४थे को नहीं देख सकता।

* यदि कोई ग्रह अपने पक्के घर में बैठा है तो १०० % जागता हुआ माना जाएगा।

* जब पहले घरों में कोई ग्रहन हो तो बाद के घरों को सोया मानते हैं ऐसी हालत में पहले के ख़ाली ग घरों को जगाना होता है जैसे की ऊपर गुरु वाले उदाहरण में किया गया है इसी प्रकार बाद के घर खाली हों तो पहले के घरों को जगाना होता है

*यदि वर्ष फल में कोई ग्रह शुभ है लेकिन व्यक्ति अपने किसी कार्य द्वारा उसे ख़राब कर ले तो वह ग्रह बुरा फल देने लगेगा।

शुभ ग्रह वर्ष फल में वर्जित कार्य

राहु -४ घर की ज़मीं में मिटटी खोद ले, कोयले की बोरियां इकठ्ठी करे, पुत्र हीन या काने व्यक्ति का साथ, नया शौचालय बनवाए,शौचालय की छत मरम्मत करवाये।

केतु -१२ कुत्तों की सेवा / पालना न करे,उन को मारे।

गुरु -४ पीपल वृक्ष कटवाना,साधू / ब्राह्मण को सताना।

क्रम	सोया ग्रह	ग्रहों के अपने आप जागने के साल	किस ग्रह के उपाय से
१	गुरु	१६ से २१ की आयु	मंगल
२	सूर्य	२२ के बाद	चन्द्र

३	चन्द्र	२४ के बाद	बुध
४	शुक्र	२५ विवाह के बाद	चन्द्र
५	मंगल	२८ के बाद	सूर्य
६	बुध	३४ के बाद	राहु
७	शनि	३६ के बाद	शुक्र
८	राहु	४२ के बाद	गुरु
९	केतु	४८ के बाद	शनि

* हर ग्रह अपनी अवधी के आधे या चौथाई भाग में भी असर दे सकता है।

जन्म दिन और जन्म समय के ग्रह :- जब दोनों समय के ग्रह एक ही हों तो ऐसा ग्रह हमेशा शुभ होगा बल्कि उस दिन मौत भी नहीं आ सकती जैसे किसी का जन्म मंगलवार की भरी दोपहरी हुआ हो (मंगल का समय) तो मंगल शुभ और ज़्यादा महत्वपूर्ण होगा।

ग्रह	**समय**	**हफ़्तों में**
केतु	सूर्योदय से २ घंटे पहले (4 am to 6 am)	रविवार
गुरु	सूर्योदय से ८ बजे सुबह (6 am to 8 am)	गुरुवार
सूर्य	सुबह ८ से सुबह १० तक (8am to 10 am)	रविवार
चन्द्र	सुबह १० से ११ एवं चांदनी रात (10 am to 11 am)	सोमवार
शुक्र	दोपहर १क्र से ३ बजे, काली रात(1 pm to 4 pm)	शुक्रवार
मंगल	११ से दोपहर १ बजे। पक्की दोपहर(11 am to 1 pm)	मंगलवार
बुध	४ बजे शाम (4 pm to 6 pm)	बुधवार

शनि	गोधूलित शाम रात। अँधेरा दिन(8 pm to 4 am)	शनिवार
राहु	शाम ४ से सूर्यास्त तक(6 pm to 8 pm)	गुरुवार शाम

* जन्म दिन का ग्रह राशि फल (उपाय हो सके) तथा जन्म समय का ग्रह, ग्रह फल (उपाय न हो सके)

जन्म दिन और जन्म समय के हिसाब से सहायक उपाय :-

उदाहरण – जन्म दिन - मंगलवार, जन्म समय – सुबह के बाद दिन का पहला हिस्सा (गुरु का समय)

अब जन्म समय गुरु, मंगल के पक्के घर न. ३ में होगा (उदाहरणार्थ), अब गुरु घर न. ३ में होकर बीमारी पर बीमारी देता जाए तो मंगल अब राशि फल (उपाय के लायक) का बन जाएगा भले ही मंगल घर न. ४ और न. ६ में ही राशि फल का होता है क्योंकि यहाँ पर मंगल जन्मदिन का ग्रह है। गुरु का उपाय काम नही करेगा। यहाँ नियम इस प्रकार का है :-

यदि किसी का जन्म सोमवार के दिन पक्की शाम को हुआ, तो दिन का ग्रह चन्द्र और समय का ग्रह राहु हुआ जन्म समय का ग्रह पक्का ग्रह होगा, जिसका उपाय नही होता। इस समय राहु जो जन्म समय का ग्रह है वह दिन के ग्रह चन्द्र के घर न. ४ में माना जाएगा और चन्द्र न. ४ में भले ही पक्का ग्रह है, अब ग्रह फल का न हो कर राशि फल का बन जाएगा और न. ४ के लिए चन्द्र का उपाय ही मददगार होगा।

इसी तरह यदि किसी जातक का जन्म गुरुवार के दिन राहु के समय (शाम ६ से ८ के बीच) हुआ हो, तो राहु का वही फल होगा जो राहु के ९वे घर का होता है।

ग्रहों की क़ुरबानी के बकरे :- कई बार यह देखा जाता है की ग्रह की शुभ स्थिति होते हुए भी फल नहीं मिलते। इस चीज़ को समझने के लिए यह

सिद्धांत बहुत कारगर है। जब भी ग्रहों का टकराव या अन्य कारणों से परेशानी होती है तो यह कार्य किया जाता है :-

ग्रह	अपने आपको बचाने किस ग्रह की क़ुरबानी देगा	किस ग्रह को ख़राब करेगा
शनि	राहु,केतु की	शुक्र (रा +के = शु) स्त्री पर कुप्रभाव
बुध	शुक्र की	शुक्र
मंगल	केतु की	शनि (मं बद =सु + श)
गुरु	केतु की	केतु (घर न. ६ अशुभ)
सूर्य	केतु की	केतु (संतान पर अशुभ असर)
चन्द्र	गुरु, सूर्य, मंगल	गुरु, सूर्य, मंगल
राहु / केतु	राहु / केतु खुद को	कारोबार, रिश्तेदार -राहु पैरों में खराबी, बेटे पर प्रभाव

इष्ट आराधना हेतु लाल किताब के फरमान :-

१. जो लोग एक ही समय में हर देवी / देवता को पूजते हैं वह हर तत्व को जागृत कर लेते हैं और ये तत्व आपस में टकरा कर नष्ट हो जाते हैं। इसी कारण लोग सारी उम्र पूजन करने के बाद भी दुखी रहते हैं। घर में देवी देवताओ की मूर्तियाँ नहीं रखना चाहिए, मूर्तियों का स्थान केवल मंदिर ही है और यदि मूर्तिया घर में रखी हुई है तो उन्हें मंदिर में दे देना उचित है। जब तक मूर्तियाँ घर में हो, उन्हें पूरे मान सम्मान सहित रखना चाहिए उसके बाद ससम्मान किसी मंदिर में दे देना चाहिए। घर में मंदिर या मंदिर जैसी प्रतिकृति नहीं रखना चाहिए।

२. अपना इष्ट ५वें घर में बैठे ग्रह से चुनना होता है। यहाँ पर यदि एक या एक से ज़्यादा केवल पुरुष ग्रह हों तो उस ग्रह से सम्बंधित देवता और यदि एक या एक से ज़्यादा स्त्री ग्रह हों तो उस ग्रह से सम्बंधित देवी को पूजना होता है। यहाँ पर बैठे एकाधिक ग्रहों में से सबसे ताकतवर ग्रह को ही लेते हैं। यदि इस घर में स्त्री एवं पुरुष ग्रह दोनों हों तो अर्धनारीश्वर की पूजा करना होता है।

३. यदि ५वां घर ख़ाली हो तो उस घर के स्वामी ग्रह को चुनना चाहिए और यह देखना होगा की यह ग्रह कौनसे घर में बैठा है एवं इस घर का मालिक ग्रह कौन है इस ग्रह को लेना है।

४. ९वां घर पूजा की विधि का स्वरुप (सत्त्व, रजयातम) बताता है। ९वें घर में जो भी राशि हो उससे पहचान कर वही पूजन मार्ग अपनाना है :-

सात्त्विक राशि :- वृष भ,वृश्चिक, मीन – बाहरी धर्म स्थान जाना ज़रूरी नहीं—भाव भक्ति मार्ग

राजसिक राशि :- मेष, मिथुन, सिंह, तुला, धनु, कुम्भ --भक्ति मार्ग

तामसिक राशि :- कर्क, मकर, कन्या -- तंत्र मार्ग

५. कोई भी इंसान कभी भी उस मन्त्र की साधना न करे जिसका पहला अक्षर जन्म कुंडली के ६ /८ /१२ घर की राशि से सम्बंधित हो। यदि किसी का ६, ८, १२ राशि का प्रथम अक्षर ओउम का ओ अक्षर आ जाए तो उसे ओउम के स्थान पर होअम का उच्चारण करना चाहिए।

६. यदि कुंडली में ११वें घर में बुध हो तो ऐसे आदमी को किसी पीर / फ़क़ीर का दिया तावीज़ नहीं पहनना चाहिए क्योंकि ११वन घर गुरु का पक्का घर है । गुरु एवं बुध आपस में दुश्मन हैं, इसलिए गुरु कारक पीर / फ़क़ीर से लिया तावीज़, बुध के दुश्मन से लिया तावीज़ बन जाएगा । यहाँ के बुध को सूर्य का उपाय ही ठीक कर सकता है अर्थात ताम्बे के पैसे (ताम्बा – सूर्य करक एवं

गोल आकार बुध कारक) में छेद करके गले में (घर न. १) में पहनने से उच्च सूर्य में बुध का असर शामिल हो जाएगा।

(सु + बु = मं शुभ) घर न.१ का मालिक भी मंगल है। घर न. ११ की ३ स्रिदृष्टि घर न. १ पर है, अर्थात घर न. ११ से घर न. १ तक रास्ता बना हुआ है।

७. यदि किसी की कुंडली में दूसरा घर ख़ाली है और ८वें और १२वें घर में बैठे ग्रह आपस में शत्रु हो, तो ऐसी हालत में किसी देवी देवता को पूजना अशुभ होगा, क्योंकि १२वें घर को समाधि कारक माना जाता है इसे मोक्ष स्थान भी कहतें हैं दूसरा घर धर्म स्थान और ८व न घर मौत का। अब यदि १२वें घर की समाधी ८वें घर के मौत से टकरा गई और जब ८वें घर की मौत नें पूरी दृष्टि से २सरे घर को देखा, तो उसकी (२रे घर) की भी मौत हो गई। ८वे घर में भले ही शुभ ग्रह हों तब भी यही स्थिति बनती है। ८वें घर में बैठे ग्रह से सम्बंधित कार्य या रिश्तेदार अशुभता की लपेट में आ जाएंगे यदि ऐसी कुंडली वाला धर्म स्थान में गया।

८. यदि कुंडली के घर न. २ व १२ में शुभ ग्रह हों तथा घर न. ८ व ११ में आपस में शटर ग्रह हों तो यदि ऐसा आदमी धर्म स्थान में जाएगा तो न तो उसे भयानक मुसीबतों का सामना करना पड़ेगा और नाही कोई उसे धोखा दे सकेगा अर्थात धर्म स्थान में जाना शुभ।

९. यदि घर न. ८ व १२ के ग्रह आपस में दोस्त हों या घर न. ६ में शुभ ग्रह हो तथा २सरा खाली हो तो धर्म स्थान में जाना शुभ।

१०. ६ठे घर में चन्द्र हो तो आम लोगों के लिए मुफ्त तालाब, कुआँ, बावड़ी या प्याऊ लगवाना या कुओं की मरम्मत करवाना जातक को संतान हीन बना देगा एवं उसका वंश अकाल मौतों से घटता चला जाएगा। ६ठे घर के चन्द्र

वाले को रात में दूध पीना मना है यह ज़हर सामान होगा क्योंकि ६ठा घर पाताल होता है।

११. शनि ८वाला जातक यदि धर्म शाला या रेस्ट रूम आम आदमी के लिए बनवाए तो खुद बेघर हो जाए।

१२. यदि शनि १ पहले और गुरु ५वें हो तो ऐसा आदमी यदि किसी मांगने वाले को ताम्बे का पैसा या चिल्लर पैसा दान में दे तो अपने बच्चों के लिए मौत का कारण बनता है।

१३. गुरु न. १० और चन्द्र न. ४ हो और ऐसा जातक मंदिर / मस्जिद / गुरुद्वारा बनवाए, तो झूठी तोहमत लग सकती है, यहाँ तक फांसी भी लग सकती है। गुरु यदि पांचवे घर में हो तो नगद पैसे दान न दे। इसी तरह गुरु यदि नौवे घर में हो तो धार्मिक कार्यो के लिए दान न दे।

शुक्र यदि नौवे घर में हो अनाज का दान या धार्मिक कार्यो के लिए दान न दे

१४. शुक्र न. ९ हो और ऐसा जातक गरीब / यतीम बच्चों के पढाई के लिए आर्थिक मदद करे तो खुद दीवालीआ हो जाएगा।

१५. यदि चन्द्र घर न. १२ हो तो मुफ्त स्कुल बनवाना या धमोपदेशक को भोजन करवाने से जातक के लिए ऐसी बीमारियां खड़ी हों जाएगी की उसे अंतिम समय पानी तक न मिले।

१६. यदि गुरु ७वें घर में हो तो मूर्ति पूजा, घंटा बजाना या किसी धर्म स्थान के पुजारी को मुफ्त नए कपडे देना जातक के लिए गरीबी का घंटा बज देंगे और औलाद पर भी बुरा असर होगा।

रिहाइशी मकान से सम्बंधित नियम :-

१. यदि मकान में प्रवेश करते समय विवाह इत्यादि के समय कुँए की तरह खुदी हुई भट्टी बानी हो, जिसे ज़रूरत के समय खोल सकते हों, तो जब भी उस घर में मंगल घर न. ८ वाला बच्चा पैदा होगा, तो ऐसी तबाही शुरू होगी की सह कुछ भस्म हो जाएगा । अगर ऐसी भट्टी बानी हो तो जहाँ तक उसकी मिटटी जली हो वह सबकी सब मिटटी बहते पानी में बहा दें ।

२. मकान में प्रवेश करते समय दाहिने हाथ की ओर आखिर में जाकर कई बार अँधेरी कोठरी हुआ करती है । जिस में प्रवेश करने के दरवाज़े के अलावा रौशनी या हवा जाने का और कोई रास्त नहीं होता । यदि ऐसी कोठरी में रोशन दान या एक और दरवाज़ा बना ली जाए तो वह घर / वंश बर्बाद होगा ।

३. मकान में यदि ज़ेवर / नगदी रखने की जगह खाली न रखें यदि कुछ न हो तो बादाम / छुआरे रखें ।

४. मकान के फर्श में यदि कच्चा हिस्सा बिलकुल न हो तो ऐसे घर में शुक्र (लक्ष्मी, गृहस्त सुख) का निवास नहीं मानते । शनि के पत्थर ऐसे घर में पड़ते हैं । उपाय के तौर पर गाय पीला / मनीप्लांट / आलू का पौधा लगाएं ।

५. दक्षिण मुखी दरवाज़े वाला घर स्त्रियों के लिए विशेष कर मंदा होता है । आदमी भी को कोई ही सुखी रह पाएगा । यह जगह अविवाहितों के रहने की / मातम की जगह होती है ।

दक्षिण मुखी दरवाज़े वाले घर में रहने वाले जातक, अपने को बुरे प्रभाव से बचने के लिऐ साल में एक बार बकरी का या बुध की चीज़ों का दान शाम (दिन ढलने की पहले)को दान दें ।

६. गली का आखरी मकान (जहाँ से आगे जाने का रास्ता बंद हो) और ऐसा मकान जहा हवा बाहर से आकार अंदर दाखिल होती हो तो बच्चों के लीमहस

या हवा एब दया बुरी रूह का कादा खिला गिना जाएगा बाल, बच्चे, स्त्री सबके सब बर्बाद राहु केतु के मंदे असर सुबह शाम होंगे। ऐसा मकान सदा बुरा प्रभाव देगा।

७. रिहायशी मकान के हर कोने एवं हर दिशा किसी न किसी ग्रह का पक्का स्थान होता है। यदि मकान के सम्हाधित ग्रह के स्थान पर उस ग्रह के दुश्मन ग्रह की चीजों को रख दें तो, उस ग्रह की चीजों (जिनके लिऐ मकान में पक्के ग्रह के तौर पर स्थित है) से फायदा नहीं होगा। उदाहरणार्थ चन्द्र के लिऐ मकान में उत्तर – पूर्वी कोना (घर न. ४) होता है। अगर उस जगह में लोहे की अलमारी (शनि कारक)रख दें तो चन्द्र का फल मंदा हो जाएगा एवं माता को भी कष्ट होगा क्योंकि चन्द्र माता कारक होता है।

८. मकान के पास यदि पीपल का वृक्ष हो तो उस वृक्ष की सेवा (पानी / दूध डालना, पूजना) शुभ फल देगा। लेकिन यदि उसकी सेवा नहीं की गई, तो जहाँ तक उसका साया जाएगा, तबाही और बर्बादी करता जाएगा। यही हाल कुँए का है। यदि समीप के कुँए में थोड़ा सा दूध डालते रहे तो ठीक, नहीं तो बर्बादी।

ग्रहों से सम्बंधित वस्तुएं

ग्रह -- धातु / रत्न-- वृक्ष फल /मेवा इत्यादि अन्य सामग्री

गुरु -- सोना, पुखराज-- पीपल, बड़ चना दाल, हल्दी, केसर

सूर्य -- ताम्बा, माणिक-- तेज फल वृक्ष शिलाजीत,गेहूं, गुड,

चन्द्र -- चांदी, मोती-- दूध पोस्त का हरा बिना दूध वाला पौधा चावल

शुक्र – मिटटी-- दही कपास ज्वार, मिटटी

मंगल -- नेक चमकहीन लाल पत्थर-- नीम मृग चर्म, मसूर दाल

मंगल बद -- चमकीला लाल पत्थर ढाक (डेक)-- मूंग,शहद,सौंफ,लाल मिर्च

बुध -- हीरा, पन्ना-- केला,चौड़े पत्तों का वृक्ष फिट्कड़ी,चांदी गोली,साबुत मूंग

शनि -- लोहा, फौलाद-- खजूर, कीकर,आक सरसों तेल उरद दाल साबुत बादाम

राहु -- सीसा, नीलम, गोमेद-- नारियल नारियल जौ

केतु -- दोरंगा पत्थर, लहसुनिया—इमली, तिल, काला सफ़ेद कम्बल

* उच्च ग्रहों की चीज़ों का दान देना और नीच ग्रहों की चीज़ों का दान लेना अशुभ होता है।

सूर्य या (शु + बु = सु) का असर वास्तविक वर्ष फल से पहले या बाद तदानुसार बाक़ी ग्रहों का फल

कुंडली में सूर्य निकलने का वक़्त बच्चे के माता के गर्भ में आने के दिन से ही गिनते हैं, लेकिन आम दुनिया में बच्चे के पैदा होनें के बाद और पैदा होनें के दिन के सूर्योदय को गणना में लेते हैं इस प्रकार गणना में ९ महीनों का फर्क पड़ जाता है जिसकी वजह से सभी ग्रह अपने निर्धरित समय में असर करने में धोखा कर देते हैं। इस बात का सुधार होना और भी ज़रूरी इसलिए है की सभी ग्रह बालिग कब हुए यह देखना ज़रूरी है। नियम :- जन्म कुंडली में सूर्य की स्थिति घर न. ९ से आगे (१०, ११, १२) या घर न. ९ से पीछे (१ से ८ तक) देखना होता है। दोनों हीस्थितियों में इन घरों में बैठे ग्रहों (सूर्य को छोड़कर) की अवधि

(औकात दशा की अवधि) को जोड़ देते हैं और इस तरह मिली कुल संख्या यह बताती है की जन्मदिन के इतने दिन पहले (सूर्य घर न. ९ के बाद) या

इतने दिन बाद (सूर्य घर न. १ से ८ तक) सूर्य का असर शुरू होगा एवं यही नियम बाक़ी ग्रहों पर भी लागू होगा।

मानलें की सु, मं, बु १०वें घर में हैं, १ में के, २ में च, श, एवं ७वें घर में शु, गु, रा हैं ११ एवं १२ घर खाली हैं अतः सूर्य को छोड़कर बुध = २ + मंगल = ६ = ८ दिन या माह पहले असर होगा, दूसरे उदाहरण में घर न. २ में सूर्य है, राहु ३ में, शुक्र ४ में, मंगल ५ में, बुध ६ में, शनि ७ में, चन्द्र ८ में, तथा केतु ९ में है यहाँ घर न. ९ तक सूर्य को छोड़कर राहु=६,शुक्र = ३, मंगल=६,बुध=३,शनि=६,चन्द्र=१, तथा केतु = ३ सभी का जोड़ = २८ दिन या २८ माह बाद तक असर होगा

ग्रहो की अवधिः-बू =२, मं =६, रा = ६, शु =३, श =६, चं= १, के =३सु =२, गु =६।

ग्रहो का विशेष वर्णन

यह वर्णन असली लाल किताब के उर्दू संस्करण का लिप्यांतरण (Transliteration) है। यह इसलिए की लाल किताब के असलियत की खुशबु बनी रहे।

बृहस्पतिः

अगर बृहस्पति के पीले रंग के ज़माने के शेर ने इन्सानी गुरू के चरणों में सोने (नींद) से दुनिया को सोना (metal) बख्शा तो केसर ने दुनिया को खुशी की मौत सिखाई। बृहस्पति।।।।। श्री ब्रह्म जी महाराज, दोनो जहां और त्रिलोकी के मालिक।इन्सान की मुट्ठी के अन्दर के खाली स्थान में बंद या आकाश में फैले रहने, हर दो जहां में जा आ सकने और तमाम ब्रह्माण्ड व इन्सान के अन्दर बाहर चक्र लगाने वाली हवा को ग्रह मण्डल में बृहस्पति के नाम से याद किया गया है। जो बन्द हालत में कुदरत से साथ लाई हुई किस्मत का भेद और खुल जाने पर अपने जन्म से पहले भेजे हुये खज़ाने का राज और बंद और खुली हर दो हालत की दरमियानी हद इन्सान शरीफ के शुरू (जन्म लेने) व आखीर (वफ़ात पाने) का बहाना होगी। यह ग्रह तमाम ग्रहों का गुरू और सांसारिक आध्यात्मिक, दोनों जहां का मालिक माना गया है। इसलिये एक ही घर मे बैठे हुये बृहस्पति का असर बेशक जैसा राजा या फकीर, सोना या पीतल, सोने की बनी हुई लंका तक दान कर देने वाला प्राणी या सारे ज़माने का चोर साधु जिसका धर्म ईमान न हो, हर दो हालत में से चाहे किसी भी ढंग का हो मगर उसका बुरा असर शुरू होने की निशानी हमेशा शनि के मन्दे असर के ज़रिए होगी और नेक असर खुद बृहस्पति के ग्रह के संबंधित वस्तु, कारोबार या रिश्तेदार संबंधित बृहस्पति के ज़रिए ज़ाहिर होगा। नर ग्रहों (सूर्य,मंगल) के साथ या दृष्टि वगैरह से मिलने पर मामूली तांबा भी सोने का काम देगा। स्त्री

ग्रह (शुक्र या चन्द्र) के साथ या दृष्टि के संबंध से मिट्टी से भरा हुआ पानी भी उत्ताम दूध का काम देगा। बृहस्पति के बगैर तमाम ग्रहों में मिलने जुलने की या दृष्टि की ताकत पैदा न होगी। पापी ग्रह (राहु, केतु, शनि) मन्दे होने पर बृहस्पति सोने की जगह पीतल, मिट्टी, हवा की जगह ज़हरीली गैस का मन्दा असर देगा। बृहस्पति और राहु दोनों खाना नं0 12 (आसमान) में इकट्ठे ही माने गये हैं।

बृहस्पति दोनों जहां (सांसारिक आध्यात्मिक) का मालिक है जिसमें आने और जाने के लिए नीले रंग में राहु का आसमानी दरवाज़ा है। इसलिए जैसा यह दरवाज़ा होगा वैसा ही हवा के आने जाने का हाल होगा। अगर राहु टेडा चलने वाला हाथी, सांस को रोकने वाला कड़वा धुआं या ज़मीन को पताल से भूंचाल बनकर हिलाता रहे तो बृहस्पति भला नही हो सकता। लेकिन अगर राहु उत्ताम और मददगार दरवाज़ा हो तो बृहस्पति कभी बुरा न होगा। हर तरफ से अकेला बृहस्पति चाहे वह दृष्टि वगैरह से कितना भी मन्दा होवे पर कुंडली वाले पर कभी मन्दा असर न देगा। बरबाद हो चुका बृहस्पति आम असर के लिए खाली बुध गिना जायेगा। जिसका फैसला बुध के जाति स्वाभाव के सिद्धांत पर होगा। दुश्मन ग्रहों (बुध, शुक्र, राहु या शनि पापी ग्रह रूप में यानि जब शनि को राहु या केतु किसी तरह भी रूप में (दृष्टि या साथ वगैरह से आ मिलते हों) के वक्त मन्दा हो जाने की हालत में बृहस्पति अक्सर बुध का असर देगा और बृहस्पति का मन्दा असर काबिले उपाय होगा। जिसके लिये साथी दुश्मन ग्रह का उपाय मदद देगा।

ग्रह मण्डल में सब ग्रहों में छेड़छाड़ करने कराने वाले दुनियावी पाप (सिर्फ दो ग्रह राहु केतु का दूसरा नाम) को चलाने वाला बृहस्पति है। जैसे राहु केतु के पाप करने की शरारत से पहले बृहस्पति खुद अपनी वस्तु या कारोबार या रिश्तेदार (संबंधित बृहस्पति) के ज़रिए खबर दे देगा। जिसके लिए ख्याल रहे

कि **"असर जलता दो जहां का, ग्रहण शत्रु साथी जो चोर बना 6 ता 11, मंगल टेवे ज़हरी जो ॥"**

सूर्य

आकाश में रौशनी, ज़मीन के अन्दर गर्मी, राजा फकीर में सच्चाई, ज़माने में परर्विश और उन्नति की ताकत को सूर्य के नाम से पुकारा गया है। जिसकी मौजूदगी का नाम दिन और गैरहाज़िरी का वक्त अंधेरी रात का दौर दौरा होगा। इन्सानी वजूद में रूह की हरकत और अपने जिस्म से दूसरे की मदद की हिम्मत इसका करिश्मा है। चलते चले जाना मगर अपना आखीर न बताना बल्कि पीछे हटे या रास्ता बदले बगैर फिर उसी जगह ही आकर हर रोज़ सुबह शाम करते जाना, इसका एक अजूबा है।

उत्तम सूर्य वाला कुल दुनिया को रौशन करता और हर एक दौलत बख्शता है। लम्बी उम्र का मालिक होगा। तबीयत में अन्दर बाहर दोनों ही तरफ से सच्चा होगा। मन्दे वक्त पर बुरा असर रात के ख्वाब की तरह निहायत छुपे ढंग पर ज़ाहिर करेगा। किसी का सवाली न होगा बल्कि अगर हो सके तो किसी का सवाल पूरा कर देगा। खैरात न देवे तो बेशक मगर उल्टा फकीर की झोली से माल हरगिज़ न निकालेगा। खुद चोट खायेगा और बढ़ेगा मगर किसी को चोट न मारेगा। मौत को किसी ने भला नही गिना मगर सूर्य उत्तम के वक्त मौत भी भली होगी।

राज दरबार से खुद अपने हाथों धन-दौलत कमाने का और बालिग होने का 22 साला उम्र का जवानी का जोश हर तरफ नई रौशनी देगा। सूर्य की रौशनी और धूप में गर्मी का अहसास राहु केतु की हालत से पता चलेगा। उत्तम सूर्य के वक्त चन्द और शुक्र और बुध का फल आमतौर भला ही होगा। केतु खाना नं0 1 या मंगल नं0 6 में हो तो सूर्य का असर नेक बल्कि ऊँच हालत का होगा, चाहे सूर्य किसी भी घर में और कैसा भी बैठा हो। जन्म कुण्डली के खाना नं0

1, 5, 11 में सूर्य होने के वक्त कुंडली बालिग ग्रहों का होगा जो बच्चे के माता के पेट में आने के वक्त ही से अपना असर शुरू कर देगा।

मंदे असर का उपाय

अगर सूर्य का खुद अपना ही असर दूसरे ग्रहों पर बुरा हो रहा हो तो सूर्य के दोस्त ग्रह चन्द्र, मंगल, बृहस्पति को नेक कर लेना मददगार होगा। खाना नं0 6,7 में बैठा होने के वक्त आम मन्दी हालत में बुध का किसी उपाय से नेक कर लेना मददगार होगा। जब कोई ग्रह सूर्य से नष्ट या बर्बाद हो रहा हो तो खुद सूर्य का उपाय करें। जब सूर्य का खुद अपना असर नष्ट या बर्बाद हो रहा हो तो दुश्मन ग्रह को, जो उसके असर को बर्बाद कर रहा हो, नेक कर लेना चाहिए।

चन्द्र

उम्र की किश्ती का समुंद्र, जगत की धरती माता, दयालु शिव जी भोले नाथ। चन्द्र का सफेद रंग (दूध) समुंद्री व हवाई घोड़ा, अपनी ताकत की ज्यादती के कारण मैदान-ए-जंग(खाना नं। 3) मालिक की मौत (खाना नं। 8) और खुराक में कंकर (खाना नं। 7) आने पर दुनिया में तीन दफा जागा। इसलिए नौ ग्रह बारह राशि की नौ निधि व बारह सिध्दि का मालिक हुआ। इन्सान की पैदायश नौ महीने, घोड़े की पैदायश 12 महीने।

"बढ़े दिल मुहब्बत जो पांव पकड़ती, उम्र नहर तेरी, चले ज़र उछलती।"

दिल का मालिक चन्द्र है जो सूर्य से रोशनी लेता है और दुनिया में उसका अनमोल प्रतिनिधि है। सूर्य चाहे कितना ही गर्म होकर हुक्म देवे मगर चन्द्र उसे ठण्डे दिल और शान्ति से बजा लाता है और हमेशा सुरज के पांव में रहना चाहता है। चन्द्र बेशक सूर्य से दूर हो मगर सूर्य के पांव में बहता रहता है। स्त्री (शुक्र) माई (चन्द्र) साले, बहनोई (मंगल नेक) और अपने भाई (मंगल बद) गुरू और पिता (बृहस्पत) सब के सब इस दिल के दरिया (चन्द्र) की यात्रा को

आते हैं, जो सूर्य की चमक से दबी हुई आंखों (शनि) और दिमाग (बुध) को शान्ति और ठण्डक (चन्द्र का असर) देता है। दूसरे लफ़्ज़ों में दरिया दिल के एक किनारे दुनिया के सब रिश्तादार, और दूसरी तरफ इन्सान का अपना शरीर व आत्मा (सूर्य), और आँख व सिर (शनि व बुध) बैठे हैं, और दिल दरिया, उन दोनों के बीच में चलता हुआ दोनों तरफ में अपनी शान्ति से उम्र बढ़ा रहा है या इंसानी शरीर को बृहस्पत की हवा के सांस से हरकत में रखने वाली चीज़ यही दिल है। इसलिये उसके मालिक चन्द्र की चाल से उम्र की सीमा तय की हैं।

चांदी की तरह चमकती हुई चांदनी भरी रात चन्द्र का राज है। जिसके शुरू में राहु आखिर पर केतु और बीच में खुद शनि केयरटेकर हैं। गोया पापी टोला (राहु केतु शनि इकट्ठे) अपनी जन्म वाली और जगत माता ही के दरबार में हर एक के आराम और खुद माता के अपने दूध में ज़हर डालने की शरारतों के लिए तैयार हैं। बेशक दूध (चन्द्र) और ज़हर (पापी ग्रह) मिल रहे हैं मगर फिर भी दरिया दिल चन्द्र माता दुनिया के समुंद्र के पानी में सूर्य का प्रतिबम्ब ज़रूर होगा। जिसकी शहादत के लिए ज़माने की हवा या इन्सानी सांस का मालिक जगत गुरू बृहस्पत हर जगह मौजूद है।

अपने हाथों माता की सेवा करने का ज़माना 24 साला उम्र यानि चन्द्र। वक्त मुसीबत एक पर ही मन्दा होगा। खानदान ही नष्ट नही होने देगा। टेवे में जब पहले घरों में बृहस्पत और बाद के घरों में केतु हो तो चन्द्र मन्दा ही होगा। लेकिन जब तक बुध उम्दा होवे, चन्द्र का असर दूध की तरह उम्दा ही रहेगा और सोया हुआ चन्द्र भी उत्ताम फल देगा। खुद ऐसा चन्द्र तो जागता हुआ घोड़ा होगा। शुक्र देखे चन्द्र को, औरतों की मुखालिफत होगी। चन्द्र देखे शुक्र को फकीर साहिब कमाल, तमाम नशेबाज़ों का सरदार साहिब कमाल। सूर्य का प्रतिबम्ब (जैसा भी टेवे में सूर्य की हालत हो) ज़रूर ही चन्द्र के असर में

साथ मिलता रहेगा और मंगल बद डरकर कोसो दूर भागता रहेगा। चन्द्र के घर अकेला बैठा हुआ ग्रह चाहे कोई भी हो, उत्ताम फल देगा। जब चन्द्र का घर नं। 4 खाली हो तो खुद चन्द्र सारी उम्र ही नेक फल देगा चाहे कैसी हालत का ही क्यों न हो या हो जावे। माता या किसी बड़े के पांव छूकर उसका आर्शीवाद लेना चन्द्र के उत्ताम फल पैदा करने की सबसे बढ़िया बुनियाद है।

शुक्र-राहू

शुक्र-राहू एकसाथ होने पर फूल तो होंगे मगर फल न होगा। शुक्र की गाये, राहू के हाथी से परेशान ही होगी। दक्षिण मुखी दरवाजे वाले मकान का साथ हो ता शुक्र का फल मन्दा ही होगा। लाल किताव में शुक्र को औरत और दौलत कहा गया है। इस लिए राहु का मन्दा असर औरत, दौलत या दोनो पर होगा। शुक्र की दूसरी वस्तु भी मन्दे असर से बरी न होगी।दोनो एकसाथ के वक्त राहु की मन्दी निशानी नाखुन से शुरु होगी। ऐसा मर्द, औरत अपने नाखुन कटवाने की वज़ाए बड़ा कर उन पर रंग वगैरा करने का शौकीन होगा या राहू शनि की एजंसी में रहने की कोशिश करेगा यानी चमकीले शानदार सुरमें, आँखों के इशारो से वातों का फैसला कर लेना आम होगा। जिसका नतीजा राहू का राजधानी या ऐसे प्राणी की 43 साला उमर तक उसके लिए ज़माने में हर तरफ कड़वे धुऐं के बादल खड़े कर देगा। जिसकी वजह से रात की नींद हराम होगी। चन्द्र और शुक्र दोनो का एकसाथ उपाय यानी दूध में मक्खन या नारियल का दान मुबारक होगा। औरत के दाऐं हिस्से पर चांदी का छल्ला नेक असर देगा।

खाना नं0 1 और 2 में शुक्र

कुण्डली का खाना नं0 1 जिसका मालिक मंगल है। इस खाने में बैठा हुआ ग्रह हुकमरान कहलाता है। अगर खाना नं0 7 खाली हो तो खाना नं0 1 का

ग्रह शक्की ही होगा। कुण्डली का खाना नं0 2 धर्म अस्थान जिसका मालिक शुक्र है। अगर खाना नं0 10 खाली हो तो खाना नं0 2 का ग्रह सोया हुआ होगा।

लाल किताब के मुताबिक मर्द की कुण्डली में शुक्र उसकी औरत और औरत की कुण्डली में शुक्र उसका मर्द होगा। गृहस्त आश्रम, बाल बच्चों की बरकत और बड़े परिवार का 25 साला ज़माना शुक्र का वचन है। बुध की मदद के बगैर शुक्र पागल होगा। इसलिए कुण्डली में शुक्र बुध एकसाथ मुबारक होंगे। धर्महीन हो जाये तो बेशक, इश्क में मज़हब का फर्क समझे या न समझे मगर राज दरबार कभी मन्दा न होगा।

शुक्र खाना नं0 2 अपनी ही खूबसूरती और तबीयत के आप मालिक। खुद परस्ती, स्कूल मिस्ट्रैस, हर एक की पसंदीदा औरत मगर खुद किसी को पसन्द न करे। लक्ष्मी अवतार जिसका दौलत कभी खराब न होगा बल्कि दिन रात बढ़ता ही होगा। अपने कमाई शुरू करने के दिन से कम से कम 60 साल आमदनी होगी। बाहरी हालत सूफियाना मगर अन्दरूनी चाल आशिकाना। बहरहाल उम्र लम्बी और दुश्मन पराजित होंगे।

शुक्र

शुक्र सफेद रंग (दही) दुनिया की मिट्टी, ज़माने की लक्ष्मी, गऊ माता, मर्द की औरत ने किसी को नीच न किया। इसलिये हर एक ने पसन्द किया और खुद नीच किया। "बदी खुफिया तू जिससे दिन रात करता, वक्त मन्दा तेरे वही सर पर चढ़ता।" शुक्र के ग्रह को दुनियावी किस्मत से कोई संबंध नहीं। सिर्फ इश्क व मुहब्बत की फालतू दो से एक ही आंख हो जाने की ताकत शुक्र कहलाती है।

स्त्री संबंधित, गृहस्थ आश्रम, बाल बच्चों की बरकत और बड़े परिवार का 25 साला ज़माना शुक्र का वचन है। इस ग्रह में पाप करने कराने की वंश का खून

और गृहस्थी हालत में मिट्टी और माया की उपस्थिति है। मर्द के टेवे में शुक्र से अर्थ स्त्री और औरत के टेवे में उसका अर्थ पति होगा। अकेला बैठा हुआ शुक्र टेवे वाले पर कभी भी बुरा असर न देगा और न ही ऐसे टेवे वाला गृहस्थी के संबंध में किसी का बुरा कर सकेगा।

बुध का संबंध

जब दृष्टि के हिसाब से आमने सामने के घरों में बैठे हों तो चमकती हुई चांदनी रात में चकवे चकवी की तरह अकेले अकेले होने का असर निम्नलिखित होगा। अगर बुध कुण्डली में शुक्र से पहले घरों में बैठा हो तो इस तरह दोनों के मिले हुए असर में केतु की नेक नीयत का अच्छा असर शामिल होगा। लेकिन अगर शुक्र कुण्डली में बुध से पहले घरों में हो तो इस तरह मिले हुए दोनों के असर में राहु की बुरी नीयत का असर शामिल होगा। दृष्टि वाले घरों में बैठे होने के वक्त शुक्र का असर प्रबल होगा। लेकिन जब बुध पहले घरों में हो और मन्दा होवे तो शुक्र में बुध का मन्दा असर शामिल हो जायेगा। जिसे शुक्र नही रोक सकता व गृहस्थ मन्दे नतीजे होंगे। जब अकेले अकेले बन्द मुट्ठी के खानों (1,4,7,10) से बाहर एक दूसरे से 7वें बैठे हो तो दोनो ही ग्रहों और घरों का फल खराब होगा। मगर शुक्र 12 और बुध 6 में दोनों का उच्च होगा जिसमें केतु का उत्तम फल शामिल होगा। ऐसी हालत में बैठे होने के वक्त दोनों का असर बाहम न मिल सकेगा। जब दोनो ग्रह अलग अलग मगर आपस में दृष्टि के खानों की शर्त से बाहर हों तो जिस घर शुक्र हो वहां बुध अपना असर अपनी खाली नाली के ज़रिए लाकर मिला देगा और शुक्र के फल को कई दफ़ा बुरे से भला कर देगा। लेकिन बुध के साथ अगर दुश्मन ग्रह हों तो ऐसी हालत में शुक्र कभी भी बुध को ऐसी नाली लगाकर अपना असर उसमें मिलाने नही देगा। अर्थात ऐसी हालत में बुध किसी तरह भी शुक्र को निकम्मा या बरबाद नही कर सकता।

दुश्मन ग्रहों से संबंध

सूर्य और शनि जो बाहम दुश्मन हैं अगर इकट्ठे बैठे हों तो टेवे वाले पर बुरा असर नही होता। जमा और तफरीक बराबर होती रहती है। लेकिन जब शनि शुक्र बैठे को कोई भी ग्रह देखे तो शनि देखने वाले ग्रह को जड़ से मार देगा। अगर टेवे में सूर्य और शनि झगड़ा हो तो शुक्र मारा जायेगा। यानि जब सूर्य देखे शनि को तो शनि की बरबादी होने की बजाये शुक्र का फल बरबाद होगा। लेकिन अगर शनि देखे सूर्य को तो शुक्र आबाद या उसका फल उत्तम होगा। बहरहाल अगर शुक्र के साथ जब दुश्मन ग्रह हो तो शुक्र और दुश्मन ग्रह सब की ही वस्तु रिश्तेदार या कारोबार संबंधित पर हर तरफ से उड़ती हुई मिट्टी पड़ती और किस्मत मन्दी का ज़माना होगा।

राहु का संबंध

शुक्र गाय और राहु हाथी, इन दोनों को आपसी संबंध कहां तक अच्छा फल दे सकता है ? जब कभी दृष्टि द्वारा दोनों मिल रहे हों, शुक्र का फल बरबाद होगा। दो आपसी दुश्मन ग्रह साथी दीवार वाले घर में बैठे हुए अलग अलग ही रहा करते हैं। लेकिन अगर शुक्र अपने दुश्मन ग्रहों के घर बैठा हो और राहु साथी दीवार वाले घर में आ बैठे तो शुक्र का वही मन्दा हाल होगा जो कि शुक्र के साथ ही इकट्ठा राहु बैठ जाने या दृष्टि से या मिलने पर मन्दा हो सकता है।

जन्म कुण्डली में शुक्र अगर अपने दुश्मन ग्रहों को देख रहा हो तो जब कभी वर्ष फल में शुक्र मन्दा हो या मन्दे घरों में जा बैठे, वह दुश्मन ग्रह जिनको कि शुक्र जन्म कुण्डली में देख रहा था, शुक्र के असर को ज़हरीला और मन्दा करेंगे चाहे वह शुक्र को अब देख भी न सकते हों। ऐसे टेवे वाला जिससे चुपचाप नुकसान किया करता था अब वही दुश्मनी और बरबादी का कारण होगा।

शुक्र की दो रंगी मिट्टी

खाना नं01

एक तरफा ख्याल का मालिक, तख्त का मालिक।

खाना नं02

उम्दा ग्रहस्थ हर तरफ से सिवाये बच्चे बनाने के, अपनी ही खूबसूरती और तबीयत के आप मालिक, मतलबपरस्ती, स्कूल मिस्टरैस, हर एक की पसंदीदा औरत मगर वह खुद किसी को पसंद न करे।

खाना नं03

मर्द की हिम्मत-हैसियत,गाय की जगह बैल का काम देवे, ऐसी कशिश कि ऐसे टेवे वाले पर कोई न कोई औरत मोहित) हो ही जाया करती है।

खाना नं0 4

एक जगह दो औरत या दो मर्द।

खाना नं0 5

बच्चों भरा परिवार।

खाना नं0 6

न औरत न मर्द, लक्ष्मी भी ऐसी जिसकी कोई कीमत न देवे या बांझ औरत।

शुक्र खाना नं0 1 से 6 तक उठती जवानी में ऐश व इश्क की लहरों से मिटटी की पूजना में अन्धा होगा।

खाना नं0 7

सिर्फ साथी का असर, जो और जैसे तुम वह और वैसे ही हम।

खाना नं0 8

जलती मिटटी और हर सुख में नाशुकरा, उत्तम तो भवसागर से पार कर दे।

खाना नं0 9

खुद शुक्र की अपनी बिमारी के ज़रिए धन हानि मगर घर में ऐश व आराम के सामान या धन की कमी न होगी।

खाना नं0 10

खुद शनि मगर औरत तो ऐसी जो मर्द को निकाल कर ले जावे, अगर मर्द तो ऐसा कि वह किसी न किसी दूसरी औरत जात को अपनी नज़र के सामने रखा करता है।

खाना नं0 11

लट्टू की तरह घूम जाने वाली हालत मगर बचपन की मोह माया की भोली भाली तबीयत की मूरत और धन के नहर का निकास।

खाना नं0 12

भवसागर से पार करने वाली गाय, औरत,लक्ष्मी जिसकी खुद अपनी सेहत के संबंध में या सारी ही उम्र रोते निकल गई।

शुक्र खाना नं0 7 से 12 तक बुढ़ापे में नसीहतें करे।

मंगल

मंगल नेक, शस्त्रधारी, सुर्ख रंग, नेक होने पर जिस्म में खून रूह की तरह जंगल में मंगल किया और बदी से हिरण की तरह भागा। मंगल बद हुआ तो कोई बदी न छोड़ी और हर एक को तलवार के घाट उतारा मगर माफ़ हरगिज़ न किया। रेगिस्तान का जहाज़ जिसे रेत से मुहब्बत है और पानी की परवाह नही।

अगर जन्म कुण्डली में सूर्य बुध इकट्ठे हो तो मंगल नेक, अगर सूर्य शनि इकट्ठे तो मंगल बद होगा। खाना पीना, भाई बन्दो की सेवा जंग व जदल, जिस्मानी दुख: बिमारी 28 सालां उम्र का ज़माना। तमाम जिस्म की दरमियानी जगह नाभि मंगल की राजधानी और सूर्य की सीधी किरणों की जगह मानी गई है। इसलिये कुण्डली की नाभि खाना नं0 4 के ग्रह, मंगल की नेक और बुरी हालत का पता बतायेंगे यानि जैसे नं0 4 मे बैठे होने वाले का असर होगा वही हालत मंगल के खून की होगी। न सिर्फ दान इसका ज़रूरी पहलू और कुल दुनिया के भलाई के काम और भण्डारे खोलने की हिम्मत इसकी नेकी का पता बतायेंगे बल्कि कुल खानदान की संतानहीनता दूर करेगा। अकेला बैठा हुआ मंगल जैसे जंगल का शेर बहादुर होगा। मंगल नेक अपने असर की निशानी हमेशा उस ग्रह की चीज़ों के ज़रिए देगा जोकि कुण्डली में उम्दा हों और उस ग्रह का अपना वक्त असर देने का हो। मंगल बद मन्दे ग्रहों की चीज़ों, इसके मन्दा असर देने के वक्त बुरे असर की हवा का आना पहले बतला देगा। हर हालत में मंगल के असर में एक जैसी लगातार बीच की रफतार न होगी। चाहे मंगल नेक शेर बहादुर के हमला की ताकत का हो। चाहे मंगल बद डरपोक हिरण की तरह कोसों ही दूर भागता हो।

बदी का बीज, खून का बदला खून से लेना हरदम ज़रूरी जब घी (शुक्र) और शहद (मंगल नेक) बराबर के हों तो ज़हर (मंगल बद) होगा यानि सबसे पहले शुक्र और बाद में सूर्य का फल आगे मन्दा होगा। लेकिन अगर सूर्य या चन्द्र की मदद मिल जावे तो मंगल बद न होगा। कोई दो पापी (शनि राहु, शनि केतु) या कोई दो बाहम दुश्मन (बुध केतु, सूर्य शुक्र) मंगल के साथी होवें तो मंगल बद न होगा। जब अपनी मार पे आयेगा, एक का बुरा न करेगा बल्कि अगर हो सके तो कुल खानदान का बेड़ा गर्क करेगा। जब बुध मन्दा हो, मंगल बद ओर भी मन्दा होगा और खूनी शेर बहादुर की बजाये बकरियों में रहने वाला पालतू शेर की तरह अपनी असलियत से बेखबर होगा।

खाना नं0 4 और 8 का मंगल आमतौर पर बद ही होता है। उपाय के लिए हर रोज़ सुबह पानी से दांत सफा करना मददगार होगा। चन्द्र का उपाय या बढ़ के दरखत को दूध में मीठा डालकर गीली की हुई मिट्टी का तिलक पेट की खराबियों को दूर करेगा। आग के वाक्यात पर छत पर खाण्ड की बोरियां, शहद से मिट्टी का बर्तन भरकर बाहर शमशान में (संतानहीनता के वक्त या औरत, औलाद की बरबादी), मृगशाला (लम्बी बिमारियों से छुटकारा), चांदी चकौर की मदद या मुख्य दरवाज़ा लोहे से कील देवें। काले, काने संतानहीन एवं ढाक के दरखत से दूरी पकड़ें। सूर्य, चन्द्र, बृहस्पति की वस्तु कायम करें। चिड़े चिड़ियों को मीठा देना और हाथी दांत पास रखना मुबारक होगा।

शनि दुश्मन नही दोस्त भी

शनि का ज़िक्र आते ही दिल में खौफ की लहर सी दौड़ जाती है। ज़िन्दगी के हर मंदे नतीजे को अकसर शनि ग्रह से जोड़ दिया जाता है। पहले तो शनि की साढ़सती की बात होती थी, अब शनि के काल सर्प योग का चर्चा भी आम है। ऐसा लगता है कि जैसे सब बुरे कामों का ठेका शनि ने लिया हो। जैसे सब परेशानियां, शनि की मिहरबानियां। तो क्या शनि हमारा दुश्मन है ? इसका जवाब आगे खोज से मिलेगा।

ज्योतिष में शनि को सांप भी माना गया हैं। सांप का नाम आते ही दिल में डर सा पैदा होने लगता है। हालांकि हर सांप ज़हरीला नही होता। शनि का सांप खज़ाने का रखवाला भी होता है। चन्द्र नगद रूपया तो शनि खजांची है। शनि के सांप के बिना गरीबी का कुत्ता भौंकता होगा। **अगर खाना नं0 3 में शनि कंगाल है तो खाना नं0 9 में मकान जायदाद का मालिक भी है। अगर खाना नं0 6 में शनि खतरनाक ज़हरीला सांप है तो खाना नं0 12 मे साया करने वाला शेषनाग भी है।** दूसरे लफ़्ज़ों में, दोस्ती और दुश्मनी शनि के दोनों पहलू हैं। दरअसल शनि बद कम बदनाम ज्यादा है।

लाल किताब के फरमान नं0 15 के मुताबिक:-

" पाप नैया न हर दम चलती, न ही माला ग्रह कुल की,

शनि होता न मुंसिफ दुनिया, बेड़ी गर्क थी सब की" ।

अगर शनि दुनिया का न्यायाधीश न होता तो सब की बेड़ी गर्क हो जाती । मतलब यह कि दुनियावी काम काज़ चलाने के लिये शनि की ज़रूरत है । सन्यास या मकान-जायदाद, चालाकी से धन दौलत कमाने का ज़माना, 36 साला उम्र, शनि की पहचान है ।

तमाम मकानों, इन्सान की पसंद नापसंद और हरेक की नेकी और बदी का हिसाब किताब लिखने वाले एजेन्टों का मालिक, शासक शनि देवता ज़ाहिरा पीर(ईश्वरीय दूत) है । इसी लिये कई मन्दिरों में शनि की पूजा होती है । नेक हालत में जब अपने खुद के स्वभाव के सिद्धांत के मुताबिक नेक असर का हो तो बृहस्पति के घरों (खाना नं0 2,5,9,12) में कभी बुरा असर नही देता । शनि का ऐजण्ट केतु, उम्र की किश्ती का मल्लाह है । बुध के दायरे मे राहु केतु की तरफ से जिस कार्रवाई की लिखत लिखाई हो, शनि उस पर धर्म से फैसला करता है । नेक असर के वक्त शनि इन्सानी उम्र के 10,19, 37 साल में उत्ताम फल देता है । अगर कुंडली में एक दो तीन की तरकीब और दृष्टि के सिद्धांत पर पहले घरों में केतु हो और शनि के बाद में तो शनि एक इच्छाधारी तारने वाला सांप होगा। शनि को अगर सांप माना जाये तो उसकी दुम केतु बैठा होने वाले घर में होगी और सर उसका राहु बैठा होने वाले घर में गिना जायेगा । बृहस्पति कायम हो तो शनि एक ठंडा सर सब्ज पहाड़ होगा, खासकर जब चन्द्र भी दुरूस्त हो । बृहस्पति के घरों में शनि का असर वैद धन्वतरि की हैसियत का उम्दा होगा । गर्भवती औरत, इकलौते या खानदान में अकेले लड़के के सामने शनि का सांप खुद अन्धा होगा और डंक न मारेगा ।

मंदी हालत के वक्त मौत का फन्दा फैलाये दिन दिहाड़े सब के सामने सरे बाज़ार कत्ल करने की तरह मंदा ज़माना खड़ा कर देगा। फकीर को खैरात देने की बजाये उल्ट उसकी झोली में माल निकाल लेगा। सब से धन की चोरी करता कराता फिर भी निर्धन ही होगा। हरेक के आगे सवाली फिर उसी पर चोट मार देना इसका काम होगा। मंदी हालत में शनि का एजेंट राहु होगा जो ज़हर का भण्डारी है।

दो या दो से ज्याद नर ग्रहों (बृहस्पति,सूर्य, मंगल) के साथ शनि काबू में हो जाता है और ज़हर नही उगल सकता। जिस कदर मुकाबले पर दुश्मन ग्रहों (सूर्य, चन्द्र, मंगल) का साथ बढ़ता जाये शनि और भी मन्दा हो जाता है। मंदी हालत में शनि की चीज़ों का दान मददगार होगा।

बृहस्पति के घरों में शनि बुरा फल नही देता मगर बृहस्पति खुद शनि के घर खाना नं.10 में नीच हो जाता है। मंगल अकेला शनि के घर खाना नं.10 में राजा है मगर मंगल के घर खाना नं. 3 में शनि नगद माया से दूर कंगाल हो जाता है। सूर्य के घर खाना नं. 5 में शनि बच्चे खाने वाला सांप है मगर शनि के घर खाना नं. 11 में सूर्य उत्ताम, धर्मी हो जाता है। चन्द्र के घर खाना नं. 4 में शनि पानी में डूबा हुआ सांप जो अधरंग से मरे हुये को शफ़ा (सेहत) दे मगर शनि के हैडक्वाटर खाना नं. 8 में, जो मंगल की मौतों का घर है, चन्द्र नीच हो जाता है। शुक्र ने शनि से आंख उधार ली है इसलिये शुक्र घर खाना नं. 7 में शनि उच्च है। राहु बदी का एजेण्ट है मगर राहु के घर खाना नं. 12 में शनि हरेक का भला ही करता है। केतु नेकी का फरिशता है मगर केतु के घर खाना नं0 6 में शनि मन्दे लड़के और खोटे पैसे की तरह कभी न कभी काम काम आ ही जाने वाला मगर मन्दा ज़हरीला सांप होता है। इस तरह कुण्डली के अलग अलगखानों मे शनि का अलग अलग अच्छा या बुरा फल होता है।

शनि की अदालत

लाल किताब के मुताबिक राहु अगर आरोपी का चालान पेश करने का गवाह हो तो केतु उसके बचाने के लिये मददगार वकील होगा। दोनों के बीच बात का धर्मी फैसला करने के लिये शनि शासक, वक्त की कचहरी का सब से बड़ा जज होगा । पापी ग्रहों (राहु, केतु, शनि) ने दुनियावी पापियों गुनाहगारों को सीधे रास्ते पर लाने और घर गृहस्थी को कायम रखने के लिये अपनी ही पंचायत बना रखी है । इस बात के मद्दे नज़र रखते हुये ज़माने के गुरू और तमाम ग्रहों को पेशवा बृहस्पति ने शनि के घर खाना नं0 11 में अपनी धर्म अदालत तय की है । जहां शनि अपनी माता के दूध को याद करके, बृहस्पति की कसम उठाने के बाद राहु और केतु की की गवाही के मुताबिक फैसला करता है ।

शनि खुद बुराई नही करता बल्कि उसके एजेण्ट राहु केतु बुराई वाले काम उसके पास फैसले के लिये लाते हैं । लिहाज़ा बुरो कामों के (बुरे) फैंसले करते करते शनि खुद बदनाम हो गया । लोग बदनाम को ही बुरा कहते हैं । अगर दुनिया में पाप न हो तो राहु कोई चालान पेश न करेगा । कर भी दे तो केतु की मदद से शनि का फैसला हक में होगा । फिर शनि को कोई बुरा भी न कहेगा।

आखिर नतीजा यही निकलता है कि शनि दुश्मन नही दोस्त भी है ।

राहु-केतु

लाल किताब के मुताबिक राहु केतु दोनों पापी ग्रह हैं । राहु खुफिया पाप तो केतु प्रत्यक्ष पाप है । सूर्य डूबने के बाद शाम मगर शनि की रात शुरू होने से पहले का वक्त राहु और रात खत्म होने के बाद सुबह मगर सूर्य निकलने से पहले का वक्त केतु है । राहु सिर का साया तो केतु सिर के बिना धड़ (जिस्म) का साया है । लेकिन इन्सानी जिस्म में नाभि के ऊपर सिर की तरफ का हिस्सा राहु का राज्य और नाभि के नीचे पांव की तरफ के हिस्से पर केतु का राज होगा

। राहु कुंडली के खाना नं0 12 में आसमानी हद बृहस्पाति के साथ पक्का हुआ तो केतु खाना नं0 6 पाताल के बुध का साथी हुआ। दोनों की एक साथ बैठक कुंडली का खाना नं0 2 है। दोनों के आपस में मिलने की जगह, जिस जगह दो तरफ से आकर रास्ता बन्द हो जाता हो, वहां दोनों ग्रहों का ज़रूर मंदा असर या दोनों मन्दे या पाप की वारदातें या नाहक तोहमत और बदनामी की घटनाये या ग्रहस्थी के बेगुनाह धक्के लग रहे होंगे। लाल किताब के मुताबिक:-

" केतु कुत्ता हो पापी घड़ी का, चाबी राहु जा बनता हो।

चन्द्र सूर्य से भेद हो खुलता, ज़ेर शनि दो होता हो "

राहु केतु हमेशा बुध (घड़ी) के दायरे में घूमते हैं। अगर यह देखना हो कि राहु कैसा है तो चन्द्र का उपाय करें यानि शुद्ध चांदी का टुकड़ा अपने पास रखें और केतु की नीयत का पता लगाने के लिये सूर्य का उपायें करें यानि लाल तांबा अपने पास रखें। इस तरह दोनों ग्रहों का दिली पाप खुद व खुद पकड़ा जायेगा। यानि उस ग्रह के संबंध के घटनाये होने लगेगें। राहु और केतु में से अगर कोई भी खाना नं0 8 में हो तो शनि भी उस वक्त खाना नं0 8 में गिना जायेगा। यानि जैसा शनि वैसा ही फैसला समझा जायेगा। अगर राहु केतु दोनों खराब असर करना शुरू कर दें तो राहु 42 साल और केतु 48 साल तक और दोनो एक साथ 45 साल का मन्दा असर कर सकतें हैं। कुंडली में सूर्य राहु एक साथ से सूर्य ग्रहण और चन्द्र केतुएक साथ से चन्द्र ग्रहण होगा। लिहाज़ा ग्रहण से राहु केतु के मन्दे असर का ज़माना लम्बा हो सकता है। जिसके लिये ग्रहण के वक्त और वैसे भी पापी ग्रहों की चीज़ें (नारियल वगैरह) चलते पानी (दरिया या नदी) में बहाते रहना मददगार होगा।

राहुः- रहनुमाए गरीबां मुसाफिरां(गरीबो का मददगार)

मस्त हाथी ज़िन्दा (नीच) कीमत एक लाख, मुर्दा (उच्च) सवा लाख।

दुनियां के नकली अन्देशे की सोच विचार और जागते हुये ही इन्सानी दिमाग में काल्पनिक लहर और मनगढ़ंत ख्यालात की नकल व हरकत का 42 साला उम्र का ज़माना राहु का है। सब कुछ होते हुये कुछ भी न होना राहु शरीफ़ की असलियत है। दिमागी लहर का मालिक सब दुश्मनों से बचाव और उनका नाश करने वाला माना गया है। उत्ताम असर के वक्त चोट लगने से नीला रंग हो चुके जिस्म को फूंक से ही तन्दरूस्त करने वाला हाथी जैसा मगर सफेद रंग का। राहु जिसकी मदद पर हो जाये कुल दुनिया का सिर उसके सामने झुक जाये। कुंडली में अगर मंगल शनि एक साथ या राहु अकेला खाना नं0 4 में या चन्द्र उत्ताम हो या मंगल खाना नं0 12 में हो तो राहु मन्दा असर न देगा। अगर राहु कुण्डली में शनि के बाद के घरों में बैठा हो तो शनि से हुकम लेकर काम करेगा। लेकिन जब शनि से पहले घरों में हो तो खुद शासक होगा और शनि को हुक्म देगा।

राहु मन्दे के वक्त इसका मन्दा असर राहु की कुल मियाद 42 साला उम्र के पूरा होने पर दूर होगा। फालतू धन दौलत, दुनियावी आराम व बरकत 42 के बाद फौरन बहाल होंगे। कड़कती हुई बिजली, भूचाल, तेजी के साथ बढ़ती हुई स्त्रीपाप की एजेन्सी में बदी का मालिक हर मन्दे काम में मौत का बहाना घड़ने वाली ताकत, ठगी, चोरी और अयारी का सरगना चोट मारके नीला रंग कर देने वाली ईश्वरीय लहर का नामी फ़रिशता कभी छिपा नही रहता। कुंडली में सूर्य शुक्रएक साथ होंतो राहु अक्सर मन्दा असर देगा। अगर सूर्य शनि एक साथ और मन्दे हों तो राहु नीच फल बल्कि मंगल भी मंगल बद ही होगा। अगर केतु पहले घरों में और राहु बाद के घरों में हो तो राहु का असर मन्दा और केतु शून्य होगा। अगर राहु अपने दुश्मन ग्रहों (सूर्य, शुक्र, मंगल) को साथ लेकर केतु को देखे तो नर औलाद, केतु की चीज़ें, कारोबार मतल्क केतु संबंधित रिश्तेदार बर्बाद होंगे। सूर्य की दृष्टि या साथ से राहु का असर न सिर्फ बैठा होने वाले घर पर मन्दा होगा बल्कि साथ लगता हुआ घर भी बर्बाद होगा। मन्दे राहु

के वक्त दक्षिण के दरवाज़े का साथ न सिफ माली नुक्सान देगा बल्कि इसका ताकतवार हाथी भी मामली चींटी से मर जायेगा। मन्दे राहु के वक्त यानि जब बुखार, दुनियावी दुश्मन या अचानक उलझन पर उलझन खड़ी होती जाये तो:-

1। चांदी का उपाये मददगार जब दिल की शांति बरबाद हो रही हो।

2। मसूर की दाल सुर्ख रंग दली हुई, भंगी को सुबह देवें या वैसे ही भंगी को पैसे की खैरात करते रहें।

3। मरीज के वज़न के बराबर जौं (अनाज, कनक) चलते पानी में बहा देवें।

4। जौं रात को सिरहाने रखकर सुबह जानवरों या गरीबों में बाँट दें।

5। राज दरबार या व्यापार के आये दिन झगड़े और नुकसानों के वक्त अपने जिस्म के वज़न के बराबर कच्चे कोयले दरिया में बहाना मदद देगा।

केतु:- दरवेश, जो आने वाली आफत को जान जाए

दुनिया की आवाज़ दरगाह में पहुंचाने वाला दरवेश कुत्ता, मौत के यम की आमद पहले बताये।

दुनियावी कारोबार के हल करने के लिये इधर उधर सलाह मशवरे के लिये दौड़ धूप का 48 साला उम्र का ज़माना केतु का दौर दौरा है। पीला बृहस्पति, लाल मंगल, अण्डे का रंग बुध तीनों ग्रहों का शानदार मिश्रण, केतु तीनो ही ज़मानों का मालिक होगा। जान से मारने की बजाये आखिर कब्र तक (चारपाई, तख्ता) मदद होगा। केतु नेकी का फरिशता, सफर का मलिक और आखीर तक मदद देने वाला ग्रह है। केतु से मतलब सफेद व काला दो रंगा कुत्ता है। कुत्तिया का नर बच्चा जो एक ही पैदा हुआ हो, खानदानी नस्ल कायम कर जायेगा।

1। मन्दे केतु के वक्त अपनी कमज़ोरी दूसरों को बताना, दूसरों के आगे रोना और भी मन्दी मुसीबत देगा। बृहस्पति का उपाय मददगार होगा।

2। मन्दी सेहत के वक्त चन्द्र का उपाय मददगार मगर लड़का मन्दा हो तो धर्म स्थान में काला व सफेद कम्बल देना मुबारक होगा।

3। पांव या पेशाब की तकलीफ के वक्त पांवों के दोनों अगूंठों में खालिस रेशम का सफेद धागा बांधना या चांदी छल्ला डालना मददगार साबित होगा।

4। केतु की चारपाई भी मानी गई है। मगर ग्रहचाल में चूंकि केतु को शुक्र का फल माना है इसलिये चारपाई दरअसल वह जो शादी के वक्त दहेज में मामा या माता पिता की तरफ से लड़की को बतौर दान दी गई हो। ऐसी चारपाई को औलाद की पैदायश के लिये इस्तेमाल करना उत्ताम फल देगा चाहे केतु कुंडली में कितना भी नीच मन्दा या बर्बाद ही क्यों न हो। जब तक वह चारपाई घर में मौजूद और इस्तेमाल में रहे, केतु का फल कभी मन्दा ना होगा।

5। मन्दी हालत में केतु दुनिया का धोखेबाज छलावा होगा। जब तक बुध अच्छा, केतु बर्बाद ही होगा। केतु का मकान, बच्चे व औरत जात की हालत मन्दी ही रखेगा। बृहस्पति या सूर्य जब दुश्मन ग्रहों से खुद ही मर रहे हों तो केतु बर्बाद होगा। केतु मन्दे के वक्त खासकर जब कुंडली में चन्द्र और शुक्र इकट्ठे हो रहे हों तो बच्चे का जिस्म सूखने लग जाता है। ऐसे वक्त में बच्चे के जिस्म पर दरिया, नदी, नाले की मिट्टी, मुलतानी मिट्टी (या गाचनी) मलकर खुश्क होने दें। जब कुछ अर्सा हो जाये तो बच्चे को मौसम के मुताबिक सर्द या गर्म पानी से नहलाकर साफ कर देवें। ऐसा 40-43 दिन लगातार करने से जिस्म का सूखना ठीक हो जायेगा।

बेवजह की परेशानिया :

अक्सर ऐसा होता है की घर में बिना कारण तनाव या कलह की स्थिति बन जाती है। इसके अलावा कई बार बिना कारण परेशानिया आने लगती है या बच्चे अचानक बीमार होने लगते है परेशानिया समझ में नहीं आती और हालात हर दिन बुरे होते जाते है। ये नज़र लगने के कारण होने वाली परेशनिया है इन्हे दूर करने के लिए निम्न उपाय काम के हो सकते है :-

१। चार लाल सूखी मिर्च के बीज निकाल कर लोटे या जग में पूरा पानी भर कर इसमें सभी बीज डाल दे उसे अपने ऊपर से सात बार उतार कर घर कर बाहर सड़क पर फेक दे घर के अन्य सदस्य जो पीड़ित है उनके ऊपर भी यही प्रयोग करें। लाल मिर्च मंगल बद की वस्तु है, चार मिर्च चौथे घर के मंगल (तीव्र मंगल बद) के प्रतीक है इस प्रक्रिया द्वारा मंगल बद के बुरे असर को दूर करते हैं।

२। अगर आपके काम में कोई अकारण ही बाधा डालता है या परेशनिया खड़ी कर रहा है तो चावल के चालीस दानो के साथ साबुत काली उड़द दाल के अड़तीस दाने मिलाकर किसी गड्ढे में दबाकर ऊपर से नीबू (केतु) निचोड़ दे। ऐसा करते हुए बाधा डालने वाले व्यक्ति का नाम ज़रूर ले चावल चंद्र का प्रतीक, उड़द शनि का प्रतीक, केतु अस्त्र के प्रतीक के रूप में विपदा को काटता है। चालीस दिन = १२ राशि + २८ नक्षत्र, अड़तीस = दसवा घर (कार्य क्षेत्र)+२८ नक्षत्र पुराने समय से हमारे देश में एक परंपरा चली आ रही है की किसी भी महत्वपूर्ण कार्य में जाने से पहले दही एवम शक्कर व्यक्ति को खिलाया जाता है और यह कार्य साधारणतया मां के द्वारा किया जाता है। सर्वविदित है की किसी भी महत्वपूर्ण कार्य को करने से पहले व्यक्ति को कम या ज्यादा तनाव अवश्य होता है। इस तनाव के कारण पेट में एसिड बनता है और यही ऐसे व्यक्ति के दिमाग में अनावश्यक डर पैदा करता है और अक्सर

डर के कारण व्यक्ति के कार्य में व्यावधान पैदा होता है या कार्य बिगड़ जाता है। इसी कारण पेट में एसिड पैदा होने को को रोकने के लिए दही एवं शक्कर के मिश्रण को लिया जाता है। लाल किताब के अनुसार यदि यह मिश्रण माता के द्वारा पुत्र या पुत्री को दीया जाता है तो दही शुक्र का कारक है और शुक्र की वृषभ राशि में चंद्र जो कि माता का कारक है, उच्च का हो जाता है यही चंद्र मन का कारक भी होता है अर्थात मानसिक स्थिति को मजबूती देता है शक्कर मंगल का कारक है और हौसले का प्रतीक है अर्थात किस प्रक्रिया द्वारा व्यक्ति के मानसिक स्थिति को मजबूत और हौसले को बढ़ाया जाता है।

आज का मेडिकल साइंस भी मानसिक तनाव एवं घबराहट के लिए एसिडिटी को ही जिम्मेदार मानता है

यात्रा का आदेश (सफर का हुक्मनामा)

कोई ज़माना था जब हिन्दुस्तान को सोने की चिड़िया कहा जाता था। 11वीं सदी में दूसरे मुल्कों के लोग सोने की खातिर यहां आने लगे। पहले मुसलमान, मुगल, पठान फिर अंग्रेज़ आए जिन्होने देश पर सालों तक हुकुमत (राज) भी की। इसी दौरान कुछ लुटेरे जैसे महमूद गज़नवी, मुहम्मद गौरी, नादिर शाह, अहमदशाह अब्दाली वगैरह भी आए जिन्हों ने इस देश खूब लूटा और बेशुमार धन दौलत ले गए। देश की आज़ादी के बाद बीसवीं सदी में हिन्दुस्तानी धन दौलत कमाने के लिए दूसरे मुल्कों में जाने लगे। आज अमरीका, कैनेडा, आस्ट्रेलिया जाने के लिए नौजवानों में बहुत जोश है। इसी बीच नौजवानों को दूसरे मूल्कों को भेजने के नाम पर ऐजण्टों ने ठग्गी भी शुरू कर दी है। इसलिए ग्रहों को देख लेना ज़रूरी होगा कि क्या किस्मत में दूसरे देश का सफर है भी या नही?

दरियाई सफर का मालिक चन्द्र, हवाई सफर का मालिक बृहस्पति और खुश्की के सफर का निगरां (देखने वाला) शुक्र मगर सब ही सफरों का हुक्मनामा जारी

करने वाला ग्रह केतु होगा। इसलिए हर एक किस्म के जुदा-जुदा सफर के लिए ग्रह मतल्लका (सम्बन्धित) का भी ख्याल रखना होगा।

चन्द्र से सफर

1. चन्द्र को सफेद रंग घोड़ा कल्पना (ख्याल) किया है, जो दर असल दरियाई या समुन्द्री कहलाता है और समुन्द्र पर चांद का चांदनी की तरह दम के दम में फिर आता है। मगर खुश्की या शुक्र के घर से दुश्मनी करता है और ठोकरें मारता है।

2. जब चन्द्र से शुक्र का ताल्लुक (सम्बन्ध) हो जावे तो खुश्की या शुक्र के ताल्लुक के सफर अक्सर होंगे या चन्द्र को खुश्की का चक्र लगा रहेगा। चन्द्र खुद हमेशा सफर में रहता है और शुक्र तो दुश्मनी नही करता, मगर चन्द्र ही दुश्मनी करता है। इसलिए चन्द्र का सफर खुद अपने लिए कभी नुक्सान वाला न होगा, मगर सफर ज़रूर दरपेश रहेगा यानि करना पड़ेगा और अक्सर खुश्की का होगा।

3 ज़रूरी सफर, जब चन्द्र का सूर्य या बृहस्पति से ताल्लुक होवे तो ऐसा सफर समुन्द्र पार, राज दरबार के काम से होगा। अगर बुध से ताल्लुक हो जावे तो तिजारती (व्यापारक) या कारोबारी सफर होगा।

सौ दिन तक की मियाद का सफर कोई सफर नही गिना जाता। नीचे दी गई हालतों में किया गया सफर मन्दे नतीजे देगा :-

वर्षफल के हिसाब से जब चन्द्र या केतु अच्छे घरों में हो या केतु पहले घरों में हो और चन्द्र होवे केतु के बाद वाले (साथी दीवार) घर में तो सफर कभी अपनी मर्ज़ी के बरखिलाफ (उल्ट) न होगा और न ही कोई मन्दा नतीजा देगा। शर्त यह है कि चन्द्र खुद रद्दी न हो रहा हो। सफर का फैसला अक्सर केतु के बैठा

होने वाले घर (वर्षफल के हिसाब से) के मुताबिक (अनुसार) होगा यानि जब केतु बैठा हो :-

घर न. 1

अपने आप को सफर के लिए तैयार रखो और बिस्तरा तक बांध लो। हुक्मनामा बेशक हो चुके मगर आखिर पर सफर न होगा। अगर हो भी जाये तो दोबारा वापिस आना पड़ेगा। सौ दिन के अन्दर तक आरज़ी (अस्थाई) तौर पर बाहर रहने का सफर हो सकता है। खासकर जब खाना नं0 7 खाली हो।

घर न. 2

तरक्की पाकर आसूधा (अच्छा) हाल में सफर होगा। होंगी तो दोनों बाते होंगी (तरक्की और सफर)। वर्ना एक न होगी, जब तक खाना नम्बर 8 का मन्दा असर शामिल न हो।यानि खाना नं0 8 में केतु का दुश्मन ग्रह न हो।

घर न. 3

भाई बन्धुओं से दूर परदेस की ज़िन्दगी होगी जब खाना नं0 3 सोया हुआ हो यानि केतु पर किसी ग्रह की दृष्टि या साथ वगैरह न हो।

घर न. 4

अव्वल तो सफर न होगा और अगर होगा तो माता बैठी होने वाले शहर या माता के चरणों तक होगा। फिर भी होगा तो न ही मुकाम (जगह) की तबदीली और न ही सफर कभी मन्दा होगा जब तक खाना नं0 10 मन्दा न हो यानि खाना नं0 10 को कोई ग्रह मन्दा न कर रहा हो।

घर न. 5

मुकाम या शहर की तबदीली तो कभी देखी नही गई मगर महकमें के अन्दर या शहर, घर या कमरे की तबदीली हो जाये तो बेशक। हर हाल नतीजा मन्दा न होगा जब तक बृहस्पति नेक हो।

घर न. 6

सफर का हुक्मनामा हो हुआकर तबदीली शहर का हुक्म एक दफा तो ज़रूर मन्सूख (रद्द) होगा। जब तक केतु जागता हो यानि सफर होने की उम्मीद नहीं।

घर न. 7

जद्दी घरबार का सफर (तबदीली ज़रूरी तरक्की की शर्त नही) ज़रूर होगा। अगर वह (टेवे वाला) खुद-ब-खुद (अपने आप) खुशी से न जावे तो बीमार वगैरह होकर या बतौर लाश वहां जावे। किस्सा कोताह (आखिरकार) तबदीली शहर या सफर ज़रूर होगा और नतीजा नेक होगा जब तक खाना नं0 1 मन्दा न हो और केतु जागता हो।

घर न. 8

कोई खास खुशी का सफर न होगा। बल्कि अपनी मर्ज़ी के बरखिलाफ या मन्दा ही सफर होगा, जब तक खाना न. 11 में केतु के दुश्मन (चन्द्र या मंगल) न हो। केतु की इस मन्दी हवा का असर केतु के मतल्लका अशिया (यानि कान, रीढ़ की हड्डी, टांगों की बिमारियां, जोड़ो का दर्द, गठिया वगैरह) या खुद केतु (जानवर या तीन दुनियावी कुत्तो) पर भी हो सकता है। चन्द्र का उपाय यानि धर्म मन्दिर में और कुत्तो को (एक ही रोज़ दोनों को) लगातार 15 रोज़ (दिन) तक हर रोज़ दूध देना या खाना नं0 2 को नेक कर लेना या नं0 2 का किसी ओर ग्रह से नेक होना मददगार होगा।

घर न. 9

मुबारक (शुभ) हालत खुशी खुशी अपने जद्दी इलाकों (घर बार) की तरफ का और अपनी दिली मर्ज़ी पर सफर होगा। नतीजा हमेशा नेक व उत्ताम होगा जब तक खाना नं0 3 का मन्दा असर शामिल न हो।

घर न. 10

शक्की हालत, शनि उम्दा तो दुगुना उम्दा। लेकिन अगर शनि मन्दा तो दुगना मन्दा, नुकसान वाला और बे-मौका (बिना समय का) सफर होगा। अगर खाना नं0 8 मन्दा हो तो मन्दी हवा के मायूस (दुख भरे)झौंके ज़रूर साथ होंगे। खाना नं0 2 मददगार होगा। चन्द्र का उपाय बजरिया खाना नं0 5 (औलाद या खुद सूर्य को चन्द्र की अशिया यानि दूध पानी का अर्घ) सूर्य की तरफ मुंह करके पानी गिरा देना वगैरह मुबारक फल देगा।

घर न. 11

सफर का हुक्मनामा ऊपर से बड़े अफसरों से चलकर नीचे तक पहुंच ही न सकेगा। सफर का मालिक केतु दुनियावी दरवेश कुत्ताा रास्ते में ही लेटा होगा। यानि असली मुकाम से वह पहले ही तबदील होकर किसी दूसरी जगह सफर के रास्ते में ही बैठा होगा। यहां से आगे सफर का सवाल दरपेश (सामने) होगा। फर्ज़ी हिलजुल होगी। अगर सफर हो ही जावे तो ग्यारह गुना उम्दा होगा जब तक खाना नं0 3 से मन्दा असर शामिल न होवे।

घर न. 12

अपने बाल बच्चों के पास रहने और ऐश व आराम करने का ज़माना होगा। तरक्की ज़रूर होगी मगर तबदीली की शर्त न होगी। अगर सफर हो तो नफ़ा (लाभ) ही होगा। केतु अपना उच्च फल देगा और नतीजा मुबारक होगा जब

खाना नं0 6 उम्दा और नं0 2 नेक हो और नं0 12 को ज़हर न देवे। यानि खाना नं0 6 और 2 के ग्रह खाना नं0 12 पर मन्दा असर न कर रहें हों।

जब केतु सफर का हुक्मनामा जारी करता है तो कुण्डली वाला एक बार तो ज़रूर सफर पर रवाना हो जाता है।

दिमागी खलल (परेशानी)

दिमागी परेशानी में कोई भी ठीक से सोच नहीं पाता। ऐसे में एक ही रास्ता है, वक्त पर इलाज जिससे फायदा हो सकता है। ऐसी ही कुछ कुण्डलियां जहां दिमागी परेशानी ज़ाहिर होता है, बतौर मिसाल पेश हैं।

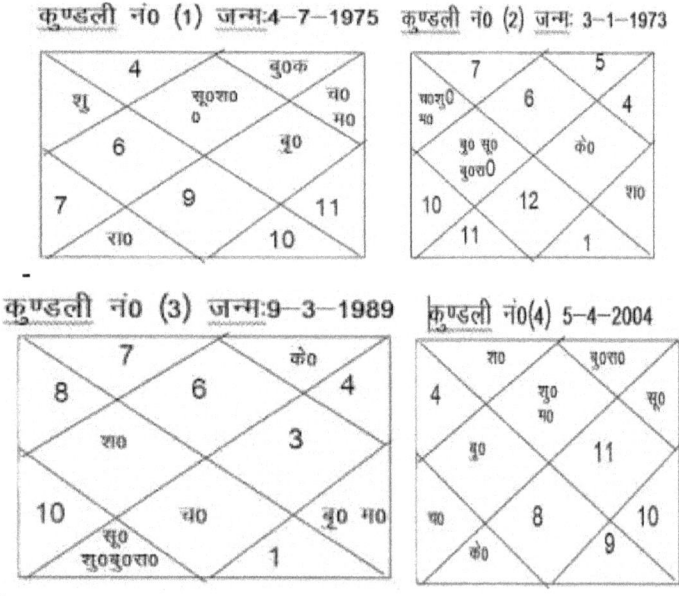

कुण्डली नं0 (1) जन्म:4–7–1975

कुण्डली नं0 (2) जन्म: 3–1–1973

कुण्डली नं0 (3) जन्म:9–3–1989

कुण्डली नं0(4) 5–4–2004

कुण्डली नं01 वाला ढंग से काम काज नही करता। उल्टा परेशान करता है। दिमागी परेशानी का शिकार है। इसे कामकाज की नही इलाज की ज़रूरत है। कुण्डली नं02 वाली औरत कई साल से ठीक नही है। कई बार पूजा पाठ भी

करवाये मगर फायदा नही हुआ । दिमागी परेशानी अब मरज़ बन चुका था । कुण्डली नं03 वाली लड़की ने दिमागी खलल की वजह से अपनी जान ही ले ली। कई महीने गुज़र गये पर घरवाले यह न समझ सके आखिर लड़की को हुआक्या था ? उसकी मौत एक राज़ बनकर रह गई। कुण्डली नं04 वाले लड़केका पढ़ाई में मन नही लगता। अगर उसे कुछ कहते हैं तो असर उल्टा होता है। उपर दी गई कुण्डलियों को गौर से देखें तो पापी ग्रह मन्दे होकर बैठे हैं औरदूसरे ग्रहों को भी खराब कर रहे हैं। ऐसे में ग्रहों का मन्दा असर आमतौर पर 18 साला उम्र से 24 साला उम्र तकज़ाहिर होता है। नतीजा दिमागी परेशानी, और परेशानी जब बिगड़ जाता है तो मरज़ बन जाता है। इससे पहले के परेशानीएक मरज़ बन जाये, मन्दे ग्रहों का उपाय ज़रूरी । यह उपाय लाल किताब (असली) के मुताबिक ही होगा।

मौत - हर शख्स अपने आने वाले कल के लिये अच्छा हीं कल्पना करता है । उदाहरण कुण्डली इस तरह है। चन्द्र खाना नं0 7 में और उसके घर खाना नं0 4 में शनि। खाना नं0 1 खाली। बृहस्पत मंगल एकसाथ खाना नं0 9 में और खाना नं0 3, 5 खाली। सूर्य शुक्र बुध राहु एक साथ खाना नं0 6 पाताल में । उसपे सूर्य को ग्रहण। खाना नं0 6 में ग्रहों का मन्दा असर। आप और बाप का साथ लम्बा न चले। अगर चले तो बाप की सेहत खराब रहे। राहु खाना नं0 6 में साथी ग्रहों का फल खराब कर रहा है। ऐसी हालत में नतीजा अच्छा कैसे हो सकता है ?

कुण्डली के खाना नं0 6 के ग्रह वर्षफल में खाना नं0 8 मुकाम फानी (मौतका घर) में। शनि खाना नं0 3 राहे रवानगी यानि दुनिया से चले जाने का रास्ता । ऐसे में मौत नहीं तो मौत का बहाना ज़रूर बने। नतीजा जातक की मौत हो गई । ज़िन्दगी बेवफा ही निकली।

जन्मकुंडली में ग्रहण - जिस तरह ग्रहचाल से आकाश में सूर्य व चन्द्र को ग्रहण लग जाता है उसी तरह जन्म कुंडली में जब सूर्य व चन्द्र के साथ कोई पापी ग्रह (शनि, राहु, केतु) बैठ जाय तो ग्रहण लग जाता है। सूर्य -राहु और चन्द्र-केतु एक साथ से पक्का ग्रहण बनता है। जिसका असर कुंडली वाले पर सालों तक रहता है। आमतौर पर ग्रहण कोई न कोई परेशानी ही देता है।

सूर्य ग्रहण

लाल किताब के मुताबिक:-

"ग्रहण रवि की किस्मत होती, वर्ना उम्र छोटी मरता हो।

उम्र राहु औलाद हो शक्की, राज कमाई जलता हो॥"

किसमत (बृहस्पति) की चमक (सूर्य) मध्दम या उम्र छोटी, 45 साल तक औलाद शक्की, राजदरबार या कारोबार हल्का ही होगा। सूर्य के लिये राहु का साथ उसके आगे एक चलती रहने वाली दीवार की तरह सूर्य ग्रहण का जमाना होगा। यानि सूर्य की रोशनी तो होगी मगर उस धूप में गर्मी न होगी। दिन होते हुये वह धूप रात के चांद की चान्दनी की तरह मालूम होगी। राज दरबार में हर बात उलझी हुई नज़र आती मालूम होगी। मगर ग्रहण के दूर होते ही जिस तरह सूर्य की रोशनी में गर्मी बहाल हो जाती है, उसी तरह यही हाल किस्मत के के मैदान में होगा। यानि राहु का बुरा असर खत्म होते ही सब कुछ फिर से उसी तरह ही उम्दा हालत पर हो जायेगा, जैसा कि ग्रहण शुरू होने से पहले था। ग्रहण का मन्दा अर्सा अक्सर दो साल और कुल अर्सा 22 साल हो सकता है।

ग्रहण के वक्त राहु भुचाल और सूर्य आग होगा। जिस घर में बैठे हो न सिर्फ वहां ही मन्दा असर होगा, बल्कि साथ लगता घर भी जलता होगा। उत्तम सेहत और लम्बी उम्र दोनों ही शक्की होगी। किस्मत के मैदान में सूर्य ग्रहण

की हालत का नज़ारा होगा। दिमागी खराबियों की वजह से फजूल खर्च होगा । ग्रहण का मन्दा ज़माना अक्सर उस वक्त पूरे ज़ोर पर होगा जब सूर्य राहु दोनों एक साथ खाना नम्बर 9 या 12 में हो।

सूर्य ग्रहण (सूर्य राहु एक साथ) के वक्त कुंडली में अगर शुक्र बुध भी इकट्ठे हों तो ग्रहण का बुरा असर न होगा। राज दरबार से किसी न किसी तरह मदद मिलती और धन दौलत की आमदन होती रहेगी।

चन्द्र ग्रहण

" चन्द्र दादी केतु पोता, मेल दोनों न होता हो।

लेख विधाता हो दो इकट्ठे, एक दोनों से दुखिया हो ॥"

चन्द्र केतु के मिलाप में केतु मन्दा बल्कि दोनों खराब होंगे। चन्द्र के लिये केतु का साथ उस के आगे चलती हुई दीवार की तरह चन्द्र ग्रहण का ज़माना होगा । यानि माता चन्द्र एक धर्मात्मा होती हुई भी बदनाम और नज़र आयेंगी। दोनों ग्रहों का मन्दा असर जानो माल पर होगा। ग्रहण का मन्दा अर्सा अक्सर एक साल और कुल अर्सा 24 साल हो सकता है।

चन्द्र-केतु, दूध में कुत्तो का पेशाब। अन्धा घोड़ा, लंगड़ी माता की तरह मन्दा हाल या माता की सेहत और नर औलाद की उम्र दोनों का ही झगड़ा होगा या दादी पोते का मेल न होगा। टेवे वाले की नर औलाद और उसकी (टेवे वाले की) माता का बच्चे के जन्म से 40-43 दिन पहले और 40-43 दिन बाद में इकट्ठे रहना मुबारक न होगा, बल्कि मन्दा ही असर होगा जो जानों तक भारी गिना गया है। रात को दूध का इस्तेमाल गैर मुबारक होगा। पेशाब के ऊपर पेशाब करना तकलीफ देगा।

चन्द्र ग्रहण (चन्द्र केतु एक साथ) के वक्त कुंडली में अगर बुध उम्दा हो तो ग्रहण का मन्दा असर न होगा।

ग्रहण के उपाये ग्रहण के दौरान और वैसे भी पापी ग्रहों की चीज़े (नारियल वगैरह) चलते पानी (दरिया या नदी) में बहाते रहना मददगार होगा। बुध कायम कर लेने से कुदरती मदद होगी। सूर्य या बुध की चीज़ों का दान मुबारक होगा।

पहली मिसाल आरूषि की कुण्डली नम्बर **1** जिसमें दोनों सूर्य और चन्द्र ग्रहण हैं और वो भी केन्द्र में। बृहस्पति के अलावा सभी ग्रह मन्दे। लिहाज़ा **14** साल की कम उम्र में उत्तार प्रदेश में उसकी हत्या हो गई। पुलिस ने हत्या का इल्ज़ाम उसके पिता राजेश तलवार पर लगा दिया और पिता को कई दिन जेल में रहना पड़ा। आरूषि की मौत माता (चन्द्र) और पिता (सूर्य) के लिये सिर दर्द बन गईं।दूसरी मिसाल अमन काचरू की कुंण्डली नम्बर **2** जिसमें दोनों सूर्य और चन्द्र ग्रहण हैं और वो भी केन्द्र में। बृहस्पति के अलावा सभी ग्रह मन्दे। लिहाज़ा **19** साल की उम्र में रैगिंग की वजह से मैडीकल कालेज कांगड़ा में अमन की मौत हो गई। माता और पिता दोनों ही परेशानी में डूब गए।तीसरी मिसाल जनरल परवेज़ मुशर्रफ की कुंण्डली नम्बर **3** जिसमें सूर्य ग्रहण है और बुध शुक्र भीएक साथ हैं। राहु के अलावा सभी ग्रह उम्दा। लिहाज़ा फौज़ में ऊँचे ओहदे पर पहुंचे और फिर कूप करने के बाद पाकिस्तान पर तानाशाह की तरह **8** साल हकूमत की। मगर शहनशाह के दरबार से आग का धुंआ बढ़ता ही गया। राहु का जंग सूर्य के राजदरबार को खाने लगा और बृहस्पति का सोना भी पीतल बन गया। आखिर मजबूर होकर उनको सत्ता छोड़नी पड़ी।

शादी

यह कुण्डलियां दो बहनों की हैं। अब उम्र **40** साल से उपर हो गई मगर बात बहन तक ही अटकी हुई है। बाप बचपन में गुज़र गया और मां वक्त से पहले बेवा हो गई। दोनों के पास सूरत है तालीम है और इंग्लैण्ड में नौकरी है, मगर शादी की अभी तक कोई बात न बनी। तो क्या यह बीवी न बनेंगी ? लाल किताब के मुताबिक गृहस्थ की चक्की खाना नम्बर 7 में चलती है, और चक्की

को घुमाने वाली कीली खाना नम्बर 8 में होती है। तो क्या चक्की न चलेगी ? आखिर शादी ज़िन्दगी का ज़रूरी पहलू है। पहली कुण्डली में खाना नम्बर 7 में दो ग्रह मगर खाना नम्बर 1 खाली है। दूसरी कुण्डली में खाना नम्बर 1 में दो ग्रह तो खाना नम्बर 7 खाली है। दोनों कुण्डलियों में खाना नम्बर 8 में पापी ग्रह हैं। शुक्र ने शादी का योग न बनाया और मंगल ने भी मंगल गीत न गाये। लिहाज़ा गृहस्थ की चक्की न चली। फिर शादी की उम्र भी निकल गई है। अब क्या फर्क पड़ता है शादी हो या न हो। दो गृहस्थियों को अलग अलग रखते हुये एक कड़ी से जोड़ने वाली चीज़ आम दुनियादारों की नज़र में शादी और ग्रहचाल में मंगल की ताकत का नाम रखा गया है। यही मंगल खून की कड़ी, लड़की और औरत में फर्क की कड़ी है। इसी वजह से शादी में मंगल गाये जाते हैं। अगर मंगल नेक हो तो शादी खाना आबादी लेकिन अगर बद हो तो शादी खाना खराबी होगी। मंगल बद के वक्त सूर्य की रोशनी में चमक न होगी। मर्द की कुण्डली में शुक्र से अर्थ उसकी बीवी और औरत की कुण्डली में शुक्र से अर्थ उसका शौहर होगा।

फरमान नं0 8 के मुताबिक गृहस्थ की चक्की कुण्डली के खाना नं0 7 में चलती है और चक्की घुमाने वाली लोहे की कीली खाना नं0 8 में होती है। नीचे वाला पत्थर शुक्र (रिज़क) और ऊपर घूमने वाला पत्थर बुध (अक्ल) होते हैं।

दोस्ती दुश्मनी ग्रह दृष्टि वगैरह सबको नज़र में रखते हुये वर्षफल में खानावार हालत के हिसाब से जिस साल शुक्र/बुध को शनि की दोस्ती या शनि के आम दौरा का वक्त होवे तो शादी होने का योग होगा। आमतौर पर शादी का योग शुक्र से गिनेंगे। जब बुध इन उसूलों पर शादी का योग बनावे तो भी शादी का योग होगा सिवाये बुध खाना नं0 12 के। अगर कुण्डली में शुक्र/बुध बर्बाद या मन्दे हों और स्त्री ग्रह शुक्र चन्द्र के साथ नर ग्रह बृहस्पत या सूर्य या मंगल

मददगार साथी या मुश्तर्का हों तो जिस साल शनि की मदद या उसके आम दौरे का संबंध हो जावे तो भी शादी का योग या वक्त होगा।

अक्सर जिस साल शुक्र या बुध तख्त के मालिक या खाना नं0 2,10 से 12 (सिवाये बुध नं0 12) में या अपने पक्के घर खाना नं0 7 में हो जावे लेकिन उस वक्त खाना नं0 3,11 शुक्र के दुश्मन ग्रह (सूर्य चन्द्र राहु) न हो या वह अपने जन्म कुण्डली में स्थित होने वाले घर में ही आ जावें। शुक्र जब खाना नं0 4 में हो चाहे अकेला या किसी के साथ खाना नं0,7 शुक्र के दुश्मन ग्रह न आयें हों वर्ना शादी का कोई योग न होगा। दिए गए शादी के सालों (22,24,29,32,39,51,60) में जिस साल सूर्य चन्द्र या राहु खाना नं0 2,7 में न हों तो शादी होगी। ऐसी हालत में अगर बृहस्पत नं0 7 में आ जावें तो औरत औलाद के काबिल न होगी। दिए हुये सालों में शादी का योग ज़रूर है मगर शादी मुबारक न होगी। शुक्र खाना नं0 4 की ऐसी हालत में शादी मुल्तवी हो सकती है।

जो ग्रह शुक्र को बर्बाद करे या खुद ऐसा मन्दा हो कि शादी के फल को गैर मुबारक साबत करे, मसलन् चन्द्र नं0 1 के वक्त 24 या 27वें साल और राहु नं0 7 के वक्त 21वें साल शादी मुबारक न होगी। सूर्य जब शुक्र के लिए ज़हरीला हो तो सूर्य की उम्र 22वें साल शादी मुबारक न होगी। अगर शुक्र रद्दी न हो तो शादी के लिए कोई वहम न लेंगे। मगर अकेला शनि नं0 6 इस शर्त से बाहर होगा। खासकर जब शुक्र भी उस वक्त नं0 2 या 12 में हों। यानि उम्र का 18-19वां साल शादी के लिए गैर मुबारक होगा।

शुक्र बुध अपने जन्म कुण्डली वाले घर या नं0 1, 7 में आ जावें मगर शुक्र जन्म कुण्डली के खाना नं0 1 से 6 का न हो और उस वक्त नं0 3, 11 में सूर्य, चन्द्र, राहु न हों तो शादी का योग होगा। जब खाना नं0 2,7 खाली हो तो बुध शुक्र ही खुद 2,7 में आने पर, बुध शुक्र बैठे घर का मालिक ग्रह नं0 2,7 में

और बुध शुक्र उसकी जगह चले जावें, मसलन शुक्र बुध नं0 3 हो, मंगल नं0 9 में तो 17वें साल शुक्र बुध नं0 9 व मंगल नं0 7 होने पर शादी का योग होगा ।

औरत की कुण्डली में बृहस्पत नं0 4 हो तो शादी जल्द हो जावेगी और सूर्य मंगल का साथ गुरू से हो तो उसका ससुर न होगा। राहु खाना नं0 1 या 7 या किसी तरह शुक्र से मिल रहा हो तो 21 साला उम्र की शादी बेमाना होगी । यही हालत सूर्य शुक्र के मिलने पर 22ता 25 साला उम्र की शादी पर होगी । जिसके लिये उपाय ज़रूरी होगा । शनि खाना नं0 7 वाले की शादी अगर 22 साला उम्र तक न हो तो उसकी नज़र बेबुनियाद होगी । बृहस्पत खाना नं0 1 और नं0 7 खाली हो तो छोटी उम्र की शादी मुबारक होगी ।

शुक्र के दायें या बायें पापी ग्रह हो या शुक्र बैठा होने वाले घर से चैथे व 8वें मंगल या सूर्य या शनि से कोई एक या इकट्ठे हो तो औरत जलकर मरे या शुक्र का फल जल जावे । ऐसी हालत में औरत का तबादला गाय से या गऊदान मुबारक होगा । जन्म कुण्डली में शुक्र कायम या अपने दोस्तों यानि बुध शनि केतु के साथ साथी या दृष्टि में हो, उनसे मदद लेंवे तो औरत एक ही कायम । दुश्मन ग्रहों से शुक्र अगर रद्दी तो तादाद औरत ज्यादा । सूर्य बुध राहु मुश्तर्का, शादियां एक से ज्यादा मगर फिर भी गृहस्थ का सुख मन्दा । बुध खाना नं0 8 में तादाद औरत ज्यादा मगर सब औरतें ज़िन्दा होवें । जितनी दफा वर्षफल में सूर्य और शनि का बाहमी टकराव आ जावे उतनी तादाद तक शादियां होंगी । खासकर जब सूर्य नं0 6 और शनि नं0 12 हो तो औरत पर औरत मरती जावे या मां बच्चों का संबंध न देखे या सुख देखने से पहले ही मरती जावे । शुक्र बुध दोनों ही नेक हालत के और मंगल नेक का साथ हो तो शादी औलाद का फल नेक व उम्दा होगा । बात को समझने के लिए चंद औरतों की कुण्डलियां बतौर मिसाल पेश हैं ।

कुण्डली नं० 1 जन्म: 7-11-1968

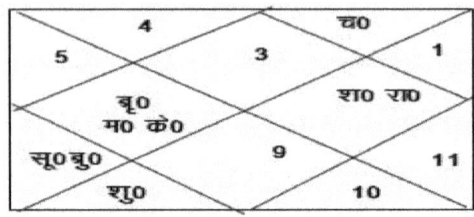

कुण्डली नं० 2 जन्म: 14-4-1976

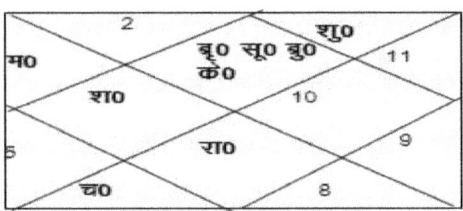

कुण्डली नं० 3 जन्म: 7-7-1978

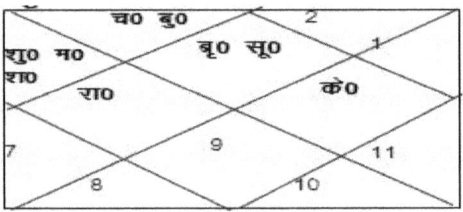

कुण्डली नं० 4 जन्म: 8-9-1978

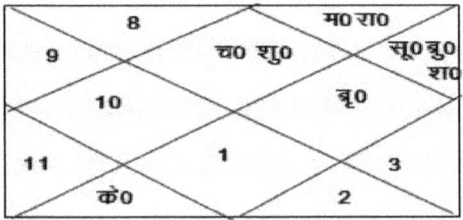

कुण्डली नं0 5 **जन्म**: 15-10-1967

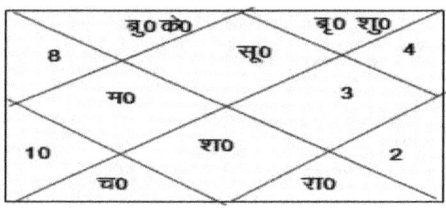

कुण्डली नं06 **जन्म**: 8-5-1971

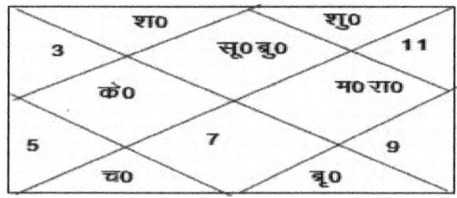

कुण्डली नं**0 1** में खाना नं**0 7** खाली जिसका मालिक शुक्र खाना नं**0 6** में मन्दा और मंगल खानां नं**0 4** में बद। शादी में ज़रा देर मगर दोनो ग्रहों के उपाय करने के बाद **30** सालां उम्र में शादी हो गई।

कुण्डली नं**0 2** में खाना नं**0 7** में राहु मन्दा। खाना न**0 7** का मालिक शुक्र भी खाना नं**0 12** में चन्द्र खाना नं**0 6** से तंग। लिहाज़ा शादी जल्दी टूट गई। कई साल बाद दोनो ग्रहों के उपाय किये गये तब दूसरी शादी **37** साला उम्र में हुई।

कुण्डली नं**0 3** खाना नं**0 7** खाली और खाना नं**0 1** में बृहस्पत सूर्य मुश्तर्का। अगर **24** साला उम्र में शादी हो जाती तो ठीक था।

कुण्डली नं**0 4** में खाना नं**0 7** खाली जिसका मालिक शुक्र खाना नं**0 1** में चन्द्र के साथ तंग। **34** साला उम्र तक बुध भी मन्दा। बुध की उम्र के बाद चन्द्र को शुक्र से जुदा किया गया तो शादी की बात बन गई।

कुण्डली नं0 5 में खाना नं0 7 में शनि। सूर्य खाना नं0 1 का शनि से टकराव जिसमें शुक्र की मिट्टी खराब। फिर शुक्र खाना नं0 12 में चन्द्र खाना नं0 6 से तंग। मंगल खानां नं0 4 में बद। शादी तो हुई पर पति का साथ लम्बा न चला।

कुण्डली नं0 6 में खाना नं0 7 खाली और खाना नं0 1 में सूर्य बुध। शुक्र खाना नं0 12 में चन्द्र खाना नं0 6 से तंग। मंगल खाना नं0 10 में राहु के साथ मन्दा। शादी तो हुई पर पति का साथ लम्बा न चला।

शादी का होना न होना या होकर खराब हो जाना ग्रहों का खेल है। मगर लाल किताब के उपायों से ग्रहचाल दुरूस्त करके फायदा लिया जा सकता है।

खाना नं0 1 और 2 में शुक्र

कुण्डली का खाना नं0 1 शाह सलामत का तख्ते बादशाही जिसका मालिक मंगल है। इस खाने में बैठा हुआ ग्रह हुकमरान कहलाता है। अगर खाना नं0 7 खाली हो तो खाना नं0 1 का ग्रह शक्की ही होगा। कुण्डली का खाना नं0 2 धर्म अस्थान जिसका मालिक शुक्र है। अगर खाना नं0 10 खाली हो तो खाना नं0 2 का ग्रह सोया हुआ होगा।

लाल किताब के मुताबिक मर्द की कुण्डली में शुक्र उसकी औरत और औरत की कुण्डली में शुक्र उसका मर्द होगा। गृहस्त आश्रम, बाल बच्चों की बरकत और बड़े परिवार का 25 साला ज़माना शुक्र का अहद है। बुध की मदद के बगैर शुक्र पागल होगा। इसलिए कुण्डली में शुक्र बुध एक साथ मुबारक होंगे।

शुक्र खाना नं01 तख्त की मालिक रज़िया बेगम रानी मगर एक हबशी गुलाम पर मर मिटी। जिस पर मेहरबान उस पर जान भी कुर्बान और जिसके खिलाफ उसकी मिट्टी भी खराब। शुक्र का पतंग, उठती जवानी के वक्त खूबसूरती की रंगबिरंगी दिल फरेब हुस्न की दिलचस्प और दिलरूबा शब्दों की मीठी मीठी ज़ुबान से तारीफ करते कराते, कामदेव की आग में जलते हुए, मीलों सोये हुए

निकल गए। जिसकी वज़ह से दिल और दिमाग पर काबू न रहा और आखिर में ईमान भी बिकने लगा। धर्महीन हो जाये तो बेशक, इश्क में मज़हब का फर्क समझे या न समझे मगर राज दरबार कभी मन्दा न होगा।

शुक्र खाना नं0 2 अपनी ही खूबसूरती और तबीयत के आप मालिक। खुद परस्ती, स्कूल मिस्ट्रैस, हर एक की दिलदादा औरत मगर खुद किसी को पसन्द न करे। लक्ष्मी अवतार जिसका धन कभी खराब न होगा बल्कि दिन रात बढ़ता ही होगा। जाती कमाई शुरू करने के दिन से कम अज़ कम **60** साल आमदनी होगी। बैरूनी हालत सूफियाना मगर अन्दरूनी चाल आशिकाना। काम देवी ताकत तो होगी मगर औलाद पैदा करने की ताकत कम ही होगी। चाल चलन का सम्भालना हर नेक नतीजे की बुनियाद होगा। बहरहाल उम्र लम्बी और दुश्मन मगलूब होंगे।

शादी खाना आबादी

"आकाश ज़मीन दो पत्थर 7वें, धन अक्ल की चक्की हो;

दोनो घुमावे कीली लोहे की, घर आठवें जो होती हो।"

फरमान न0 8 के मुताबिक गृहस्थ की चक्की कुण्डली के खाना नं0 7 में चलती है और चक्की घुमाने वाली लोहे कीली खाना नं0 8 में होती है। नीचे वाला पत्थर शुक्र (धन) और ऊपर घूमने वाला पत्थर बुध (अक्ल) होता है। इस घर शनि उच्च, सूर्य नीच, बुध और शुक्र पक्की हालत के ग्रह होते हैं।

दो गृहस्थियों को अलग अलग रखते हुए एक कड़ी से जोड़ने वाली चीज़ आम दुनियादारों की नज़र में शादी और ग्रह चाल में मंगल की ताकत का नाम रखा गया है। यही मंगल के खून की कड़ी, लड़की और औरत में फर्क की कड़ी है। इसी वजह से शादी में मंगल गाये जाते हैं। अगर मंगल नेक हो तो शादी खाना आबादी लेकिन अगर मंगल बद हो तो शादी की खुशी के बजाये स्त्री

/लक्ष्मी का सुख सागर एक दुख: का भंवर होगा। मंगल बद का वीराना होगा जिसमें सूर्य की रोशनी तक की चमक न होगी। दिन की बजाये शनि की स्याह रात का साथ होगा। मर्द की कुण्डली में शुक्र से अर्थ उसकी बीवी और औरत की कुण्डली में शुक्र से अर्थ उसका शौहर होगा।

योग शादी:- फरमान नं0 17 के मुताबिक

" पहले दूसरे 10 ता 12, बुध शुक्र जब बैठा हो; शनि मदद देवे 1 या 10 से, साल शादी का होता हो।

बुध शुक्र घर 7वें बैठे, शत्रु तीन न ग्यारह हो ; कुण्डली जन्म घर वापिस आते, वक्त शादी आ होता हो।

बुध नाली से जब दो मिलते, शनि मदद भी देता हो; रद्दी कोई न दो जो इकट्ठे, योग शादी को होता हो।

बुध शुक्र जब नष्ट या मन्दे, साथ ग्रह नर स्त्री हो ; शनि राजा या मदद दे उनको, योग पूरा आ शादी हो।

शुक्र अकेला या मिल बैठे, कुण्डली जन्म में चौथे जो ; सात दूजे न शत्रु होते, लेख शादी का उदय हो।

घर 7वां 2 गुरू शुक्र का, खाली टेवे जब होता हो; गुरू शुक्र भी 2, 7 आया, साल शादी का बनता हो।

घर पक्का जिस ग्रह का होवे, बुध शुक्र जहां बैठा हो; अपनी जगह दे बुध शुक्र को, सात पावे या दूसरा हो।

बुध शुक्र भी 2, 7 आवे, मदद शनि न बेशक हो ; नष्ट निकम्मा न वह होवे, वक्त शादी को होता हो।

औरत टेवे में गुरू जो चौथे, योग जल्द हो जाता हो ; रवि मंगल का साथ गुरू से, ससुर औरत न रहता हो।"

दोस्ती दुश्मनी ग्रह दृष्टि वगैरह सब को नज़र में रखते हुये वर्षफल में खानावारी हालत के हिसाब से जिस साल शुक्र/बुध को शनि की दोस्ती या शनि के आम दौरे के वक्त **(शनि नं01)** होवे, तो शादी होने का वक्त और योग होगा। आमतौर पर शादी का योग शुक्र से गिनेगें। लेकिन जब बुध इन असूलों पर शादी का योग बनावे तो भी शादी का योग होगा सिवाये बुध **नं0 12** के। अगर कुण्डली में शुक्र बुध बर्बाद या मन्दे हों और स्त्री ग्रह शुक्र चन्द्र के साथ नर ग्रह बृहस्पति या सूर्य या मंगल मददगार साथी या मुश्तर्का (इकट्ठे) हों, तो जिस साल शनि की मदद या उसके आम दौरे संबंध हो जाये तो भी शादी होने का वक्त होगा।

मसलन् जिस साल शुक्र या बुध तख्त का मालिक या खाना नं0 2, 10 से 12 (सिवाये बुध नं0 12) में या अपने पक्के घर खाना नं0 7 में हो जावे लेकिन उस वक्त खाना नं0 3, 11 में शुक्र के दुश्मन ग्रह (सूर्य, चन्द्र, राहु) न हो या वह अपने जन्म कुण्डली के बैठा होने वाले घर में ही आ जावे। शुक्र जब खाना नं0 4 में हो चाहे अकेला या किसी के साथ तो खाना नं0 2, 7 में शुक्र का दुश्मन सूर्य, चन्द्र या राहु न आया हो वर्ना शादी का काई योग न होगा। दिए हुये शादी के सालों (22, 24, 29, 32, 39, 47, 51, 60) में जिस साल सूर्य चन्द्र या राहु खाना नं0 2, 7 में न हों तो शादी होगी। ऐसी हालत में अगर बृहस्पति नं0 7 में आ जावे तो औरत औलाद के काबिल न होगी। दिए हुये सालों में शादी का योग ज़रूर है मगर शादी मुबारक न होगी। शुक्र नं0 4 की ऐसी हालत में शादी मुतल्वी (स्थगित) हो सकती है।

मन्दे योग का विचार

जो ग्रह शुक्र को बर्बाद करे या खुद ऐसा मन्दा हो कि शादी के फल को गैर मुबारक साबित करे मसलन चन्द्र नं0 1 के वक्त 24 या 27वें साल और राहु

नं0 7 के वक्त 21वें साल शादी मुबारक न होगी। सूर्य जब शुक्र के लिए ज़हरीला हो तो सूर्य की उम्र 22वें साल, सूर्य का दिन में वक्त पूरी दोपहर के पहले का अर्सा, सूर्य का दिन इतवार या वैसे ही शादी के रस्मो रिवाज करने के लिए दिन का वक्त मुबारक न होगा।

अगर शुक्र रद्दी न हो तो शादी के लिए कोई वहम न लेंगे। मगर अकेला शनि नं0 6 इस शर्त से बाहर होगा। खासकर जब शुक्र भी उस वक्त नं0 2 या 12 में हो, यानि उम्र का 18-19वां साल शादी के लिए गैर मुबारक ही होगा।

शादी का शुभ वक्त वर्षफल के हिसाब से :

	ग्रह हांवें	खाना नं0 में				
1	शुक्र बुध मुश्तरका या जुदा जुदा	1	2	10	11	12
	सनीचर उस वक्त 1,2,7,10,12 या	5 या 9	6 या 10	2 या 6	3 या 7	4 या 8
	मगर बुध उस वक्त न हांवें	7	8	4	5	6

लेकिन अगर बुध नं0 9, 10, 12, में हो तो शादी और शादी का फल (औलाद, दुनियावी आराम) के संबंध में योग मन्दा होगा खासकर जब उस वक्त राहु या केतु में से कोई खाना नं0 1,7 में बैठ जावे।

2	बुध शुक्र मुश्तरका या जुदा जुदा–	3	4	5	6	8	9
	और उस वक्त खाना नं0 2,10,11,12 या अपने पक्के घर में बैठे हों	मंगल	चन्द्र मन्दी शादी	बृहस्पति	केतु	मंगल बद	बृहस्पति

3. शुक्र बुध अपने जन्म कुण्डली वाले घर या नं**0 1, 7** में आ जावें मगर शुक्र जन्म कुण्डली के खाना नं**01** से **6** का न हो और उस वक्त नं**0 3, 11** में सूर्य चन्द्र राहु न हों।

4. जब नं0 2, 7 खाली हो तो बुध शुक्र ही खुद 2, 7 में आने पर, बुध शुक्र बैठे घर का मालिक ग्रह नं0 2, 7 में और बुध शुक्र ऐसी जगह चला जावे जैसे शुक्र बुध नं0 3 हों, मंगल नं0 9 में तो 17वें साल, शुक्र बुध नं0 9, मंगल नं0 7 होने पर शादी का योग होगा।

5 औरत की कुण्डली में बृहस्पति नं0 4 तो जल्द शादी हो जावेगी और सूर्य मंगल का साथ गुरू से हो तो उसका ससुर न होगा।

6. राहु खाना नं0 1 या 7 या किसी तरह शुक्र से मिल रहा हो तो 21 साला उम्र की शादी बेमानी (व्यर्थ) होगी। यही हालत सूर्य शुक्र के मिलने पर 22 से 25 साला उम्र की शादी पर होगी। जिसके लिए उपाय ज़रूरी।

7. जो लड़की अपने जद्दी घर घाट से उत्तार के शहर में (लड़के के जद्दी खानदान के रिहायश की जगह) ब्याही जावे, तो अक्सर दुखिया होगी, जब लड़की के पिता की कुण्डली में बुध नं0 6 में हो।

8. जिस बाप की जन्म कुण्डली में चन्द्र खाना नं0 11 में हो और वह अपनी लड़की की शादी का कन्यादान तड़के (सुबह सवेरे केतू के वक्त) करे, तो बाप और बेटी दोनों में से शायद ही कोई सुखिया रहेगा। यही हालत उस शौहर के साथ होगी, जिस की जन्म कुण्डली में चन्द्र खाना नं0 11 में हो और वह अपनी शादी का दान लड़की के वालदैन (माता पिता) से सुबह लेवे।

9. शनि खाना नं0 7 वाले की शादी अगर 22 साला उम्र तक न हो तो उसकी नज़र बेबुनियाद (अन्धापन) होगी।10 बृहस्पति खाना नं0 1 और नं07 खाली हो, तो छोटी उम्र की शादी मुबारक होगी।

एक औरत होगी: " शनि शुक्र हो मदद पर बैठे, नर ग्रह शत्रु साथ न हो; बुध शुक्र दो ऊंच या अच्छे, शनि सूर्य को देखता हो।

बुध पहलें या 6वें बैठा, असर शुक्र न मन्दा हो ; शुक्र गृहस्थी पूरा होगा, एक शादी ही करता हो ।

बुध दबाया हो जैसे मन्दा, शुक्र टेवे जैसे उम्दा हो; बाद 28 फल शादी होता, औलाद नरीना मन्दा हो।"

खसमन खानी (पति खाने वाली) :- " शत्रु शुक्र बुध हर दो देखे, मिलती बैठक जैसे एलहदा हो; सूर्य केतु आ बुध पर चमके, खसम खानी वह औरत हो ।"

औरत और चाहिये:-

" मन्दा शुक्र या दुश्मन साथी, रवि शनि को देखता हो; बुध बैठा 5, 8वें पापी, साथ शुक्र 2 चौथा हो ।

नीच गुरू हो 10वें मिट्टी, रवि भी 5वें बैठा हो; औरत पर औरत मरती, साथ शनि जैसे मिलता हो । "

जब शुक्र बुध नष्ट हो तो शादी का योग देखने के लिए शुक्र की जगह चन्द्र और बुध के एवज़ में नर ग्रह लेंगें जो जन्म कुण्डली में उम्दा हों। शुक्र के दायें या बायें पापी ग्रह हों या शुक्र बैठा होने वाले घर से चौथे, 8वें मंगल सूर्य शनि में से कोई एक या इकट्ठे हों तो औरत जलकर मरे या शुक्र का फल जल जावे । ऐसी हालत में औरत की बजाये गाय का तबादला या गऊदान मददगार होगा। जन्म कुण्डली में शुक्र कायम या अपने दोस्तो यानि बुध शनि केतु के साथ साथी या दृष्टि में हों, उनसे मदद लेवें तो औरत एक ही कायम ।

दुश्मन ग्रहों से अगर शुक्र रद्दी तो तायदाद (गिनती) औरत ज्यादा । सूर्य बुध राहुएक साथ शादियां एक से ज्यादा मगर फिर भी गृहस्थ का सुख मन्द। बुध खाना नं0 8 में तायदाद औरत ज्यादा मगर सब औरतें ज़िन्दा होवें । जितनी दफा बर्षफल में सूर्य और शनि का बाहमी (आपस में) टकराव आ जावे उतनी

तायदाद तक शादियां होंगी खासकर सूर्य नं0 6 और शनि नं0 12 हो तो औरत पर औरत मरती जावे या मां बच्चों का संबंध न देखे या सुख देखने से पहले ही मरती जावे यानि बुध नं0 8 या शुक्र नं0 4 मगर 2, 7 खाली, औरतें (बीवियां) एक से ज्यादा मगर सब ज़िन्दा।

बुध शुक्र दोनो ही नेक हालत के और मंगल नेक का साथ हो तो शादी औलाद का फल नेक व उम्दा होगा।

चन्द मिसालें:

कुछ जानी मानी कुण्डलियां बतौर मिसाल पेश हैं। समझदार के लिए इशारा ही काफी होगा।

1. अटल बिहारी वाजपेयी जी की कुण्डली में खाना नं0 7 खाली जिसका मालिक शुक्र खाना नं0 2 में चन्द्र के साथ मन्दा। बुध खाना नं0 3 में रद्दी और मंगल खाना नं0 6 मन्दा। लिहाज़ा शादी न हुई।

2. लता मंगेशकर जी की कुण्डली में खाना नं0 7 खाली जिसका मालिक शुक्र खाना नं0 4 में मन्दा। मंगल खाना नं0 6 में और शनि खाना नं0 8 में मन्दा। लिहाज़ा शादी न हुई।

3. इन्दिरा गांधी जी की कुण्डली में खाना नं0 7 में चन्द्र जिस पर शनि का मन्दा साया। शुक्र राहु के साथ खाना नं0 6 में मन्दा। मंगल की वजह से शादी तो हुई मगर पति का साथ लम्बा न चला।

4. ऐ0पी0जे0 अबदुल कलाम जी की कुण्डली में खाना नं0 7 खाली जिसका मालिक शुक्र खाना नं0 11 में कमज़ोर। शनि खाना नं0 1 और बुध खाना नं0 10 में मन्दा। लिहाज़ा शादी न हुई।

5. सोनिया गांधी जी की कुण्डली मे खाना नं0 7 खाली जिसका मालिक शुक्र खाना नं0 4 में मन्दा। मंगल खाना नं0 6 में मन्दा। शादी तो हुई मगर पति का साथ लम्बा न चला।

6. आशा भौंसले जी की कुण्डली में खाना नं0 7 में मंगल। शुक्र खाना नं0 6 में बृ0 के साथ मन्दा। दोबारा शादी करने पर भी पति का साथ लम्बा न चला। शादी का होना, न होना या होकर खराब हो जाना किसी के बस की बात नही। यह सब तो ग्रहों का खेल है। मगर लाल किताब के उपायों से ग्रहचाल को दुरूस्त करके फायदा लिया जा सकता है।

त्रिकभवनों (६, ८, १२ घरो) की विशेष व्याख्या

कुंडली के हर घर की अपनी अहमियत है लेकिन घर न. ६, ८, १२ कड़े संघर्ष को अपने अंदर छिपाए रखते हैं, जिससे लोग इन तीन घरों से ज़्यादा डरे रहते हैं। ६ठे घर में किसी भी ग्रह का न होना शारीरिक एवं मानसिक पक्ष से शुभ है ६ठा घर फौज दारी मुकदद में का कारक हैभी कहलाता है। लेकिन यदि केतु यह इशारा न समझे, तो राहु कई तरह की मुश्किलें पैदा कर इशारा समझने की चेतना देता है यदि ६ठे घर में केतु + चन्द्र हो, तो जब तक जातक की माता जीवित है उसे पुत्र सुख नहीं मिलता। ऐसी हालत में नाती देर से पैदा होता है। अगर उस समय दादी जीती हो तो और ४३ दिनों के अंदर पोते का मुह देख ले, तो दोनों में से एक बीमार ज़रूर पद जाएगा। कभी कभी तो दोनों में से एक मर जाता है। इस दोष को दूर करने के लिए ४३ दिनों तक लगातार ३ केले किसी मंदिर में चढ़ाना चाहिए तर्क यह है की केला, केतु का कारक है और उसे मंदिर में देने से केतु का अहंकार अपने गुरु को अर्पित हो जाएगा गुरु मंदिर का का कारक है ६ठे घर में शुक्र +केतु का होना जटिल सम्बन्धो की ओर इशारा करता है। अर्थात जातक के पुत्र एवं जातक की पत्नी के बीच सम्बन्ध, अगर किसी के पैर का अंगूठा बहुत छोटा है तो उसका केतु ज़रूर अशुभ होगा। अशुभ केतु के कारण चर्म रोग, पेट रोग, फोड़े फुंसी हि ने की सम्भावना रहती है। पेट के नाभि से निचले हिस्से की बीमारिया हो सकती है। यहाँ के केतु के फल को शुभ करने के लिए जातक को अपने बुआ, बहन, बेटी के साथ अच्छे सम्बन्ध रखना चाहिए ऐसा इंसान एक जगह टिक कर नहीं रह पाता। उपाय के तौर पर दाहिने हाथ की छोटी ऊँगली में सोने का छल्ला पहने तर्क यह है कि सोना गुरु का एवं गोल छल्ला बुध का कारक है, इसलिए केतु

का मकान मालिक (बुध) एवं गुरु दोनों खुश हो जाएगे। ६ठे घर का केतु वफादार कुत्ते की तरह होता है।

६ठा घर

- अंदरुनी मन, बाहरी शरीर, दुश्मनी, ननिहाल नौकरी, रखैल, भूत बाधा, पाचन शक्ति, क़र्ज़ और फौजदारी मुकददमें का कारक होता है। यह घर अत्यंत गतिशील होता है। इसलिए इस घर का शुभ / अशुभ प्रभाव बहुत तेज़ रफ़्तार के साथ होता है। इस घर में किसी ग्रह का न होना ही अच्छा है ६ठे घर में शु /मं / के होने से ६ठा घर कमज़ोर हो जाता है और यदि इसके साथ लग्न मज़बूत हो तो दुश्मन भी दोस्त बन जाते हैं।

सूर्य :- ६ठे घर में अपने दोस्त बुध की राशि (काल पुरुष कुंडली के अनुसार) में होनें के कारन शुभ होता है। लेकिन चूंकि ६ठा घर पाताल होता है अतः सूर्य में पाताल के अँधेरे का कुछ हिस्सा शामिल हो जाता है। इस कारण सूर्य के यहाँ होने पर बहुत ऊंची पदवी, शाही रहन सहन नहीं हो सकता। १०वें घर में सूर्य जहां उचे पद का करक है, वहीँ ६ठे घर में खिदमतगार बन जाता है जो दुसरो का भला करता है। जीवन में नौकरी में कई उत्तर चढ़ाव आते हैं, जो घर में लड़के के जन्म के बाद स्थिर हो जाते हैं, क्योंकि सूर्य ५वें घर (संतान) का मालिक होता है। यदि लड़के का जन्म नहीं होता तो मंदिर में दूसरों के द्वारा अर्पित वस्तु अपने पास रखने से लाभ होता है, इसका तर्क है की पाताल (६ठे घर) में सूर्य जिन गुणों को छिपा लेता है, उन गुणों को रौशनी में लेकर सूर्य के प्रभाव को शक्तिशाली बनाते हैं। कुंडली का २रा घर मंदिर या धर्मस्थान होता है एवं इसका पक्का ग्रह गुरु है, सूर्य एवं गुरु आपस में दोस्त हैं। इस उपाय से सूर्य में गुरु का शुभ असर शामिल हो जाता है। ६ठे घर में होने से सूर्य ननिहाल पर बुरा प्रभाव डालता है। खुद की सेहत पर भी बुरा प्रभाव होता है। इसे दूर करने के लिए लाल मुह के बंदरों को गुड़ कहलाना चाहिए या भूरि

चींटियों को सतनाजा (७प्रकार के अनाज) खिलाना चाहिए इस का तर्क है की लाल मुह का बन्दर खुद सूर्य है, गुड़ भी सूर्य की वस्तु है, अतः सूर्य को सूर्य की वस्तु दे कर सूर्य के प्रभाव को शुभ करना। इसी प्रकार सतनाजा केतु का कारक है और भूरि चींटियाँ अशुभ सूर्य हैं, अतः अशुभ सूर्य को केतु द्वारा रोकना।

चन्द्र :- बिमारिओं की दृष्टि से इस घर का चन्द्र खून की गति को तेज़ कर देता है अतः बी.पी की बीमारी हो सकती है। हालाँकि खून का सीधा रिश्ता मंगल से है, पर उसकी रफ़्तार मंगल से देखनी होती है इस घर में चन्द्र, मंगल की दृष्टि से और अशुभ हो जाता है खास तौर पर जब चन्द्र, वृश्चिक राशि का हो या रह / केतु के साथ उसका सम्बन्ध हो। ६ठे घर में बैठा चन्द्र नानी का करक होता है अर्थात यहाँ बैठे चन्द्र की हालत एक बुज़ुर्ग / हमदर्द औरत जैसा होता है। शायद इसी कारण स्त्री की कुंडली में यदि ६ठे घर में बैठा चन्द्र सेवा भाव देता है। चिकित्सा क्षेत्रों में सफल जातकों की कुंडलियों में शुभ चन्द्र ६ठा होता है। साधारण प्रकार के दुश्मन ही होंगे, यहाँ पर बैठे चन्द्र के साथ यदि केतु हो तो पेशाब सम्बन्धी बीमारी देता है। बच्चों की कुंडली में ऐसा योग होने पर वे ७ – ८ वर्ष की आयु तक नींद में पेशाब कर देते हैं। यहाँ पर चन्द्र के साथ गुरु के रहने पर पेट की ऐसी बीमारी होती है, जिस का कारण पता नहीं लगता इन दोनों ग्रहों पर यदि राहु की दृष्टि पड़े तो दिमागी बीमारियां हो सकती है। लाल किताब के अनुसार ६ठे घर का चन्द्र खरगोश का करक है, कच्ची ज़मीं शुक्र का कारक है जिसे खोदकर खरगोश अपना घर बना लेता है इसलिए शुक्र यदि अशुभ हालत में है, तो पत्नी के बीमारी का कारण बनता है जो आसानी से डाक्टरों की समझ में नहीं आएगी।

पर पत्नी का शरीर भीतर से खोखला होता जाता है, पत्नी की सेहत के लिए घर में नर खरगोश पलना चाहिए। इस उपाय कातर्क है की खरगोश अब ज़मीं खोदकर खोखला नहीं कर सकता। दूसरे लफ़्ज़ो में अगर नुकसान देने वाली

वास्तु को अपने घर में ले आये तो वह आँखों के सामने अपना कर्म नहीं कर सकती पानी का कारक चन्द्र इस घर में खर पानी बन जाता है। यह पानी आम लोगों के लिए अशुभ होता है, अतः इस घर में चन्द्र होने से परोपकार के लिहाज़ से कुआ बनवाना, हैंड पंप लगवाना, इत्यादि जातक के लिए अशुभ होंगे सेहत पर बुरा असर, नाड़ियों में पानी भर जाने की बीमारी या गुर्दे का रोग हो सकता है। तर्क यह है की यहाँ का पानी ज़हरीला है अगर यह पानी लोगों को बांटेगा तो उस का फल उलट कर उसी पर आएगा लेकिन यदि चन्द्र ६ वाला जातक शमशान में कुआ /हैंड पंप लगवाता है तो शुभ इस का तर्क है की ज़हरीली वास्तु उसने मौत के घर अर्पित कर दी। यहाँ का चन्द्र माता के लिए अशुभ होता है उपाय के तौर पर मंदिर में दूध अर्पित करना लेकिन ध्यान रखना है की २रे घर में राहु / केतु / शनि जैसे दुश्मन ग्रह न हों क्योंकि दूसरा घर मंदिर का होता है, ६ठे घर से वह ९वें स्थान पर होता है इसलिए मंदिर जाने का रास्ता बना हुआ है। पर अगर दुश्मन ग्रहों ने यहाँ पर कब्ज़ा कर रखा है तो जो भी अर्पित क्या जाएगा उनके हाथों में पड़ जाएगा।

६ठे घर के चन्द्र का एक और उपाय है की रात को दूध ना पीना। अगर ४थे घर में शनि हो तो भी रात को दूध नहीं पीना चाहिए, क्योंकि ४था घर चन्द्र का घर है इस का तर्क है की ६ठे घर का चन्द्र फटा हुआ दूध है तथा ६ठा घर अँधेरे का प्रतिक है। इसलिए रात के अँधेरे में फटा हुआ दूध और ज़हरीला हो जाएगा जो मानसिक अशांति पैदा कर देगा।

मंगल :- ६ठे घर में यदि कर्क राशि (नीच राशि) का मंगल हो तो ऐसा मंगल प्रवेश करते ही चोट करता है, लेकिन यहाँ पर उच्च का मंगल (मकर) हनुमान रूप में होते है। यहाँ का शुभ मंगल ऊँची पदवी का प्रतीक है। यदि ऐसे शक्तिशाली मंगल पर बुध की दृष्टि पड़ती हो, तो व्यक्ति रिश्वत लेकर भी पकड़ा नहीं जाता। ६ठे घर में मंगल की शुभता / अशुभता समझने के लिए सूर्य, शनि, बुध की स्थिति को देखना चाहिए। सूर्य + शनि किसी भी घर में मंगल बद

होता है और सूर्य + बुध मंगल नेक। सूर्य के साथ शनि होने पर मंगल डरपोक हो जाता है। जहाँ सूर्य एवं बुध की युति मंगल को ताकतवर बना देता है। फौज की नौकरी में जाने वाले का ६ठा मंगल ताकतवर होता है, लेकिन पुलिस की नौकरी के लिए इतने ताकतवर मंगल की ज़रूरत नहीं होती। फौज में जाना ही शुभ मंगल की निशानी है, मंगल सिर्फ थल सेना से सम्बन्ध रखता है। गुरु वायु सेना तथा चन्द्र जल सेना का प्रतीक है। गुरु १२वें घर (आकाश) एवं चन्द्र जल का प्रतीक है। ६ठे घर के मंगल वाले की खुराक भी ज़्यादा होती है। यहाँ का मंगल अपनी ७वि दृष्टि से १२वें घर को तथा ८वि दृष्टि से लग्न को प्रभावित करता है। लग्न पर वह खास चोट करता है। यह चोट सर / चेहरे पर लग सकती है। यदि १२वें घर में बुध हो तो मंगल अपनी दृष्टि से सिर दर्द एवं नर्वस सिस्टम पर अपना प्रभाव डालेगा। ६ठे घर का अशुभ मंगल इंसान को हिंसक बना देता है और वह अपनी शक्ति गलत इस्तेमाल करता है। जिसके ६ठे घर में मंगल हो वह अपनी माँ बाप की काफी मन्नतो से मिला संतान होता है। यहाँ के अशुभ मंगल का उपाय है, कि ६ दिनों तक ६ कन्याओ को बोजन कराए या बच्चे के जन्मदिन पर सिर्फ नमकीन चीज़े ही खाए खिलाएं।

बुध :- ६ठे घर का बुध हर तरह से शुभ होता है। यदि मंगल अपनी दृष्टि से उसमे अपना ज़हर मिला दे तो मानसिक रोग हो सकते हैं। पीठ पीछे से वार करने वाले दुश्मन भी पैदा हो सकते है, जो की एक समय उसके दोस्त रह चुके होंगे और उसके साथ मिलकर कई खुराफातें कर चुके होगे। २८ से ३३ साल की आयु के बीच उसके पुराने भेद खोलकर उसे बदनाम करने की कोशिश करेंगे। ६ठे बुध वाले की ज़ुबान मरते समय भी चुप नहीं रहती। ६ठे घर का बुध यदि मीन राशि (नीच) का हो तो जातक सन्यासी हो जाता है।

६ठे घर का बुध एक खिला हुआ फूल है, जो जीवन को महका देता है। ६ठे घर के बुध वाले के लिए एक आसान उपाय है की किसी महत्वपूर्ण कार्य में जाते समय अपने पास फूल रखे। ६ठे बुध के समय यदि दूसरे घर में अशुभ

मंगल हो और गुरु भी अशुभ हो तो ज़ुबान में थरथराहट या गूँगापन हो सकता है। इस बीमारी का सबसे अच्छा उपाय है कि घर में मैना पाली जाए। ६ठे घर का बुध सयाना व्यापारी है दिमागी तौर प रकामयाबी के कई रस्ते निकल सकता है, लेकिन सख्तम्हणत के कार्य में असफल - इस घर का शुभ बुध छुपा हुआ योगी होता है। उसके ज़ुबान से निकला शुभ / अशुभ बात अक्सर पूरी हो जाती है। ऐसे बुध वाले को किसी का बुरा नहीं चाहना चाहिए। किसी को दी गई बद्दुआ उसका अपना बेड़ा भी कभी कभी गर्क कर सकती है। बेईमानी से कमाया धन उसका अपना ही जड़ खोखला कर देगा। इस घर में अशुभ बुध होने पर मिटटी के बर्तन में दूध भरकर वीराने में दबाना चाहिए। तर्क यह है की मिटटी का गोल बर्तन बुध का प्रतिक है और दूध चन्द्र का कारक, बुध को चन्द्र के हाथो में दे कर शुक्र (मिटटी) के हवाले करना। इस से बुध और शुक्र दोनों का फल शुभ हो जाएगा। यह उपाय औलाद के पैदाइश में देरी एवं पत्नी के सेहत के लिए उपयोगी है। यदि बुध के साथ चन्द्र भी अशुभ हो तो नदी का पानी या बारिश का पानी कांच के बर्तन में भरकर ज़मीं में दबाएं। तर्क यह है की बुध एवं चन्द्र कारक वस्तुओं को ज़मीन में दबाने से शुक्र का साथ मिलने से दोनों का फल शुभ हो जाता है।

गुरु :- ६ठे घर का गुरु मानसिक संताप तो देता है (क्योकि ६ठा घर गुरु का शत्रु बुध का घर है)। लेकिन ऐन वक़्त पर गैबी सहायता की मदद से मुसीबत से निकल भी आता है। जैसे की चीरहरण के वक़्त द्रौपदी को कृष्ण का साथ मिला था। क्योंकि द्रौपदी के भी ६ठे घर में गुरु था। इस घर का गुरु जातक को शारीरिक रूप से कुछ कमज़ोर रखता है। पाचन शक्ति, लीवर का बढ़ना, किडनी कमज़ोर होना, शुगर की शिकायत हो सकती है। आयु के २४ वें वर्ष से ज़्यादा बीमार होने की सम्भावना रहती है। ६ठे घर में गुरु के समय यदि बुध भी कमज़ोर हो तो नाक से सम्बंधित रोग हो सकते है क्योंकि नाक पर गुरु और बुध दोनों का अधिकार है। ६ठे घर का गुरु आथिक तंगी नहीं देता, यह

गुरु इंसान को आराम तलब बना देता है। ६ठे घर के गुरु की दृष्टि १२वें घर पर पड़ती है इस कारन जातक फ़िज़ूल खर्ची हो सकता है गुरु के यहाँ होने से जातक वहमी होता है सफल व्यापारी नहीं बन सकता नौकरी भी साधारण स्तर से शुरू करता है।

यदि इस गुरु पर १२वें बुध की दृष्टी पड़ती हो, तो जातक के पिता के लिए जातक की आयु के १६ से १९ वर्ष तक की अवधी अशुभ रहती है। ६ठे घर के गुरु वाले जातक को कभी दान दक्षिणा नहीं लेना चाहिए। क्योंकि इसका अशुभ असर जातक के आर्थिक हालत पर पड़ता है। उपाय के तौर पर किसी पुजारी को कपडे दान करे या चने की कच्ची दाल में केसर मिला कर ६ दिन लगातार किसी मंदिर में अर्पित करे (केसर एवं चना दाल गुरु की वस्तु है एवं मंदिर कारक घर (२) का गुरु पक्का गृह है)। इस प्रकार हम ६ठे घर के गुरु को ताकतवर बनाते है।

शुक्र :- स्त्री कारक ग्रह है, अतः जो भी बैर विरोध पैदा होगा वो शुक्र के ६ठे घर में होने से स्त्रियों की तरफ से होगा। शत्रु या तो स्त्री या स्त्री स्वाभाव वाले होंगे। यहाँ शुक्र होने से प्रेम विवाह होना मुश्किल है। यहाँ के शुक्र को शुभ करने का एक ही तरीका है, की बदसूरत या बदनाम लड़की से शादी कर लेना। यह करने से हमारी पीठ पीछे छुरा मरने वाला शुक्र घर में कायम होने की स्थिति में हमारी आँखों के सामने बुरा असर नहीं दे पाएगा। यहाँ का शुक्र मीठा बोल बोलने वाले दुश्मन पैदा करता है क्योंकि ६ठा घर बुध का घर जो मीठी ज़ुबान और होशियारी का प्रतीक है। यहाँ का शुक्र नौकरी के लिए शुभ होता है। यदि व्यापार करे तो ऐसा जिसमे अपना पैसा न लगा हो। ऐसा इंसान तकनीकी सलाहकार हो सकता है। इस घर के शुक्र वाला जातक यदि अपनी शिक्षा के अनुसार काम न करके दूसरा काम भी करे तो ईश्वर सफल कर देता है।

६ठे घर के शुक्र पर सूर्य की दृष्टी शुक्र के फल को ख़राब कर देती है (पत्नी की सेहत ख़राब)। सूर्य जो राज दरबार का कारक है, उसका फल भी ख़राब हो जाता है। सूर्य के ख़राब फल को ठीक करने के लिए कार्य में जाते समय एक चुट की शक्कर खाकर पानी पिले चाहिए। तर्क यह है की कमज़ोर हो चुके सूर्य को उसके दोस्त मंगल (शक्कर) और चन्द्र (पानी) का सहारा देकर मज़बूत करना नपुंसक ग्रह बुध के इस घर में आया शुक्र औलाद में रुकावटे डालता है। लड़की पैदा होने के ज़्यादा योग होते है ६ठे शुक्र के समय गुरु यदि २रे घर में होतो वह अपनी ५ वि दृष्टी से शुक्र की मदद करेगा। इस घर के शुक्र वाला जातक यदि अपनी औरत की इज़्ज़त न करे या उसे अपनी हैसियत के मुताबिक कपडे एवं श्रृंगार सामग्री न दे तो उसकी अपनी आर्थिक हालत बुरी हो जाएगी। इसकी पत्नी कभी नंगे पांव न चले। तर्क यह है की इस घर का शुक्र पाताल का शुक्र होता है नंगे पांव ज़मीन पर चलने से पाताल का शुक्र ऊपर ज़मीन पर आ जाएगा। ६ठे घर के शुक्र का एक और उपाय है की बुध का सहारा लेना जैसे लगातार ६ दिनों तक ६ लड़कियों को दूध और मिश्री देना पत्नी की सेहत के लिए ६ शुक्रवार सफेद पत्थर पर सफ़ेद चन्दन घिस कर तिलक लगाने के बाद उस पत्थर को पानी में बहा दे।

शनि :- इस घर का शनि वह स्याही है जिस से इंसान की किस्मत लिखी जाती है। पर इस घर में वह किस्मत की किताब के ऊपर स्याही के कुछ दाग ज़रूर छोड़ जाता है। इस घर का शनि नौकरी / कारोबार अचानक रुकावटे पैदा करता है। ऐसा व्यक्ति नाजायज़ कार्यो से जल्दी धन कमाना चाहता है,तो शनि नाराज़ हो जाता है और अशुभ फल देने लगता है। सख्त मेहनत से ही शनी का शुभ फल शुरू होता है। इस घर में शनी या तो धन देगा (बुध शुभ) या सम्मान (बुध कमज़ोर) यह सम्मान भी मरने के बाद ही।

इस घर का शनी पुराने सामान के बेचने / खरीदने के काम में बहुत लाभ देता है। इस घर के शनी वाले जातक के लिए यह ज़रूरी है की कोई भी ज़रूरी

कार्य की योजना रात में या कृष्ण पक्ष में बनाएं। इसका तर्क यह है कि रात का करक शनी पाताल के अँधेरे घर में हर चीज़ को बारीकी से देख सकता है। यहाँ का शनी दुश्मनो का नाश करता है। लेकिन पाचन शक्ति को कमज़ोर करता है गंभीर बीमारिया नहीं होती।

मंगल / सूर्य की इस पर दृष्टी पड़े तो पेट दर्द और गुरु की दृष्टी पड़े तो लीवर पर बुरा असर पड़ता है। चन्द्र की दृष्टी पड़े तो पेशाब एवं किडनी की बीमारी हो सकती है। यदि जातक २८ साल की आयु के पहले शादी कर ले, तो शनी अशुभ हो जाता है। उसका अशुभ प्रभाव माँ की सेहत और होने वाली संतान पर भी पड़ता है। यह अशुभ प्रभाव २८ से ३३ वर्ष की आयु तक रहता है। इस अशुभ प्रभाव को दूर करने के लिए घर में काला कुत्ता पालना चाहिए। कुत्ता केतु का कारक होता है एवं केतु ६ठे घर का पक्का ग्रह है काला रंग शनी का कारक है अतः दोनों को मिला देने से मुश्किलें काम हो जाएगी ६ठे घर के शनी के समय यदि सूर्य उस पर दृष्टी डाले जीवन में ३४ से ४१ साल की आयु तक बहुत उतार चढ़ाव आते हैं। तर्क यह है की सूर्य जब शनी के असर को मद्धम कर देता है, तो इस से बुध का ६ठा घर और शनी दोनों का फल कड़वाहट से भर जाता है। उम्र के ३४-३५ बुध के एवं ३६ से ४१ शनी के होते है इसीलिए ३४ से ४१ साल तक अशुभ असर कहा गया है। लाल किताब में शनी के इस घर में होने पर एक दिलचस्प बात कही गई है कि अगर उम्र के ३४ से ४१ साल की अवधी में ऐसा लड़का पैदा हो जो मुर्ख /गूंगा हो या किसी अंग से नाकारा हो तो उस लड़के में सूर्य + शनी का असर होगा एवं ऐसा लड़का जन्म से या उम्र के ९वें या १८वें साल से घर की कायापलट कर देगा, दौलत की बारिश होने लगती है। सूर्य और शनी की दुश्मनी से पैदा हुआ ऐसा लड़का दोनों (सु, श) को शर्मिंदा कर, उनकी दुश्मनी को ख़त्म कर देता है। वास्तव में ऐसा लड़का उसी इंसान के पूर्व जन्म में बड़े अमीर घर में पैदा हुआ लड़का था, जिसके हाथो पिता की दौलत नष्ट हुई थी। यह बच्चा अपना क़र्ज़

उतारने के लिए इस जन्म में फिर इसका लड़का बनता है। कोई भी दवा दारु या उपाय इस लड़के को ठीक नहीं कर सकता, क्योंकि यह जन्म, कुदरत का एक विधान को पूरा कर रहा है, इसलिए इस में कोई भी दखलंदाज़ी नहीं कर सकता। ऐसा पुत्र जब तक जीता है घर में बरकत रहती है इस के मरते ही सब कुछ ख़त्म हो जाता है। इस शनी के अशुभ प्रभाव को दूर करने के लिए मिटटी के बर्तन में सरसों का तेल डालकर ऊपर ढक्कन को सीमेंट से बंद करके तालाब या नहर की भीतरी मिटटी में दबा देना चाहिए, जहाँ से यह कभी बाहर न आए। तर्क यह है की छठे घर की कारक वस्तु मिटटी का घड़ा या कुल्हड़ (बुध)है, सर्सो तेल शनि का करक है एवं बुध का दोस्त है मिलकर शनि मज़बूत होगा अब इन को तालाब गड्ढे की मिटटी जो शुक्र का कारक है, शुक्र भी शनि का दोस्त है अब बुध, शनि एवं शुक्र तीनो दोस्त मिलते है इस से ६थे घर का शनि और मज़बूत हो जाएगा। चन्द्र कारक पानी के नीचे शनि शांत और शुभ स्वाभाव का हो जाता है यहाँ पर बहते पानी के स्थान पर तालाब में यह उपाय करने से शनि को नष्ट नहीं किया, बल्कि शनि के स्वाभाव को बदल दिया गया है। इसके अलावा ६ बिना पानी वाले नारियल लगातार ६ दिनों तक बहते पानी में बहाए या किसी को जूते का तोहफा दें।

राहु :- इस घर का राहु कुदरत से अपने आप मिलने वाली, गैबी मदद का प्रतीक है। यहाँ का राहु एक सहायक चूहा बनकर मुश्किलों के जाल को काट देता है। कोई भी कठिन घड़ी लम्बे समय तक नहीं रह सकती। ऐसे जातक को पिता के अलावा किसी अन्य व्यक्ति (धर्म पिता) का भी सहारा मिलता है। कई बार इस सहायता से कारोबार में तरक्की मिलती है। यह जातक खुद भी किसी का धर्म पिता बनता है। स्त्री की कुंडली में राहु, उन्हें मर्दो जैसा हौसला और साहस देता है। ऐसी स्त्रियां बड़ा कारोबार चला सकती है और और विशेष आर्थिक मामलों को भी समझ लेती है। इस स्थान का राहु अपनी किसी लड़की के लिए प्रसिद्धि एवं अमीरी का कारण भी बनता है। यदि बुध

अच्छी हालत में हो तो ऐसी संभावनाए और बढ़ जाती है। यहाँ का राहु किसी स्त्री से सम्बन्ध का कारण भी बनता है। अगर राहु का सम्बन्ध चन्द्र से हो तो उंचे घराने की और अगर सम्बन्ध शनी से हो तो निम्नस्तर की स्त्री से सम्बन्ध बन सकते है। ऐसे सम्बन्ध हमेशा गुप्त रहते हैं। यहाँ राहु होने से जातक को बड़ी जल्दी नज़र लगती है। इसकी पहचान भी नहीं हो पाती। यदि राहु अच्छी हालत में न हो तो प्रेत बाधा भी हो सकती है। उपाय के तौर पर सरस्वती की मूर्ति (राहु कारक) के आगे नीले फूल (राहु कारक)चढ़ाये आर्थिक पक्ष में अचानक शुभ फल आता है। ऐसे राहु के समय यदि मंगल १२वें घर में हो और जातक यदि अपने भाई का विरोध करे तो आर्थिक हानि झेल सकता है तर्क यह है की १२वां घर खुला आकाश है और इस में बैठा मंगल बहुत शक्तिशाली होता हैमंगल भाई का करक है। मंगल के अलावा कोई और ग्रह १२वें बैठा होतो राहु उसका विरोध करता है। उदाहरण के तौर पर यदि १२वें घर में केतु, शुक्र हो तो ऐसा इंसान अपने पुत्र (केतु) की पत्नी (शुक्र) का विरोध करेगा। यदि १२वां घर ख़ाली हो तो ६ठे घर बैठा राहु अपनी बिजली (राहु आसमानी और घरेलु बिजली का करक है) से अंधेरों को रौशनी में बदल देगा, पर यदि १२वें घर में सूर्य हो तो राहु का असर मंदा हो जाएगा। यदि १२वें घर में कोई अशुभ ग्रह न हो तो अचानक विदेश यात्रा का योग बन जाता है। इस घर में रह होने की सबसे बड़ी निशानी है, नाभि के नीचे तिल होना इस घर के राहु को और मज़बूत करने के लिए सीसा (लेड) धातु की गोली अपने पास रखना, तर्क यह है की सीसा, राहु का करक है एवं ६ठे घर (बुध का घर) में होने के कारण उसे बुध का गोल आकर दे दिया।

केतु :- केतु जहां संतान कारक है, वहीँ कुत्ते का कारक भी है। जहाँ ९वें घर का केतु पूरा वफादार बन मालिक की रक्षा करता है, वहीँ ६ठे घर में आकर पागल हो जाता है, क्योंकि ६ठे घर में केतु नीच का होता है। इस का कारण है की १२वां घर देव का उच्च स्थान है और १२वें घर में केतु उच्च का होता है

। ६ठे घर का केतु चन्द्र से बहुत शक्ति शाली होता है। वैसे भी केतु का चन्द्र से कैसा भी सम्बन्ध हो वह चन्द्र को ग्रहण लगा देता है, अतः ६ठे घर का पागल हो चूका यह कुत्ता चन्द्र के पानी से भी नहीं मरता। इसलिए इस घर के केतु के उपाय के लिए चन्द्र की मदद नहीं ली जाती। जिसके ६ठे घर में केतु हो उसे कुत्ते काटने का भय रहता है, वैसे भी वह कुत्तों से डरता है। सिर्फ कुत्तों से ही नहीं बल्कि हर छोटे जानवरो से डरता है। यहाँ बैठा केतु आर्थिक पक्ष के लिए शुभ है। अब केतु ६ठा है तो राहु १२वें घर में होगा यह रह उसे रूहानी पक्ष की ओर जाने का इशारा करता है क्योंकि १२वां घर (जहां राहु है) मोक्ष का घर है जो अपने मालिक के घर आने वाली मुसीबतो को अपने ऊपर ले लेता है और यदि मुसीबत भरी हो तो उसकी मौत भी हो जाती है। यदि कुत्ते की मौत हो जाए, तो फ़ौरन दूसरा कुत्ता हो सके तो काले रंग का रख लें। कभी कभी ३ तो कभी कभी ११ कुत्ते मर सकते हैं। इस घर में बैठे सूर्य, मंगल, गुरु, शनि राशि फल के और बुध, केतु ग्रह फल के हैं।

६ठे घर में दो ग्रहो का फल :-

यहाँ पर सिर्फ उन ग्रहो की युति का फल दिया गया है जो युति का फल देते है बाक़ी ग्रह अपना अपना फल देते हैं।

गुरु + चन्द्र :- कोई विशेष फल नहीं होता। यदि टेवे में बुध, केतु दोनों ही अच्छे हो, तो उस स्थिति में गुरु का फल ख़राब नहीं होता। यदि गुरु की स्थिति ख़राब हो और ऐसा व्यक्ति लोगो के लिए काम करे, खेती की जमीन में कुआ या पंप लगवाए तो वो व्यक्ति के लिए बहुत बुरा प्रभाव देगा।

गुरु + शुक्र :- कोई विशेष शुभ फल नहीं पर यदि गुरु को शुभ करने के लिए जातक अपनी स्त्री को बालो में लगाने का सोने का क्लिप दे तो औलाद पर या उसके भाग्य पर शुभ फल देगा। यदि जातक अपनी स्त्री या स्त्री अपने पति की बेकद्री करे तो इन दोनों ग्रहो का फल बहुत ख़राब हो जाएगा।

गुरु + मंगल :- शुभ फल ही देता है जब तक जातक बुध का या केतु का कामन करे या इनकी वस्तुओ से सम्बन्ध न रखे। इससे जातक के औलाद पर बुरा असर पड़ सकता है।

गुरु + बुध :- इस घर में इन दोनो की युति दोनों प्रकार के फल दे सकता है। बुध ठीक हालत और केतु १२वें घर में हो तो गुरु का शुभ असर लेकिन यदि २रे घर के बुध की दृष्टी गुरु ख़राब हो या बुध ८वें घर में हो और केतु भी मंदा हो या नी ८वें या ३रे घर में हो तो जीवन ऐयाशी में बर्बाद।

गुरु + शनि :- गुरु शुभ और शनि अशुभ (राशि इत्यादि से) स्त्री सुख नहीं मिलता इसके उलट यदि शनि शुभ और गुरु अशुभ तो पूर्ण स्त्री सुख।

गुरु + राहु :- राहु अपना शुभ फल देगा लेकिन यदि गुरु अशुभ हो तो पिता के लिए अशुभ।

गुरु + केतु :- यदि दूसरा घर ख़ाली हो या २रे घर से किसी शुभ ग्रह की दृष्टी पड़ रही हो तो आर्थिक हालत अच्छी। कई बार मरने से पहले अपनी मौत का पता चल जाएगा। लेकिन यदि २रे घर से ग्रह की अशुभ दृष्टी केतु पर पड़ रही हो, जिस से केतु नीच या ख़राब हो रहा हो और गुरु ठीक हो तो पहले लड़के या लड़की पर बुरा असर होगा। किन्तु यदि केतु शुभ और गुरु अशुभ हो तो जातक अपना जीवन दुसरो की ग़ुलामी में बिता देगा।

८वां घर

उम्र की लम्बाई को नापता है, इसी लिए इस घर को मौत का घर कहा जाता है। यानि हमेशा के लिए इस दुनिया से कुछ कर जाने का रास्ता। इस घर से ही यह अंदाज़ा लगाया जा सकता है कि जातक इस दुनिया से किस तरह कुछ करेगा। यह घर जीवन में आने वाली मुसीबतो को दर्शाता है। हमारे मकान के अंदर के हिस्सों में, यह मकान की छत तथा जहाँ खाना बनाने के लिए आग

का सम्बन्ध हो उस स्थान को दर्शाता है। मकान हमारे शरीर के हिस्सों में पित्त अर्थात गर्मी की मात्रा तथा पाचन शक्ति का प्रतीक है। हम अपने जीवन में दूसरे औरतों या अपनी औरत के सम्बन्ध में कितने सहायक हो सकते है इन बातो से भी सम्बन्ध है। यह घर उम्र के सन्यास अवस्था का प्रतीक है। यह ज़रूरी नहीं है की यह बुढ़ापे से सम्बन्ध रखता है। भाग्य के लिहाज़ से यह घर किस्मत की ठोकर की मात्रा दर्शाता है। दिशाओ में दक्षिण दिवार का करक है, जहा दवाइया रखी जाती है। यह घर पीठ का करक भी है तथा पीठ दर्द, एवं कनपटी सम्बन्धी तकलीफ का पता भी इस घर से चलता है। जातक पिछले जन्म से जो बीमारी लेकर आया है, इसका भी पता यहाँ से लगता है। इस घर का करक ग्रह मंगल और शनि है इस घर में मंगल ग्रह फल का है राशि फल का कोई नहीं।

केतु :- ८वें घर का केतु मौत के आहट को सुन लेता है। केतु कुत्ते का करक है अतः कुत्ते का लड़के के साथ विशेष सम्बन्ध होता है। औलाद देर से होगी। यह इस घर का केतु संकेत देता है ८वें घर में केतु होने से पालतू कुत्ता बच्चे की पैदाइश या उसकी उम्र के लिए रखवाला बन जाता है। यहाँ पर पालतू कुत्ता अपनी जान देकर भी औलाद होने के बंद दरवाज़े खोल देता है। जिस परिवार में बेटा देर से होता है या होकर मर जाता है, तो उसके कानो में सोने के कुण्डल डाल देते है, इस से बच्चे की उम्र लम्बी हो जाती है। तर्क यह है की केतु शरीर में कानो का करक है अतः कानो में छेद करके उसके बुरे फल को कमज़ोर करते है। अतः कानो के ऊपरी हिस्सों में छेद करके सोने की नत्तिया या मुर्किया डालकर उन छेड़ो को हमेशा के लिए कायम कर लिया जाता है। सोना गुरु का करक है तथा केतु का सम्बन्ध गुरु से होने पर केतु का ज़हरीला प्रभाव अमृतमय हो जाता है चांदी का प्रयोग करने से केतु का चन्द्र से सम्बन्ध हो जाएगा और चन्द्र पर ग्रहण लग जाएगा। इसी प्रकार ताम्बा (मंगल करक) प्रयोग करने से शेर (मं) और कुत्ते (के) की लड़ाई वाली स्थिति पैदा हो

जाएगी। ८वें केतु की ७वीं दृष्टी २रे घर पर पड़ती है और यदि यहाँ पर केतु के दुश्मन ग्रह न हो तो धर्म स्थान में दो रंगा कम्बल (जिसमे एक रंग का लाहो) दान में देना चाहिए। यदि यह २रे घर में केतु के दुश्मन ग्रह हो तो यह उपाय नहीं करना चाहिए। ८वें घर का केतु घुटनो में बार बार चोट लगाकर अशुभ होने का संकेत देता है।

सूर्य :- ८वां घर सही में मौत का घर होता है और सूर्य के ८वें घर में होने से आत्मा की रौशनी और मौत की स्याही आपस में टकरा जाती है। यह का सूर्य मौत से हारता नहीं बल्कि थोड़ा कमज़ोर हो जाता है। ८वें सूर्य वाले की आँखों के सामने किसी की मौत नहीं होती, लेकिन शर्त यही है की ८वें घर में मेष या सिंघ राशि में हो या अशुभ राशि में हो। लेकिन इस पर गुरु या मंगल की दृष्टी पड़ती हो यदि ८वें घर में सूर्य तुला राशि का हो या सूर्य पर शनि, राहु या केतु की दृष्टी पड़े तो सूर्य अशुभ या कमज़ोर हो जाएगा। यहाँ का सूर्य आर्थिक मामलो को कमज़ोर करता है क्योंकि सूर्य अपनी उलटी दृष्टी २रे घर में डालेगा, आँखों पर भी बुरा प्रभाव पड़ता है ८वें घर का सूर्य सारे ब्रम्हांड को रौशन करने वाला नहीं बल्कि सूखे वृक्ष जैसा होता है। इस वक़्त सूर्य की हालत उस मज़दूर जैसी होती है, जो दूसरों के लिए महल बनता है लेकिन खुद एक झोपडी में रहता है। उपाय के तौर पर सूर्य कारक गेहू लगातार ४३ दिनों तक किसी मंदिर में अर्पित करना तर्क यह है की सूर्य को शमशान (८वें घर) से उठाकर धर्मस्थान (२रे घर) में स्थापित करके सूर्य के फल को शुभ कर देना।

चन्द्र :- ८वें घर का चन्द्र इंसान को कल्पनाशील तो बनाता है, पर यहाँ के चन्द्र के लिए उम्र का हिसाब चन्द्र की स्थिति से देखना होता है। अगर चन्द्र उच्च, स्वराशि, का हो या इस पर गुरु की दृष्टी हो तो जातक की आयु लम्बी अन्यथा आयु कम ८वें घर में चन्द्र होने के समय यदि ८वें घर में स्थित राशि का मालिक अशुभ हो तो इंसान की मौत डूबने होती है। ८वें घर में आया चन्द्र अमावस की रात होता है। इस घर में चन्द्र होने से तांत्रिक सिद्धिया प्राप्त

करने की योग्यता रखता है। इसके अतिरिक्त इस घर के चन्द्र वाले जातक के माता को जातक के जन्म के समय बड़ी तकलीफ का सामना करना होता है एवं यह तकलीफ जन्म से अगले ६ महीनो तक सेहत पर बुरा असर रह सकता है। यदि इस चन्द्र के साथ केतु या राहु हो तो जन्म से ही मिर्गी जैसी बीमारी होने की सम्भावना रहती है। यह और भी कई तरह की मानसिक बीमारिया भी पैदा कर सकता है ८वें घर का चन्द्र ताई का कारक होता है और यहाँ पर चन्द्र होने से या तो ताई होगी नहीं या होगी तो जातक के क्लेश का कारण बनेगी। यहाँ पर चन्द्र होने से जातक की मानसिक हालत एक मरझाए फूल जैसी होगी यदि ८वें घर का चन्द्र वृष / कर्क राशि का हो या गुरु द्वारा दृष्ट हो तो जातक की ऊपरी आमदनी ज़रूर होगी। एक उदाहरण पं. कृष्ण अशांत ने अपनी किताब में दिया है कि एक जातक जिस की कुंडली में ८वें घर में चन्द्र था अच्छी खासी ऊपरी कमाई कर रहा था, अचानक उसका तबादला ऐसे विभाग में हो जाता है जहां पर ऊपरी कमाई नहीं होती। जब पं. कृष्ण अशांत उसकी कुंडली में कोई कारण नही देख पाए तो उन्होंने घर के बाक़ी लोगो की कुंडली बुलवाई उन्होंने जब इस जातक के ४ महीने के पुत्र की कुंडली देखी तो सारा मामला समझ में आ गया। पुत्र की कुंडली में २रे घर में (आमदनी का घर) गुरु बुध की युति थी गुरु बुध की युति पिता पर भारी रहती है, चन्द्र भी ८वां था। गुरु बुध की युति किस पहलु से पिता पर भारी रहेगी यह चन्द्र की स्थिति से चलता है मौत के घर पड़े चन्द्र ने अपने पानी में ज़हर मिलाकर उलटी दृष्टी से २रे घर को देखा, इसलिए ऊपरी आमदनी ख़त्म हो गई। जातक पर रिश्वत का मुकदद्मा भी चल रहा था और वह अदालत के फैसले के बारे में जानना चाहता था। पं. कृष्ण अशांत ने उसे बताया की आपका कुछ नहीं बिगड़ेगा क्योंकि गुरु, बुध ने हक़ की कमाई (नौकरी से प्राप्त वेतन) को नष्ट नहीं होने दिया यदि बच्चे की कुंडली में २रे घर में गुरु, बुध नहीं होते तो बच्चे की कुंडली के ८वें घर का असर पिता पर नहीं बल्कि स्वयं बच्चे की कमाई

पर ही पड़ता और बड़ा होकर रिश्वत के मामले में फंस सकता है उपाय के तौर पर :-

१। बुज़ुर्गो के श्राद्ध के वक़्त दूध की बनी चीज़ो का दान करना चाहिए अर्थात चन्द्र को अपने से दूर करना।

२। शमशान के कुए या हैंडपंप का पानी (अर्थात चन्द्र) चाँदी का छोटा टुकड़ा डालकर घर में रखना चाहिए। तर्क यह है की शमशान जो शनि का स्थान है वहां से पानी लेकर शनि के घर में लाकर रख देने से शनि अब शांत रहेगा।

३। यदि २रे घर में राहु / केतु जैसे चन्द्र के शत्रु हो तो किसी बोतल में दूध भरकर ढक्कन लगाकर किसी वीरान जगह में दबा देना चाहिए।

मंगल :- जन्मकुंडली का ८वन घर ९वें घर (पिता स्थान) से १२व न होता है इसलिए ८वें घर का मंगल पिता की उम्र के लिए खतरा माना जाता है। यहाँ का मंगल आँखों के लिए भी अशुभ है, जोड़ो का दर्द तथा खुद को भी अल्पायु कर सकती है अर्थात अधेड़ आयु में भी मौत हो सकती है ८वें घर के मंगल के अशुभ प्रभाव को बाकि दूसरे ग्रह भी दूर नहीं कर सकते। मित्र भी उसके दुश्मन बन जाते है यदि ८वें घर का मंगल नीच राशि (कर्क) का हो तो पति पत्नी की आपस में नहीं बनती। हर शुभ मौके का प्रारम्भ मंगल गीत से होता है लेकिन अगर मंगल अशुभ हो तो यह गीत शोर शराबे में तब्दील हो जाता है। ८वें घर में मंगल वाले का छोटा भाई यदि ४ या ८ साल बाद पैदा हो, तो उस भाई की ज़नदगी तबाह होने की संभावना रहती है। ८वें घर यदि मंगल के साथ बुध की युति हो तो मामो के लिए अशुभ है और ऐसा जातक यदि ननिहाल में रहे तो उसकी किस्मत नहीं जाग सकती तथा ननिहाल की भी बर्बादी होती जाएगी।

उपाय :-

१। यदि मंगल करकारण वैवाहिक जीवन ख़राब हो रहा हो, तो पति पत्नी दोनों को नहाने के बाद गहरे लाल रंग के कपडे पहनना चाहिए। फिर ताम्बे के बर्तन को लाल रंग से रंगकर, कच्चे चावलों से भरकर, लाल फूल और लाल चन्दन का लेप भी उसी बर्तन में भरकर हनुमान जी के मंदिर में अर्पित करना चाहिए, यह मंगल को खुश करने का उपाय है।

२। यदि मंगल का प्रभाव बहुत है बुरा हो रहा हो तो उसे नष्ट करना ज़रूरी है। इसके लिए मिटटी की कुल्ल्हड़ (जो बुध कारक एवं बुध मंगल का शत्रु है) में शहद (मंगल कारक) भरकर, किसी वीरान जगह में दबा देना चाहिए अर्थात मंगल को दुश्मन के हवाले करके पाताल में फेक देना लेकिन सावधान यह उपाय उसी समय करना चाहिए जब जातक की कुंडली में ३रे घर में गुरु या चन्द्र हो, जो भाइयो की हिफाज़त कर रहा है। लेकिन यदि ३रे घर में (भाई कारक) शत्रु ग्रह हो या यह घर ख़ाली हो, तो इस उपाय के करने से भाइयो को नुकसान भी हो सकता है। यदि भूलवश यह उपाय हो गया हो तो सुधार उपाय के तौर पर किसी विधवा औरत की सेवा की जाए। क्योंकि ८वें घर का बुध विधवा औरत का प्रतिक है तथा बुध मंगल का शत्रु है अर्थात इस घर का कमज़ोर मंगल यदि अपने दुश्मन को खुश करे तो ठीक।

३। हाथी दांत की कोई वास्तु धारण करने से मंगल नष्ट नहीं होगा बल्कि मंगल ताबेदार हो जाएगा। तर्क यह है की हाथी राहु का कारक है अतः राहु के ज़हरीले दांतो की बामी वस्तु मंगल को हमेशा अपनी ताबेदारी में रखेगी।

४। हाथी को मारना ८वें घर को और अशुभ करता है, क्योंकि हाथी की मौत का ८वें घर से सम्बन्ध है। ८वें घर का राहु लकवे की बीमारी देता है और हाथी मरने वाले को जब राहु का श्राप लग गया तो उस इंसान को या उसकी अगली पीढ़ी के किसी व्यक्ति को लकवे की बीमारी ज़रूर होगी।

५। ८वां मंगल एक तापी भट्टी है यदि ऐसा इंसान अपने घर में है भट्टी खोद कर अपनी औलाद के विवाह के समय मिठाई या रोटी बनाए तो उस औलाद के घर आगे औलाद नहीं होगी। यदि भूलवश ऐसा कार्य कर लिया हो तो उपाय के तौर पर इंसान को फिर अपने घर में भट्टी बनवाकर उसमे हर रोज़ ८ मीठी रोटिया बनाकर लगातार ८ दिनों तक कुत्तो को खिलाना चाहिए। तर्क यह है की मंगल के ज़हरीले हो चुके भोजन को उसके दुश्मन केतु (कुत्ता कारक) के हवाले करना।

बुध :- यहाँ का बुध सामाजिक गहमागहमी से दूर रहता है अर्थात एकाकी रहना पसंद करता है। इंसान को गुप्त विद्या का ज्ञाता भी बना सकता है। खास तरह की तांत्रिक साधना भी कर सकता है। लेकिन वाणी का गलत इस्तेमाल करता है। उसकी ज़ुबान पर सच की देवी सरस्वती नहीं बल्कि राहु का निवास होता है। ८वें घर का बुध मुर्दा फूल होता है और शोहरत के स्थान पर बदनामी की गंध फैलाता है। जीवन के किसी हिस्से पर सच्ची या झूठी तोहमत ज़रूर लगती है। इस घर का बुध बुआ, बहन या लड़की किसी एक पर बुरा प्रभाव डालता है। ८वें घर के बुध वाला व्यक्ति यदि तोता पाले, केले का पेड़ लगाले या पन्ना पहन ले तो बुरा प्रभाव होता है (क्रमशः१००%, २५ %, १० %)।

उपाय :-

१। किसी हिजड़े को सफ़ेद रंग की कमीज़ और काली जुराबें देना तर्क यह है की यहाँ के कमज़ोर बुध को उसके मित्र शनि एवं शुक्र का सहारा देना (हिजड़ा बुध कारक, सफ़ेद कमीज़ शुक्र कारक, काली जुराबें शनि कारक है)।

२। साबुत हरी मूंग, लाल ताम्बे की गड़वी (घड़े के आकर का पात्र) में डालकर बहते पानी में बहा देना। तर्क यह है की बुध की वस्तु हरी मूंग को सूर्य के पात्र (ताम्बे की गड़वी) में देकर चन्द्र (पानी) में बहा देना क्योंकि चन्द्र, सूर्य का मित्र है और सूर्य बुध का अतः सूर्य अपने एक मित्र बुध को

अपने दूसरे मित्र चन्द्र के हवाले कर देगा, तो चन्द्र एक ममता मयी माँ के समान उसकी रक्षा करेगा।

गुरु :- रावण की मौत का कारण भी ८वें घर का गुरु था वह भी उच्च (कर्क) का। ८वें घर का देव गुरु ऐसी साधना का करक हो जाता है, जो गुप्त रूप में की जाए और जिसका मक़सद दुनियावी तौर पर कोई सत्ता, शक्ति, पैसा हासिल करने के लिए की जाए। ८वन गुरु किसी की मौत के बाद प्राप्त होने वाले धन का भी संकेत देता है। ८वें गुरु वाले को मुसीबत के समय दैवीय सहायता प्राप्त होती है। ८वें घर में ए गुरु में किसी न किसी तरह की गिरावट का अंश ज़रूर शामिल हो जाता है, उदाहरण के तौर पर किसी बड़ी उम्र की गर्भवती स्त्री के साथ उसके सम्बन्ध की सूरत पैदा हो जाती है और शायद इस अमीर स्त्री की मौत के बाद उसकी जायदाद मिल जाती है। ८वें घर के गुरु वाला जातक मुसीबत के समय अपने पिता की मदद नहीं कर पाता, अपने लड़के लिए शुभ लेकिन बेटी को मानसिक रोगी बना सकता है। यहाँ का गुरु गड़े हुए ख़ज़ाने की प्राप्ति भी करा सकता है। यदि ८वें घर में गुरु हो तो जातक को अपनी रोज़ी रोटी के लिए ज़्यादा जद्दोज़हद नहीं करनी पड़ती जबकि राहु अन्य घरो खासकर १२वें घर में गुरु की सांस बंद करता है। यहाँ का गुरु शमशान के अघोरी जैसा होता है। जो जलती चिता ओंके सामने बैठकर अपने ज्ञान को बढ़ाता है और राहु एक भौतिकतावादी ग्रह उसके चरणो में झुक जाता है और ज़रूरत की वस्तु एस्वयं लाकर गुरु की चरणो में रख देता है। यदि इस घर में गुरु के साथ केतु हो तो गुरु शमशानों में रहकर भी गुरु गद्दी का मालिक बन जाता है। यह दोनों लोक पर लोक दोनों का फल ख़राब होने से बचा लेते है।

उपाय :-

१ । हल्दी की ८ गांठे लगातार ८ दिनों तक मंदिर में अर्पित करे तर्क यह है की इस उपाय द्वारा गुरु को उसके स्थान अर्थात धर्मस्थान में पंहुचा देते है, जहाँ पर यह शुभ होता है जहाँ मंदिर का सूचक २रा घर है, जहा का पक्का ग्रह गुरु है ।

२ । अवैध सम्बन्ध (गर्भवती से) टालने के लिए उपरोक्त उपाय के अलावा ८ गुरुवार लगातार कच्चे सूत को हल्दी से रंगने के बाद पीपल के पेड़ पर बाँधना चाहिए। तर्क यह है की कच्चा सूत शुक्र का कारक और हल्दी गुरु का कारक है पीपल भी गुरु का कारक है अतः कच्चे सूत (शुक्र) को हल्दी से रंगने पर स्त्री कारक शुक्र गुरु के रंग में रंग जाएगा और फिर बदनामी नहीं होगी।

शुक्र :- ८वें घर का शुक्र हमारे किसी भी तरह के भोग (शारीरिक सुख, विलासिता) को कम कर देता है एक उदासी उसे घेरे रहती है। वह ख़ुशी को भोगने का हुनर जानता ही नहीं। आठवे शुक्र वाला जातक किसी भी वस्तु से संतुष्ट नही होता । जैसे किसी अच्छे होटल में लज़ीज़ खाना खाने के बाद कहेगा कि खाना तो ठीक था लेकिन वेटर के वर्दी का एक बटन टूटा हुआ था । ८वें शुक्र के बारे में कहा जाता है की उसे गुप्त रिश्तो से तसल्ली मिलती है (क्योंकि शुक्र यहाँ पर अँधेरे में पड़ा है) एवं क़ानूनी पत्नी (रौशनी) से तसल्ली नहीं मिलती । यहाँ का शुक्र संतान प्राप्ति में सहायक है बाधक नहीं यहाँ का शुक्र प्रेम को विवाह में तब्दील नहीं होने देता। किसी ज्योतिषी के ८वें घर का शुक्र उसकी भविष्यवाणी को फलने नहीं देता, क्योंकि राक्षसो का उस्ताद, शुक्र पर राक्षसी प्रभाव हावी हो जाती है। ८वें घर के शुक्र वाले की पत्नी यदि किसी को बद्दुआ दे तो वह पूरी हो जाती है। लेकिन दुआ पूरी नहीं होती दुआ पूरी करने वाला शुक्र २रे घर का होता है। यहाँ का शुक्र अच्छी भली आमदनी होते हुए भी कर्ज़दार बनवाता है। यह बात ज़रूर है की आमदनी के साधन भी बने रहते है क्योंकि ८वें शुक्र की दृष्टी २रे घर (धन का घर) पर रहती है शुक्र का वर्णन ऐसी देवी के रूप में है जिसके हाथो में किताब, ढाल, फूल और माला है। किताब ज्ञान का प्रतीक, जो उसे भृगुसंतान होने के कारण प्राप्त है

ढाल रक्षा का प्रतीक है, जो राक्षसो के गुरु होने के कारण प्राप्त है, फूल उसके नाज़ुक मिजाजी और माला उसके आध्यात्मिक पहलु का प्रतीक है।

उपाय :-

१। काले रंग की गाय को ८ रविवार ८ आटे का पेड़ा देना। तर्क यह है की गाय शुक्र कारक है जो ८वें घर में काले रंग की हो जाती है। आटे का पेड़ा सूर्य कारक है और रविवार सूर्य का दिन अतः इसी शुक्र के अँधेरे को उसके दुश्मन सूर्य से रौशनी लाकर रौशन करना है।

२। हरी चरिया ज्वार काले रंग की गाय को खिलाना। तर्क यह है की हरी चरिया ज्वार शुक्र कारक है जब शुक्र (गाय) अपनी ही वस्तु खाकर उसे गोबर (शुद्धता का प्रतीक) में बदल देगा तो अशुभ फल शुभ में बदल जाएंगे।

३। ४१ दिनों तक लगातार गंदे नाले में एक फूल फेकना। तर्क यह है की फूल का कारक बुध है जो की शुक्र का मित्र है और राहु का भी, राहु गंदे नाले का प्रतीक है, अतःबुध के यहाँ पर स्थापित होने पर राहु दोनों (बुध एवं शुक्र) की आवभगत करेगा।

शनि :- मुर्दो की खोपड़ियों को तंत्र साधना का माध्यम बनाने वाले तांत्रिक के ८वें घर में शनि होता है। ८वें घर का शनि दुखो की वह आग है, जो लोहे को जलाकर कुंदन बनाने की ताकत रखती है। जो इंसान इस दुःख को ऊपर वाले की रज़ा मानकर या उसका प्रसाद मान क रस्वीकार कर लेता है, तो यहाँ का शनि अंत में उसे शुभ फल देने लगता है। जैसे साढ़े साती के दौरान हम अपने मन अभिमान को खुद ही तोड़ले और तक़दीर के साथ न लड़े तो शनि खुद ही शुभ फल देने लगता है।` इसीलिए खोपड़ियों के माध्यम से साधना करने वाले तांत्रिक या का पालिक दुखों की एक भयानक सच्चाई मुर्दे की खोपड़ी को इष्ट मानकर चलते है। इस घर का शनि शादी शुदा ज़िंदगी में परेशानी पैदा करता है। शनि जो टाँगो का प्रतीक है जब वर्ष फल में ८वें घर में आता है तो टाँगो

को तकलीफ देता है। ८वें शनि की ७वीं दृष्टी २रे घर (आँखों की रौशनी) पर पड़ने से आँखों पर बुरा प्रभाव पड़ता है । ८वां शनि किसी न किसी प्रकार संतान को तकलीफ देता है, क्योंकि शनि की १०वीं दृष्टी ५वे घर (संतान) पर पड़ती है । शनि कारक है शराब का अतः इस घर में शनि वाले जातक को शराब की लत लग सकती है, लेकिन यहाँ पर यह शराब ज़हर बन जाता है । उपाय के तौर पर ऐसे जातक को शराब नहीं पीना चाहिए पर यदि जातक रूहानी साधना करे तो शराब के नशे को नाम की खुमारी में बदल सकता है। यहाँ का शनि लम्बी आयु देता है बशर्ते वह शराब न पिए। शनि को यम माना गया है और यदि शनि अपने घर (८वें) में बैठ जाए, तो मरने में जल्दी नहीं करेगा। मौत के घर बैठा शनि ऐसी जायदाद का कारक हो जाता है। जो उसे किसी बेऔलाद व्यक्ति के मरने से मिले। लेकिन यदि ऐसा शनि अपनी उच्च राशि में हो तो निष्फल हो जाता है।

उपाय :-

१। ८ किलो या ८०० ग्राम साबुत माह (उड़द) की दाल चलते पानी में बहन चाहिए। तर्क यह है की साबुत माह शनि की वस्तु है। इस प्रकार इसे बहाने से शनि असर उस वर्ष के लिए दूर हो जाता है।

२। चांदी का चौरस टुकड़ा अपने साथ रखें। तर्क यह है की ८वां घर वृश्चिक राशि का है जिसका स्वामी मंगल है, शुभ मंगल का आकार चौरस होता है। चांदी का कारक चन्द्र है अर्थात शनि के प्रभाव में शुभ मंगल और चन्द्र का असर मिलकर उसे शुभ करते है।

राहु :- राहु एक ऐसा ग्रह है जो अच्छे एवं बुराई दोनों अपने अंदर समोए हुए है। यह किस समय क्या कर देगा कोई नहीं कह सकता। बुध दुनियावी बुद्धि का करक है, तो राहु जन्म जन्मान्तर से इकट्ठी हुई बुद्धि का कारक है। किसी भी इंसान का जीनियस होना, कुछ अविष्कार करना सिर्फ राहु की मेहरबानी

से संभव है। हमारे दिमाग में अचानक किसी विचार का पैदा होना राहु के कारण ही है दूसरे लफ़्ज़ो में राहु बुद्धि का ऐसा प्रयोग करवाता है की इसे करने वाला खुद ही नहीं समझ पाता की उसने यह क्यों किया। राहु का सभी पराशक्तियों पर अधिकार है, यह शक्ति या इन्टुशन, टेलीपैथी, औरआत्माओ को बुलाने वाली हर तरह की शक्तिया होती है। ८वां राहु सपनो द्वारा बीते एवं आने वाले घटनाओ का संकेत देता है। इस घर के राहु वाले का विद्वान भी सत्कार करते है। कई बार ऐसा राहु मौत का कारण भी बनता है - ज़हरीली वस्तु अनजाने में खाने से, दुर्घटना से, बेहोशी की हालत में, लकवा, ऐसी बीमारी जिसके कारण का पता न चले। ८वें घर का राहु जातक को अजीब से माया जाल में फसाकर एक राक्षसी हँसी हँसता है। झूठे इलज़ाम के कारण कई बार पुलिस की झंझटो का भी सामना करना होता है और झूठे इलज़ाम लगाने वाले अपने लोग ही होते है। मई एक मामले को बता रहा हूँ, एक महिला मेरे पास अपने साथ अपनी सास के साथ आयी उसका बेशकीमती सोने का हार खो गया था और वह अपने सास पर ही इलज़ाम लगा रही थी। मैंने दोनों की कुंडली देखि,सास की कुंडली में जन्म कुंडली का राहू वर्ष कुंडली में आठवे घर में आया हुआ था। मैंने महिला को बताया की सास ने कुछ नहीं किया वोह खुद घर में ही कही रखकर भूल गयी है। यही हुआ दोबारा ढूडने पर हार घर में ही मिल गयी कई बार राहु ८वें में आने से इंसान अपना घर बार छोड़कर अचानक गायब हो जाते है उसका पता नहीं चलता। राहु ग्रहण लगा कर उनका तेज और साँस खींच लेता है। ८वें राहु वाला जातक रिश्वत खोरी में नहीं पकड़ा जा सकता। ८वां राहु ४२ की आयु तक आर्थिक तंगी देता है।

उपाय :-

१। जन्म कुंडली का ८वां राहु अगर वर्ष फल में ८वे घर में आ जाए तो लड़ाई झगड़ो, अदालती मुसीबतो, अचानक दुर्घटनाओ का कारण बनता है। ऐसी हालत में ८ दिन या ४१ दिनों तक ८ साबुत बादाम धर्म स्थान में अर्पित करके

उसमे से ४ बादाम वापस लेकर घर में रखते रहें। तर्क यह है की मौत के अँधेरे में बैठे राहु को धर्मस्थान पर ले जाकर शरारतो से बाज़ आने की क़सम दिलाना।

२। अगर राहु का असर बहुत ही बुरा पड़ रहा हो तो ८०० ग्राम सीसा (लेड) के ८ टुकड़े करके बहते पानी में बहाना। तर्क यह है की सीसा राहु का कारक है और राहु ८वें घर में है। इसलिए सीसा के ८ टुकड़े ८०० ग्राम के पानी में बहा देना अर्थात राहु को अपने से दूर कर देना। यहाँ सीसे के ८ टुकड़ो को पानी में बहाने का अर्थ है की राहु को ४ थे घर (चन्द्र) में भेज देना और चन्द्र पर राहु कोई शरारत नहीं करता, लेकिन ४ थे घर में सूर्य नहीं होना चाहिए क्योंक ऐसी स्थिति में राहु, सूर्य पर ग्रहण लगा देगा और जातक को दिल की बीमारी हो सकती है। यदि नौकरी कारोबार में ८वें राहु का असर पड़ रहा हो तो ८०० ग्राम के १० टुकड़े करके बहाना चाहिए, बशर्ते ४थे घर में सूर्य न हो बहा अतः कोई भी उपाय करने से पहले कारकों का पूरा ध्यान रखना है।

आठवें घर में दो ग्रहो का फल :गुरु सूर्य :- आठवें घर में गुरु के साथ सूर्य हो तो वह जागती किस्मत का मालिक होगा और उसका परिवार बेवक्त मौतों से बचा रहेगा।

गुरु चंद्र :- आठवें घर में गुरु के साथ चंद्र हो तो इसका शुभ और अशुभ दोनों प्रकार का असर होता है। इसका विशेष असर उसके भाइयों पर पड़ता है। ऐसा व्यक्ति यदि मामू के घर से शनि या मंगल की चीजें ले आए तो उसके लिए जहर जैसा प्रभाव होगा। यहां बैठा हुआ गुरु यदि बहुत शुभ हो तो इसका धन भाइयों के लिए बुरा असर करेगा।

गुरु शुक्र :- आठवें घर में गुरु के साथ शुक्र का होना अच्छा फल ही देता है। जातक के पास दौलत आती है, पर रूकती नहीं। स्त्री सुख में ऐसी युति से कोई अशुभ प्रभाव नहीं पड़ता।

गुरु मंगल :- आठवें घर में गुरू और मंगल इकट्ठे होने से दोनों का अपना अपना प्रभाव होगा। यदि बुध मंदा हो यानि बुध 12वीं घर में हो या दूसरे ग्रहों के साथ नौवें घर में हो तो उसका प्रभाव मंगल पर बुरा पड़ेगा, यानी उसके भाइयों के लिए इसका फल अच्छा नहीं होगा।

गुरु बुध :- गुरु बुद्ध के साथ हो और दूसरा घर खाली हो, तो बुद्ध कभी भी गुरु के लिए अशुभ असर नहीं डालता। किंतु यदि बुध किसी तरह से नीच राशि में होने के कारण या किसी और बुरी दृष्टि के कारण, दोनों ग्रहों पर बुद्ध या दोनों ग्रहों पर बुरा प्रभाव पड़े, तो घर में बीमारी रहने का डर रहता है। उपाय के तौर पर मिट्टी के बर्तन में खांड या गुण डालकर जमीन में दबाने से अशुभ पल दूर हो जाएगा या नाक में 96 घंटे तक छेद करवा कर चांदी का तार डालने से भी शुभ असर होगा।

गुरु शनि :- आठवें घर पर गुरु शनि का होना, आयु तो लंबा करता है। लेकिन आयु साधारण रहती है यदि साधारण रहती है।

गुरु राहु :- ये युति बुरा फल ही देती है। इस फल का असर पिता के स्वास्थ्य या उनकी आयु पर भी पड़ सकता है और उस व्यक्ति का जीवन किसी विशेष चमक से खाली ही रहेगा। दूसरे शब्दों में उसकी जिंदगी खानापूरी का नाम ही होगा और उसको अपने जीवन में हर कदम पर मुसीबतों का सामना करना पड़ेगा। इसके अशुभ असर को दूर करने के लिए गुरु या शुक्र की चीजे मंदिर में देना सफल करेगा अर्थात केसर हलदी या चने की दाल।

गुरु केतु :- आठवें घर में गुरु के साथ केतु का होना अच्छा फल नहीं देता। व्यक्ति की आर्थिक हालत कमजोर रहती है। किसी ना किसी मुसीबत का सामना करना पड़ता है और रुकावटें बहुत आती है मन भी हमेशा बुझा बुझा सा रहता है। इसके बुरे प्रभाव को दूर करने के लिए पीले रंग के नींबू धर्मस्थान में देना चाहिए।

सूर्य बुध :- आठवें घर में सूर्य के साथ बुध का होना अच्छा तो नहीं है, लेकिन यदि सूर्य बुध आठवें के समय घर नंबर दो खाली हो तब दोनों ग्रहों का असर शुभ ही रहेगा । लेकिन यदि अशुभ असर शुरू हो जाए यानि व्यक्ति पर या बुआ बहन बेटी पर बुरा असर पड़ने की निशानियां आरंभ हो तो उपाय के तौर पर शीशे के बर्तन को गुड़ से भरकर शमशान भूमि में दबाना चाहिए । इससे दोनों ग्रहों का नंबर 8 का शुभ फल प्राप्त होगा ।

सूर्य शनि :- घर नंबर 8 में सूर्य एवं शनि की युति हो उसी समय राह घर नं 11 में हो तथा गुरु घर नंबर 12 में हो तो 36 साल की उम्र में शनि जहरीले सांप जैसा असर देगा । लेकिन यदि शनि वर्षफल में मंदा हो तो शनि के कार्य उस व्यक्ति के लिए जहर पीने के समान होंगे उदाहरण के तौर पर 35 साल उम्र में वर्षफल के अनुसार जब दोनों गृह घर नंबर 5 में हो और व्यक्ति मकान खरीदे या नया व्यापार आरंभ करें तो वह पूरी तरह बर्बाद हो जाएगा और औलाद पर भी इसका बुरा असर पड़ेगा ।

सूर्य राहु :- यदि सूर्य आठवें घर में हो और इनपर केतु या शनि आदि की दृष्टि भी पढ़ रही हो तो व्यक्ति को लकवे आदि की बीमारी तथा मानसिक बीमारी होने का डर रहता है । ऐसी हालत में सूर्य और राहु दोनों के बुरे असर को दूर करने के लिए तांबे का पैसा रात भर भट्टी में जलाकर सुबह के समय चलते पानी में बहा देना चाहिए या जंगल में फेंक देना चाहिए । पैसा ले जाते वक्त कोई अपना बच्चा सामने नहीं आए । सूर्य राहु 8 के समय किसी गुप्त नुकसान से बचाने के लिए जो को दूध से धोकर चलते पानी में बहा देना चाहिए ।

सूर्य केतु :- सूर्य केतु आठवें घर में शुभ असर नहीं देते इस से कान की बीमारियां तथा धोखा खाने की संभावना होती है ।

चंद्र शुक्र :- यहां पर चंद्र शुक्र की युति हो तो व्यक्ति अपनी धन दौलत और अपने स्वास्थ्य के लिए, यदि वृद्ध माताओं एवं गाय की सेवा करें या गाय का

दान करें, तो दोनों का फल उत्तम होगा इस घर में चंद्र शुक्र की युति होने से व्यक्ति नपुंसक या बुजदिल होता है। अपने ही मंदे कामों से चंद्र का धन व शुक्र यानी ग्रहस्थ सुख बर्बाद होगा। यदि इस युद्ध पर अशुभ ग्रहों की दृष्टि हो तो व्यक्ति का चरित्र भी संदेहास्पद रहता है।

चंद्र बुद्ध :- आठवें घर में चंद्र बुध की युति होने से व्यक्ति की दुनिया भी हालत अच्छी नहीं रहती। जातक दूसरों की मुसीबत अपने गले डालकर बर्बाद हो जाता है और उसे वहम रहते हैं और वह आत्महत्या तक कर सकता है।

चंद्र शनि :- यहां चंद्र शनि की युति हो तो व्यक्ति की मृत्यु किसी दुर्घटना में होने का डर रहता है और वृद्धावस्था में उसकी नेत्र ज्योति कमजोर होने का भी डर रहता है। किंतु इस योग में जातक नेत्रहीन नहीं होता।

चंद्र केतु :- यदि आठवें घर में चंद्र के साथ केतु हो तो यह ज्योति इन दोनों का फल ही नष्ट करती है। यानी चंद्र माता और मन की शांति व केतू औलाद कान घुटने आदि इन सब पर इसका बुरा या अशुभ प्रभाव पड़ता है। यह वास्तव में चंद्रग्रहण की ही स्थिति है। यहां पर इन दोनों के अशुभ प्रभाव के जहर को दूर करने के लिए धर्मस्थान में तीन केले 48 दिन तक लगातार देना शुभ रहेगा। इसके अतिरिक्त बुध की चीजे साबुत मूंग आदि अनाज भी इनके शहर को काफी हद तक दूर कर सकते हैं।

लेकिन ऐसा व्यक्ति अपने पर किसी भी हमले को रोकने की हिम्मत का मालिक जरूर होगा।

शुक्र मंगल :- आठवें घर में यदि शुक्र के साथ मंगल हो तो यह बहुत अशुभ होता है। कहा गया है कि ऐसे जन्मे चंद्रभान दूल्हे आग ना मजे बान, यानी ऐसे व्यक्ति के जन्म से ही झूले में आज तक ना रहेगी याने भोजन तक की मुश्किल आ जाएगी, सोने के लिए चारपाई भी नहीं।

शुक्र बुध :- आठवें घर में शुक्र के साथ बुध का होना बहुत मंदा फल देता है। इसको ऐसी जोड़ी एक अंधा दूसरा कोई कहकर पुकारा गया है। यानी दोनों ही ग्रहण का फल मंदा होगा। जिसका अशुभ असर व्यक्ति के गृहस्थ पर पड़ेगा और औलाद को बीमारियां भी हो सकती है।

मंगल बुध :- आठवें घर में मंगल बुध के एक साथ होने पर यदि दोनों में से एक का भी फल मंदा हो तो मामू खानदान बर्बाद होगा। ऐसे व्यक्ति को अपने मामू के घर नहीं रहना चाहिए।

मंगल शनि :- इस घर में मंगल शनि एक साथ हो और अशुभ हो तो घर में कई प्रकार की परेशानियां मौतें होती हैं।

मंगल केतु :- आठवें घर में मंगल केतु के साथ होने से दोनों ग्रहों का ही प्रभाव अशुभ होगा। जिसका प्रभाव भाई और लड़के पर हंसी भी होगा।

बुध राहु :- आठवें घर में यदि बुध के साथ राहु हो, तो इसका असर कुंडली वाले पर अशुभ ही होगा। लेकिन जिन लोगों से उसका संबंध होता है उन पर इसका कोई विशेष बुरा असर नहीं पड़ता।

शनि :- शनि इस घर में सूर्य चंद्र या मंगल यदि साथ हो या दृष्ट के द्वारा साथी बन रहे हो तो शनि का असर अशुभ हो जाएगा। परिवार में मौत मौत मौत खड़ी करेगा। शनि 8 के समय यदि घर नंबर 12 खाली हो तो ऐसा व्यक्ति आर्थिक हालत में दुखिया ही होगा। दूसरे साथी ग्रहों के मुताबिक चीजें या रिश्तेदारों पर भी बहुत अशुभ असर डालेगा। आठवें घर में शनि के समय केतु पहले घरों में हों तो शनि का फल इतना खराब नहीं होगा। शनि 8 के समय व्यक्ति अपने राजदरबार में या अपने कामकाज में बहुत धीरे धीरे उन्नति करता है। आठवें घर में यदि शनि के साथ केतु बैठा हो, दोनो ही ग्रहो का फल उत्तम हो जाएगा। ऐसी हालत में परिवार में बेवक्त मौतों से बचाव होता रहेगा।

१२वां घर

यह घर हमारे दिमाग में अचानक पैदा होने वाले विचारो से सम्बन्ध रखता है। वो विचार जो हम नहीं सोचते, बल्कि एक दम अचानक ही पैदा होते है। इस घर का किसी को आशीर्वाद या श्राप देने से भी सम्बन्ध है। इस घर के अच्छी हालत में होने से जातक द्वारा किसी को दिया गया आशीर्वाद सफल होता है। इस घर के ख़राब होने की हालत में श्राप का फल मिलता है। हमारे माकन के अंदर के हिस्से में यह इस बात का सूचक है की मकान में कितनी रौनक, ख़ुशी, या कितनी वीरानी होगी इस घर का सम्बन्ध हमारे द्वारा सोच समझकर किए गए खर्च का प्रतीक है। उम्र के ५० से ७५ वर्ष की आयु यह घर बताता है। किस्मत के सम्बन्ध में यह इस बात का करक है कि हम अपने भाग्य के अनुसार कितना सुख / दुःख भोगेंगे यह इस घर के शुभ / अशुभ होने से जाना जा सकता है। इस घर को साधु या समाधी का घर भी कहा गया है। रात के समय कोई कितना आराम पाएगा, इस बात को भी इस घर से जाना जा सकता है। यहाँ पर गुरु एवं राहु को कारक ग्रह माना गया है। यहाँ पर राहु ग्रह फल का एवं बुध राशी फल का है।

१२ वें घर में स्थित ग्रहो का फल

सूर्य :- इस घर में बैठा सूर्य अचेत मन में पड़े उन दुखो और सुखो का संकेत देता है। जो पिछले जन्म की घटनाओ ने अचेत मन में दाल दिए है। कई बार इंसान को अकारण ही डर लगता है। यहाँ पर सूर्य की डिग्री कितनी है यह देखना होगा। अगर वह ५ – ६ डिग्री का हो तो पिछले जन्म में जो मौत हुई थी, वह २१ – २२ साल की आयु में हुई थी। इसलिए पिछली उम्र से डरा हुआ इंसान इस जन्म में लम्बी आयु चाहता है। वास्तव में अभी बीते हुए पिछले जन्म का सम्बन्ध १२वें घर से होता है, जबकि पिछले कई जन्मो, जन्म जन्मान्तरों का सम्बन्ध ५वें घर से होता है सूर्य का १२वे घर में होना इस बात का संकेत है की पिछला जन्म भी इंसान का ही था तथा मर्द के रूप में था। इस

घर में मंगल, केतु, गुरु,राहु पिछला जन्म मर्द का बताते है १२ वां घर यदि ख़ाली हो तो यहाँ बैठे राशी का मालिक पिछला जन्म बताएगा अर्थात यदि इस राशी का मालिक स्त्री तो पिछला जन्म स्त्री का और यदि पुरुष राशी हो तो पिछला जन्म मर्द का था। चन्द्र, बुध, शुक्र, शनि यह संकेत देते है की पिछला जन्म स्त्री के रूप में था इस घर में सूर्य होने से इंसान दिखावे पर बहुत खर्च करता है। यदि सूर्य उच्च या अपनी राशी का हो तो शुभ कार्यो में नीच या शत्रु राशी का हो तो, वैसा ही खर्च जैसे पुराने समय के जमींदार या राजे महराजे करते थे। इस घर का सूर्य सुख की नींद लेकिन पराई आग में जलने वाला होता है (यदि यह सूर्य शुभ हो)। इस घर का अशुभ सूर्य आँखों के लिए अशुभ हैं। यहाँ के सूर्य का सम्बन्ध यदि राहु से हो जाए, तो मानसिक रोग पैदा हो सकते है। हलाकि यहाँ का सूर्य व्यापार के लिए शुभ है, लेकिन यदि जातक शनि या राहु से सम्बंधित कार्य करे, अर्थात निर्माण, मज़दूरी, दस्तकारी, बिजली का काम, तेल, शराब का काम करे तो रोटी भी नसीब नहीं होगी, गेहू,सोने,चांदी का कार्य शुभ। इसी प्रकार राहु से सम्बंधित रिश्तेदार (ससुराल पक्ष), पुलिस, अस्पताल, बेऔलाद काने व्यक्ति का साथ अशुभ यहाँ बैठे सूर्य वाला जातक यदि ऊँचे घर की ऊँचे खयालो वाली स्त्री से सम्बन्ध रखे, तो शुभ। इसके विपरीत नीच घराने की स्त्री से। सम्बन्ध उसे बर्बाद कर देंगे। तर्क यह है की काल पुरुष कुंडली के अनुसार १२वें घर में मीन राशी होती है एवं शुक्र यहाँ पर उच्च का होता है शुक्र स्त्री कारक होता है।

उपाय :-

१। सूर्य के तेज प्रताप को और बढ़ने के लिए बंद रोकोगुड डालना चाहिए। तर्क यह है की बन्दर सूर्य कारक और गुड मंगल कारक है अर्थात सूर्य में मंगल मिलाकर उसके तेज को और बढ़ाना।

२। यदि यहाँ सूर्य अशुभ हो तो भूरि चीटींयो (सूर्य कारक) को सतनाजा (७ प्रकार के अनाज) डालना।

चन्द्र :- यहाँ का चन्द्र पिछले एवं इस जन्म में बहुत खर्च करवाता है। यहाँ पर चन्द्र+ शनि की युति हो तो, यह संकेत है कि धन हानि ही नहीं। बल्कि ऐसा जातक पिछले जन्म में जवानी में ही मर गया होगा। यहाँ पर शनि की दृष्टी चन्द्र पर पड़े तो यही फल होता है। यहाँ पर चन्द्र + शनि का सम्बन्ध यह बताता है की पिछला जन्म स्त्री का था और शादी के बाद जल्दी ही मौत, किसी तरल ज़हरीले पदार्थ के पीने के कारण हुई थी। इसका असर इस जन्म पर भी पड़ता है, अर्थात हर ख़ुशी पर एक काल साया मंडराता है। कुछ हालातों में आने वाली किसी दुखद घटना का भी पूर्वाभास हो जाता है यह संकेत खासकर रात को या कृष्ण पक्ष की किसी घडी में लग जाता है। ऐसा जातक क्रिएटिव कार्यो एवं ज्योतिष में भी सफल हो सकता है, क्योंकि उसका इन्टुशन जबरदस्त होता है। यहाँ के चन्द्र वाले जातक के लिए स्त्रियां किसी न किसी रूप में दुःख का कारण बनती है। स्त्री की कुंडली में सास की ओर से परेशानी होती है, क्योंकि १२ वां चन्द्र सास का कारक है मर्द की कुंडली में भी ससुराल की ओर से शुभ फल नहीं मिलते। लाल किताब में लिखा है पिद्रम सुल्तान बूद अर्थात पिता बादशाह था अर्थात १२वें चन्द्र वाला जातक अपने पिता, उसकी दौलत, उसकी सामाजिक है सियत के बारे में काफी बातें करता है और बातें करने का कारण होता है कि उसे अपने पिता से जायजाद नहीं मिली होती। पिता से मिली दौलत मिटटी हो जाती है खुद की कमाई से बरकत होती है। इस घर में बैठे चन्द्र का किसी न किसी रूप में अस्पताल से सम्बन्ध होता है। शुभ चन्द्र अस्पताल में काम करने वाले डाक्टर एवं अशुभ चन्द्र हो तो बन्दे को मरीज़ बनकर कुछ समय के लिए अस्पताल में रहना होता है।

१२वें चन्द्र का अन्य ग्रहो पर पड़ने वाला प्रभाव

१। मंगल ६ठे घर में हो तो आर्थिक हालत सुधारता है पर यह फल बहन या बेटी को ही मिलेगा।

२। ५वें घर में बैठा मंगल औलाद की जायदाद में वृद्धि कराएगा।

३। ९वें घर में बैठा मंगल जायदाद बढ़ाएगा पर जातक। इसका पूरा सुख नहीं ले पाएगा क्योंकि उसे घर या जायदाद से दूर जाकर रहना होगा।

४। यदि ८वें घर में केतु हो तो जातक के पुत्रो में एक नालायक ज़रूर निकलता है या कोई लड़का अचानक गम हो जाता है या घर छोड़कर चला जाता है

५। १२वें चन्द्र के समय ६ठे घर का बुध हालांकि अच्छा है लेकिन अगर इस में मंगल की दृष्टी या युति के कारण अशुभता आ जाए तो जातक की बहन या बेटी जिस घर में ब्याही जाएगी वह घर आर्थिक रूप से कमज़ोर हो जाएगा।

उपाय :- अपने घर के छत के नीचे कुआ / हैंडपंप न लगवाए अन्यथा सारी उम्र मुसीबतो में गुज़र जाएगी। यदि अनजाने में ऐसा हो गया हो तो बारिश का पानी किसी मटके में भरकर छत पर रखे, तर्क यह है की आकाश के चन्द्र का कारक बारिश का पानी उस घर की छत पर स्थापित होकर इस दोष को बदल देगा। छत के नीचे कुआ / हैंडपंप लगाना इसलिए अशुभ हो जाता है क्योंकि १२वां चन्द्र खुले आकाश में होने का प्रतीक है। उसकी कारक वस्तु को छत के नीचे क़ैद नहीं रख सकते खुले बरामदे में ज़रूर लगवा सकते है।

१२वां मंगल :- यहाँ का मंगल दूसरों की ओर से होने वाली गुप्त शरारतो या पीठ पीछे से वार करने वालो से बचाता है। इसका कारण यह है की ऐसी घटनाओं का कारण राहु होता है और आकाश के इस उच्चे घर पर गुरु की राशी में बैठा मंगल ऐसा महावत हो जाता है, जो अपने अंकुश से बिगड़े हाथी को काबू में रखता है। यहाँ के मंगल वाला जातक अपने जीवन में आने वाली परेशानियों का कारण खुद होता है। यहाँ के मंगल के साथ यदि बुध हो या

इस पर बुध की दृष्टी पड़े, तो जातक की ज़नदगी परेशानिओ से घिर जाती है। पर यह हालत बुरे संगती के कारण होती है। यहाँ का मंगल एकलव्य के सामान है जो अपना वचन पूरा करने के लिए कमान खींचने वाला अपना अंगूठा ही उतार कर रख देता है। अर्थात यहाँ के मंगल वाला जातक दूसरों का इलज़ाम भी अपन सर ले लेता है। यही मंगल जब ६ठे घर में होता है तो बुध की चालाकी अपने साथ ले लेता है। यहाँ (१२वां) मंगल यदि नीच (कर्क राशी) हो, तो झूठा कलंक लगता है, लेकिन यदि इसके साथ गुरु हो तो मंगल का नीच भंग हो जाएगा। क्योंकि कर्क राशी में गुरु उच्च का होता है, और इसका रण इलज़ाम साबित नहीं हो पाएगा। १२वें घर का मंगल यदि नीच राशी का हो तो पिछले जन्म में मृत्यु जवान आयु में दुर्घटना के कारण हुई थी। इस घर का मंगल कैसा भी हो इंसान में हिम्मत ज़रूर पैदा करता है। इस घर का मंगल जातक के २८वें साल शुभ फल देता है यह शुभ फल और बढ़ जाएगा। यदि २८वें साल लड़का पैदा हो, लेकिन यदि मंगल एवं बुध की युति हो तो मानसिक तनाव देता है और ऐसे हर तनाव का संबंध बहन या बेटी से होता है। इस घर के मंगल को और शुभ करने के लिए भाई और पुत्र के साथ अच्छे सम्बन्ध रखना चाहिए। यहाँ पर मंगल शुक्र की युति हो और साथ ही सूर्य शनि की युति किसी भी घर में हो तो तलाक की सम्भावना बढ़ जाती है, क्योंकि सूर्य + शनि मंगल बाद का प्रभाव देते है। यहाँ के मंगल के साथ यदि बुध / चन्द्र / शुक्र / शनि हो तो ऐसा इंसान अभी आगे भी कई बार जन्म लेगा। यहाँ के मंगल के साथ राहु का होना साथ ही पहले घर में शनि का होना जेल जाने का कारण किसी अपराधिक कार्य के लिए होता है। लेकिन यदि १२वें घर का मंगल उच्च राशी (मकर) का हो तो किसी अच्छे कार्य के लिए जेल जाना होता है।

उपाय :-

१। १२ दिनों तक १२ बताशे लगातार मंदिर में देते रहे। लेकिन यह उपाय उस समय न करे यदि २रे घर में मंगल के शत्रु हो।

२। उपरोक्त उपाय न कर सकते हो तो १२ ग्राम गुड़ बहते पानी में बहाना चाहिए। लाल किताब में इस घर के मंगल को कुंद हथियार कहा गया है। अतः घर में कुण्ड या ज़ंग लगे औज़ार / हथियार न रखे।

बुध :- १२वें घर का बुध ज़िंदगी में बहुत सारे सुनहरे अवसरों के खो देने का प्रतीक है। यह बुद्धि करक गृह इस घर में आकर उलटी खोपड़ी का हो जाता है। यहाँ के बुध वाले जातक को सपनो में मृत आत्मा, प्राचीन धर्मस्थल, खंडहर, मज़ार, दरगा हें दिखाई देती है इस का कारण है कि पिछले जन्म में इस जातक की मृत्यु जवानी चढ़ने से पहले ही हो गई होगी। पिछले जन्म की कोई बड़ी जिज्ञासा थी, जो पूरी नहीं हुई इस कारण इस जन्म में एक अनजान भय बना रहता है और कई बार सिर दर्द से परेशान रहता है। ऐसे इंसान को कुदरती तौर पर पीर / फ़क़ीरों पर भरोसा रहता है। इस घर का बुध जातक को दूसरों के अधीन रखता है। इस घर का बुध मीन राशी का हो या मंगल से दृष्ट हो तो अशुभ हो जाता है। ऐसा योग रहने पर २५ साल या उससे पहले शादी कर लेने से वैवाहिक जीवन पूरी तरह ख़राब हो जाएगा और जातक के पिता पर भी आर्थिक एवं शारीरिक तौर पर अशुभ असर होगा। तर्क यह है की १२वां घर काल पुरुष कुंडली में गुरु की मीन राशी का होता है, गुरु पिता का कारक माना जाता है, शुक्र जो १२वें घर में उच्च का होता है, शादी का कारक है और शुक्र का आयु पर असर २४वें साल के बाद होता है। अतः शुक्र के असर के शुरू होने से पहले ही शादी हो जाए, तो तो शुक्र पूरी तरह स्थापित हो जाएगा और यहाँ बैठे बुध के प्रभाव में आ जाएगा। चूँकि यह दोनों गुरु के शत्रु है, अतः इकट्ठे होकर गुरु याने पिता को परेशान करेंगे और बदले में गुरु का श्राप बुध के साथ मिले शुक्र को तबाह कर देगा। इस घर का बुध जुआ, सट्टा, शेयर जैसे कार्यों में हमेशा धोखा करेगा। ऐसा जातक यदि अपने पिता के साथ रहे

तो दोनों दुखी रहते हैं। इस घर में बैठा बुध दृष्टी सम्बन्ध से ६ठे घर को ख़राब कर देता है। ६ठे घर में जो भी ग्रह बैठा हो उससे सम्बंधित चीज़ें ख़राब होगी। जैसे यदि ६ठे घर में गुरु हो तो पिता के लिए अशुभ। बुध की सारी अशुभता केवल मर्द के लिए है औरत की कुंडली में १२वां बुध अशुभ नहीं।

उपाय :-

१। अक्सर मंदिर जाते रहें।

२। ४१ दिनों तक लगातार केसर / हल्दी का तिलक लगन चाहिए अर्थात गुरु को शक्ति देते है।

३। दांतो में तकलीफ (बुध के ख़राब होने की निशानी) होने पर भी उपरोक्त उपाय करना चाहिए।

१२वां गुरु :- यहाँ का गुरु सीधा संकेत देता है कि पिछला जन्म खुशहाल था। यही कारण है की इस जीवन में भी गुरु बहुत आशावादी होता है। दूसरों के लिए दिल में बहुत हमदर्दी होती है एवं बिना पात्र / अपात्र की चिंता किए उन पर खर्च करता है। फल दीपिका नामक एक ग्रन्थ में १२वें गुरु वाले को चरित्र हीन कहा गया है। इस सम्बन्ध में पं कृष्ण अशांत ने एक दिलचस्प घटना का उल्लेख किया है कि जब वह ७० के दशक में कुछ समय के लिए मुंबई के एक लाज में रहते थे, वहां एक बुज़ुर्ग आदमी पिछले कई सालो से रह रहा था पत्नी गुज़र चुकी थी और कोई संतान भी नहीं थी। वह कोई छोटा मोटा व्यवसाय करके अपना जीवन चला रहा था। वहां रहने वाले कुछ लोगों ने उसे चरित्रहीन बताया और बताया की वह रोज़ वेश्याओ के मोहल्ले में जाता है और कुछ शराबी किस्म के लोग इससे मिलने लाज में आते है। पं कृष्ण अशांत ने उस से मेल जोल बढाकर उसकी कुंडली बनाई। सिंह लग्न की कुंडली में गुरु उच्च (कर्क राशी) का होकर १२वें घर में था। उसने बताया की मेरे पास तीन शराबी आते हैं। जब उन्हें पैसों की कमी आ जाती है तो मैं मदद कर देता हूँ। उनमे से

किसी एक व्यक्ति का किसी वेश्या से सालो से सम्बन्ध रहा था और वह भी लम्बे समय से दमें की बीमारी से बिस्तर पर पड़ी हुई है। उसकी आमदनी का कोई साधन नहीं है। मैं हर रोज़ शाम के समय बाजार से रोटी खरीद कर उसे दे आता हूँ। यह था १२वें गुरु की हक़ीक़त अर्थात यहाँ का गुरु अकारण मानहानि भी करवाता है। ऐसा इंसान घर त्यागी साधु नहीं हो सकता यहाँ के गुरु वाला जातक यदि गले में माला पहनने का आदि हो जाए तो दुनियादारी की शुभता ख़त्म हो जाती है। तर्क यह है की बुध गले की माला का कारक है तो अगर बुध का प्रभाव गुरु में मिल जाए, तो १२वें घर के कुबेर कारक गुरु के भंडार पर ताला लग जाता है। यदि यहाँ पर गुरु बुध की युति हो तो जातक के पिता को लम्बी बीमारी होती है। यहाँ पर गुरु चन्द्र की युति भी कभी कभी अशुभ प्रभाव डालती है विशेष रूप से जब जातक के लड़की पैदा हो जाए। तर्क यह है कि बुध लड़की का कारक है। गुरु + चन्द्र, बड़ वृक्ष या बट वृक्ष के कारक होते हैं। जिसके निचे बैठकर ऋषि मुनि ज्ञान हासिल करते आये हैं, लेकिन अगर इसमें बुध का असर शामिल हो जाए तो यह वृक्ष प्रेत प्रभावित हो जाता है।

उपाय :-

१। यदि गुरु चन्द्र की युति में बुध का प्रभाव मिल रहा हो तो चांदी का एक ख़ाली बर्तन मकान के ज़मीन के निचे दबाये। ख़ाली बर्तन बुध का कारक और चांदी चन्द्र का कारक है तर्क यह है की चन्द्र के बुध वाले अंश को अपने से दूर कर देना।

२। किसी के आगे हाँथ न फैलाए, हल्दी केसर का तिलक करें (गुरु को शक्ति दे)।

३। १२वां गुरु स्पेस रिसर्च, गैस का व्यवसाय, एयर फ़ोर्स का कारक है। अतः इन में जाना गुरु के फल को शुभ करता है। १२वें गुरु को सताने वाला खुद श्रापित हो जाता है।

१२वां शुक्र :- यहाँ का शुक्र खुशमिज़ाज़ होता है और पराई स्त्रियों से सम्बन्धो का भी सूचक है। यहाँ पर यदि नीच (कन्या राशी) का शुक्र हो और चन्द्र के साथ हो, तो औरतो से सम्बन्धो के कारण बदनामी भी हो सकती है क्योंकि मन का कारक चन्द्र इस घर में अशुभ होता है। इस घर में शुक्र के साथ गुरु हो तो ऐसे सम्बन्ध गुप्त रहते है बदनामी नहीं होती, लेकिन यदि यहाँ कर शुक्र के साथ मंगल / शनि हो तो बदनामी की सम्भावना होती है। यहाँ का शुक्र मोक्ष का कारण भी माना गया है लेकिन रूहानी पक्ष ५९ साल की आयु के बड़ ही शुरू होता है। उसके पहले जीवन के हर सुख को भोगना चाहता है। यहाँ का शुक्र पत्नी की ओर से पूरा सहयोग दिलाता है। लेकिन अंततः पत्नी की सेहत अच्छी नहीं रह पाती, हलाकि आर्थिक रूप से किसी न किसी तरह घर की सहायक होती है। इस घर की लक्ष्मी से ३७ सालो की आयु तक घर में बरकत बानी रहती है। यहाँ का शुक्र पिछले जन्म में स्त्री होने का संकेत है और ज़िंदगी बड़ी खुशहाल थी। लेकिन यहाँ का शुक्र यदि नीच का हो तो पछले जन्म में किसी की रखैल होने का संकेत है और उसने किसी की गृहस्थ जीवन को बर्बाद किया था। अतः पिछले जन्म का श्राप उसे इस जन्म में सुख भोग से वंचित कर देता है। यहाँ के शुक्र के साथ राहु बैठ जाए तो शुक्र का फल ख़राब हो जाता है। लेकिन यहाँ का शुक्र अपनी क़ुरबानी देकर राहु प्रभाव को बेकार कर सकता है।

उपाय :-

१। पत्नी की ख़राब सेहत के समय उसके वज़न के बराबर ज्वार (राहु कारक) किसी धर्म स्थान में दें।

२। राहु के साथ युति होने पर एक नीले रंग का फूल (राहु कारक) लगातार ४३ दिनों तक मिटटी में दबाएं। तर्क यह है की नीला रंग राहु का कारक एवं फूल शुक्र का कारक है। उसे मिटटी में दबाने से शुक्र अपनी क़ुरबानी देकर राहु के बुरे प्रभाव को ख़त्म कर देगा।

१२वां शनि :- इस घर का शनि चंपा के फूल जैसा शुभ प्रभाव (सुगंध) देता है। एक कारक के तौर पर शनि यहाँ बादाम का वृक्ष है। यहाँ का शनि बहुत अच्छा या बहुत बुरा होगा। यहाँ का अकेला शनि पूर्ण रूप से शुभ फल देता है। जो भी पैसा कमाया जाता है उसमे ईश्वर की ओर से ही बरकत होती रहती है। यहाँ का शनि अंतिम उद्देश्य या मुक्ति तथा सूक्ष्म तत्वों का करक है। इस घर का शनि यह बताता है, कि यह जातक पिछले जन्म में कोई उद्देश्य अधूरा छोड़कर किसी लम्बी बीमारी के कारण मरा था और इस जन्म में वही अधूरा विकास अपने में समेटे होता है एवं इसकी तीखी ख्वाहिश होती है की कोई बहुत बड़ा काम किया जाए। ज़िंदगी के कई सरे साल सही कार्य के बारे में निर्णय लेने में बीत जाते है कभी कभी तो सारी ज़िंदगी ही बीत जाती है। शायद इसी कारण बिना किसी कारण अपने आपको पूरी तरह संतुष्ट नहीं पाता। महारानी झाँसी और सुभाष चन्द्र बोस की कुंडली में भी शनि १२वां था वे अपनी मंज़िल तक नहीं पहुँच सके लेकिन उनकी महानता इसी में है की इन्होने अपनी सामर्थ्य से बड़ा मकसद चुना था बहुत से लोग इन के अनुयाई होते हैं। अगर १२वें शनि वाले का सर गंजा हो जाए, तो दौलत पीछे पीछे चलती रहेगी। तर्क यह है की शनि बालों एवं तालु उसका पिछला हिस्सा गुरु का कारक है। यहाँ पर बाल होने का अर्थ है गुरु पर शनि का प्रभाव। बाल झड़ जाए तो गुरु पर से शनि का प्रभाव ख़त्म हो जाता है। इसी कारण लोग शेव / बाल नहीं कटवाते, क्योंकि मंगल अपने जैसे शक्तिशाली शनि को किसी तरह से छेड़ना नहीं चाहता। मंगलवार को बाल कटवाने / शेविंग करवाने से शनि मंगल में टक्कर हो जाती है इसी प्रकार कपडे धोने वाला साबुन शनि का कारक है

(नहाने वाला शुक्र का) लोग उस दिन कपडे नहीं धोते। कई लोग मंगलवार को मांसाहार नहीं करते, शराब नहीं पीते (दोनों ही शनि के कारक है)। यदि ६ठे घर में सूर्य हो तो पत्नी की सेहत ख़राब रहती है, पराई औरतो से भी परेशानी हो सकती है, धोखा, फरेब भी हो सकता है। यदि १२वें शनि वाला जातक मकान बनाए तो एक बार में ही मकान की उसारी पूरी कर लेनी चाहिए अन्यथा आर्थिक हानि हो सकती है। ऐसा जातक यदि साधना में बैठे तो अंत र्ध्यान होने की कला स्वयं आ जाती है, सब कुछ अपने अंदर से जाग उठता है

उपाय :-

१। शराब,गोश्त, झूट से सख्त परहेज़।

२। शनि यदि नीच हो तो अपने घर के पूरब – दक्षिण कोने में १२ बादाम दबाएं।

१२वां राहु :- १२वां घर खुली हवा / आकाश है यहाँ आकर राहु कला धुआं बन जाता है। ऐसा धुआं जो केवल आँखों में आंसू ला सकता है, इससे गुरु के कारक दौलत को कालिख लग जाती है भ्रम पैदा कर देता है। कई लोग यह भ्रम पाल लेते है कि कोई प्रेतात्मा हमेशा उनके साथ रहती है, उसकी देखभाल करती है। पिछले जन्म में यह आदमी किसी अमीर घराने में पैदा हुआ था और उसमे किसी गैबी शक्ति को हासिल करने की तीव्र इक्षा थी। अघोर साधना की इक्षा जिसमे आदमी खोपड़ियों एवं जलती चिताओ के सामने बैठकर साधना करता है और चिताओं की हवा में साँस लेते हुए धुंए से दमतोड़ देते हैं। और ऐसी मौत का साया साथ साथ चलता है। यहाँ का राहु हलकी किस्म का मानसिक रोग भी देता है। लाल किताब में यहाँ के राहु वाले जातक को शेख चिल्ली बताया गया है। यदि जनम कुंडली में १२वें राहु के समय वर्ष फल में भी राहु १२वें घर में आ जाए, तो दिमाग में स्कीमों की बाढ़ ला देता है। लेकिन १८ महीनों में बनाई गई सभी स्कीम अपनी ही बाढ़ में बह

जाती है। अतः १२वें राहु के समय कोई भी नया कार्य नहीं करना चाहिए। इस घर का राहु नज़र में कमज़ोरी पैदा करता है। अगर इसके ऊपर शनि की दृषि हो तो मोतियाबिन्द पैदा करता है। अगर राहु बहुत बुरी स्थिति में हो तो आँखे भैंगी भी हो सकती है। यदि १२वें राहु वाला जातक किसी काम के लिए निकले और सामने से छींक पढ़ जाए तो कार्य असफल हो जाता है। यहाँ का राहु ज़्यादा खर्च करवाता है। यदि राहु के साथ मंगल हो तो मुकदम्मा, बीमारी, जेल, पागल खाना जैसी स्थिति दूर हो जाती है। केवल १२वें घर में राहु + मंगल शुभ है बाक़ी घरों में सांप नेवले जैसी लड़ाई होती है।

उपाय :-

१ पैसे की बरकत के लिए राहु कारक बेटी / बहन को आर्थिक मदद दें (राहु को खुश करना)।

२। जब राहु शरारतें कर रहा हो तो एक छोटी सी बोरी में मंगल कारक सौंफ भर कर या चीनी भरकर सोने वाले कमरे में रखें।

३। घर के चौके में बैठ कर खाने से मंगल खुश होता है और वह राहु को कोई शरारते नहीं करने देता।

१२वां केतु :- पुत्रों द्वारा घर में बरकत लाता है। यह बैठा केतु अपने गुरु, गुरु के रंग में रंगा होता है और अलौकिक समाधी में लीन रहता है। इस घर में बैठा केतु और भी शुभ हो जाता है। जब जातक अपनी हैसियत के मुताबिक ऐशो आराम से रहे। यहाँ केतु मोक्ष करक है और इसकी तीव्रता में इज़ाफ़ा तब होता है, जब गुरु इसके साथ हो या गुरु की दृष्टी इस पर पड़े। यहाँ के केतु के साथ यदि शुक्र हो तो, जातक की रूचि हठ योग के प्रति हो जाती है। दूसरी ओर काम वासना भी मानसिक तौर पर जातक को अपने वश में करने की कोशिश करती रहती है। यहाँ पर यदि केतु के साथ मंगल हो तो दोनों के फल में कमी आ जाएगी और आपसी संबंधों में तनाव आ सकता है। हमारे शरीर में केतु

पेशाब का करक है, यहाँ पर चन्द्र केतु की युति रूहानी विकास को रोक देती है। पैसा तो बहुत आएगा लेकिन रुकेगा नहीं। यहाँ का केतु विदेश यात्रा के लिए बहुत अच्छा है। विदेश में किस्मत जगाता है, लेकिन यहाँ पर केतु के साथ सूर्य / चन्द्र / मंगल हो तो केतु का यह शुभ फल नष्ट हो जाता है। यहाँ के केतु वाले जातक की लड़के के जन्म समय या लड़की के उम्र के ६, १२ में किस्मत जग जाती है। पुत्र के साथ कार्य में लाभ लेकिन भाइयों के साथ हानि यहाँ का केतु लड़कों की पैदाइश के लिए शुभ लेकिन यदि केतु के दुश्मन ६ठे घर में हो तो रुकावटें जैसे यदि ६ठे घर में मंगल हो तो २८ साल की आयु तक तथा यदि शुक्र हो तो २५ साल की आयु तक। यहाँ के केतु वाला जातक किसी बेऔलाद आदमी से ज़मीन खरीद कर मकान बनवाए या बना बना या मकान ख़रीदे तो उसकी औलाद पर बुरा असर होगा। अगर ऐसा हो गया हो तो घर में काला कुत्ता पाले अगर यह कुत्ता मर जाए तो ४३ दिनों के अंदर दूसरा काला कुत्ता पाले, ११ कुत्ते तक मर सकते हैं। पिछले जन्म में यह जातक तन और धन में अपाहिज, कोढ़ी या बेसहारा लोगों के लिए बानी संस्था में अपना सहयोग देता होगा, दूसरी बात है की अपने शादी शुदा पुत्र के साथ किसी बात पर मन मुटाव होने से आत्महत्या की कोशिश की थी पर असफल रह गया था और घर बार छोड़कर गैरों के साथ जीवन बिताया था।

उपाय :- इस जन्म में अपने घर परिवार के साथ रहे, पुत्रों के साथ अच्छे सम्बन्ध रखे, कुत्तों की सेवा करे।

बारहवें घर में दो ग्रहो का फल :

गुरु सूर्य :- गुरु के साथ सूर्य हो तो आर्थिक हालत के लिए बहुत शुभ है और उसके अपने परिवार की उन्नति भी होती है।

गुरु चंद्र :- गुरु और चंद्र की युति से लड़की के जन्मदिन या शादी के वक्त व्यक्ति पर बुरा असर पड़ सकता है। लेकिन बेटे के जन्म से उसकी हालत

अच्छी होगी। ऐसा व्यक्ति धन दौलत के मामले में राजा जनक की तरह त्यागी वृद्धि का होगा। यहां पर गुरु चंद्र के अशुभ प्रभाव को दूर करने के लिए चांदी का खाली बरतन अपने मकान की जमीन में दबाना शुभ उपाय है।

गुरु शुक्र :- इस घर में गुरु के साथ शुक्र हो तो व्यक्ति को हर प्रकार से गृहस्थी आराम प्राप्त होगा तथा आध्यात्मिक तौर पर भी उसका फल अच्छा होगा। लेकिन इस घर में इन दोनों ग्रहों के वक्त सट्टा जुआ आदि का काम उस व्यक्ति के लिए बहुत शुभ अवसर देगा या उसके भाग्य को बर्बाद कर सकता है।

गुरु मंगल :- इस घर में गुरु मंगल होने से व्यक्ति को हर तरह से अच्छा फल प्राप्त होता है। उसका परिवार पड़ेगा खुश रहेगा और अच्छी किस्मत का मालिक होगा। ऐसा व्यक्ति यदि किसी को आशीर्वाद दें तो उस का आशीर्वाद पूरा होगा किंतु उसका दुर्वचन पूरा नहीं होगा।

गुरु बुध :- बारहवें घर में गुरु बुध होने से व्यक्ति की आयु लंबी होगी और उसके लिए भाग्य भी अच्छा होगा। यदि वह अपना काम करे या व्यापारी हो तब उसकी हालत मामूली दर्जे की होगी, लेकिन नौकरी के संबंध में वह व्यक्ति काफी उन्नति कर सकता है।

गुरु शनि :- इस घर में गुरु शनि होने से व्यक्ति ने एक और भाग्यवान होगा। उसका धर्म शादी के दिन से पढ़ना शुरू होगा। यहां बैठे हुए गुरु शनि पर यदि राशि के हिसाब से या दृष्टि के हिसाब से किसी भी ग्रह का फल खराब हो रहा हो तो मंदिर में दूध देने से उसका फल अच्छा हो जाएगा।

गुरु राहु बारहवें घर में बृहस्पति के साथ राहु का होना आर्थिक हालत के लिए अशुभ नहीं है। लेकिन आध्यात्मिक तौर पर या जातक के धार्मिक स्वभाव में उसका फल अच्छा नहीं रहता। यहां पर दोनों ग्रहों के फल को अच्छा करने के लिए राहु का उपाय यानी एक छोटी सी बोरी बनाकर उस पर सौंफ भर कर सोने वाले कमरे में रखने से दोनों का फल अच्छा होना शुरू हो जाएगा।

गुरु केतु में गुरु के साथ उसका अपना चेला केतु ही बैठा हो तो यह बहुत शुभ फल कारक है। ऐसा व्यक्ति आर्थिक हालत में बहुत अच्छा होगा लेकिन यहां पर जरूरी है, यदि बृहस्पति की जड़ यानी खाना नंबर 9 या 12 में शुक्र बुध राहू बैठे हो या केतु की जड़ खाना नंबर छह में चंद्र मंगल हो तो दोनों के शुभ फल में कुछ सीमा तक आ सकती है। इस के अशुभ प्रभाव को दूर करने के लिए धर्म स्थान में पीले नींबू देने से से दोनों ग्रहों का फल का असर शुभ हो जाएगा।

सूर्य चंद्र :- इस युति का शुभ फल प्राप्त होता है। आदमी का खर्च बेकार चीजों पर नहीं होता।

जिस घर में सूर्य के साथ बुध हो तो जिस्म पर सोना पहनना दोनों के फल को ठीक रखेगा। यहां पर दोनों का अपना अपना फल होता है और व्यक्ति के अपने शरीर के लिए इसका बुरा असर नहीं पड़ता। लेकिन यदि किसी भी अशुभ ग्रह की दृष्टि पड़ रही हो तो गृहस्थी हालत में बुद्ध की चीजें जैसे बहन बुआ बेटी आदि उसके लिए खर्च के बहाने होंगे या उसके लिए मुश्किलें खड़ी करेंगे। ऐसी हालत में व्यक्ति में शारीरिक कमी भी हो सकती है गाड़ियों की तकलीफ हो सकती है अथवा मिर्गी तक होने की संभावना रहती है।

सूर्य शनि बारहवें घर में सूर्य के साथ शनि का होना अच्छा फल देता है। जिससे सूर्य और शनि का झगड़ा नहीं होता, क्योंकि यह गुरु का घर है और गुरु और शनि दोनों का मित्र होने से इनका आपसी झगड़ा नहीं होने देगा शायद इसका रही है। घर में चोरी होने से शुक्र का फल भी खराब नहीं होगा।

सूर्य राहु :- यहां पर सूर्य को ग्रहण लगता है और व्यक्ति को खोपड़ी संबंधी रोग भी हो सकते हैं।

चंद्र बुध :- यह युति बारहवे घर में होने पर दोनों का असर खराब होता है। इसका प्रभाव माता बहन बुआ बेटी पर पड़ता है। यहां चंद्रपुर इकट्ठे होने के

समय शनि जहरीला असर देगा, यानी शनि की चीजें मकान मशीनरी पर बुरा असर होगा।

चंद्र शनि:- इस घर में चंद्र शनि की युति होने पर जातक धन की परवाह नहीं करता और वह अच्छा इंसान होता है। यानी जो दूसरों को कार्य अपने लाभ की चिंता किए बगैर करता है। ऐसे व्यक्ति को स्त्री सुख कम ही मिलता है।

चंद्र राहु यहां चंद्र के साथ राहु होने पर चंद्र की चीजें जैसे माता मन की शांति पर बुरा असर पड़ता है और शुक्र पर मंदा असर होगा स्त्री पर भी बुरा असर होगा।

चंद्र केतु:- चंद्र केतु की इस घर में युद्ध के समय दर्द की शायरियां तो कर आएंगे, लेकिन बचत सुन नहीं होगी इसका तारकीय है। यहां केतु चंद्र को पूरी तरह ग्रहण लगा देगा। इसके बुरे प्रभाव को दूर करने के लिए बुद्ध की चीजें जैसे साबुत मूंग आदि का दान करना चाहिए।

शुक्र बुध :- इस घर में इस योग से व्यक्ति की आयु लंबी होती है। यह किसी बुरे ग्रह की दृष्टि पड़ती हो और लड़की की पैदाइश से दृष्टि बर्बाद होती है, क्योंकि इसके प्रभाव से बुद्ध का फल खराब होना शुरू हो जाता है। इसका असर शुक्र पर भी पड़ता है।

शुक्र शनि :- शुक्र के साथ शनि का होना व्यक्ति के परिवार के लोगों की गिनती को बढ़ाता है। शुक्र के काम यानी खेती-बाड़ी से लाभ होता है। शुक्र शनि खाना नंबर 12 के समय यदि बुध छठे घर में ऐसा व्यक्ति बेरहम होता है, मगर मान सम्मान प्राप्त करता है। उसे गृहस्थी सुख भी मिलता है। शुक्र शनिवार के समय यदि गुरु पांचवें छठे या दसवें हो तो उसे जायदाद बहुत होती है सुख भी पूरा मिलता है।

शुक्र केतु या राहु :- इस घर में शुक्र के साथ राहु केतु का होना अच्छा असर नहीं देता पत्नी की सेहत तथा आर्थिक स्थिति पर बुरा प्रभाव पड़ता है।

मंगल शनि :- बारहवें घर में मंगल के साथ शनि का होना दोनों के ही फल को अच्छा कर देता है। आदमी का धन बेकार की चीजों पर खर्च नहीं होता।

बुध शनि :- बारहवें घर में इस युति का होना अच्छा फल नहीं देता। इससे पिता की मौत जल्दी हो सकती है और शनि की चीजें जैसे मशीन, मोटर गाड़ी, शराब वगैरा से भी पिता की मौत हो सकती है। शनि के काम भी पिता के लिए जहर का असर देंगे। यदि बुध शनि दोनों ही यहां सुख हो और उन पर किसी ग्रह की बुरी दृष्टि ना हो, तब ऐसे व्यक्ति की सेहत या किस्मत के बारे में बुध का कोई विशेष बुरा असर नहीं पड़ता। ऐसी हालत में व्यक्ति यदि शनि के काम करे तो उसके लिए अच्छा है।

बुध राहु :- बारहवें घर में बुध के साथ राहु हो तो बुद्ध अब राहु के काम बिजली वगैरा के कार्य या रिश्तेदार या नहीं ससुराल नाना नानी सब को उजाड़ कर बर्बाद कर देगा। 12 घर में राहु होने से ससुराल घर में और आज भी रह सकता है। ससुराल के दोष निवारण के लिए कच्ची मिट्टी की 100 गोली बना लें और एक गोली हर रोज दिन के वक्त लगातार 100 दिन तक अपने धर्म में चढ़ाते हैं। इस से 12 घरके बुध और राहु दोष दूर होगा लेकिन लगातार करना चाहिए।

बुध केतु :- इस घर में यदि बुध के साथ केतु हो तो बुद्ध की आयु 17 या 34 साल की उम्र में केतु से संबंधित शरीर के अंग यानी दान कमर और रीड की हड्डी वगैरह पर बुरा असर पड़ेगा या इन हिस्सों में कष्ट होगा जहां पर बुध और केतु दोनों ही ग्रहों का असर मंदा होगा।

शनि राहु यहां शनि व राहु की युति अच्छा फल देती है। यदि ऐसे जातक के हाथ पर शेषनाग का निशान हो तो ऐसा व्यक्ति अपने हर भेद को छिपा कर

कार्य करने वाला होता है और हर कार्य बहुत चालाकी से करता है ऐसे व्यक्ति को धोखा देना बहुत मुश्किल होता है।

शनि के साथ अन्य दो ग्रहों का फल :-

शनि केतु तथा राहु का संबंध यदि इन ग्रहों की किसी शत्रु पर दृष्टि पढ़ती हो, तो यह उसके प्रभाव को पूरी तरह नष्ट कर डालेंगे।

प्रत्येक घर और ग्रहों से संबंधों का असर

पहला घर

लाल किताब में १ले घर को राज सिंहासन कहा गया है अर्थात पहला घर कुंडली का सबसे महत्वपूर्ण घर है । यही घर जातक के पूरे जीवन यात्रा को चिन्हित करता है। इस घर में बैठा ग्रह तख़्त का मालिक या राजा होता है । लाल किताब में इस घर का महत्व निम्न प्रकार से बताया गया है :-

घर पहला है तख़्त हज़ारी ; ग्रह फल राजा कुंडली का

ज्योतिष में इसे लग्न भी कहते ; झगड़ा जहाँ रूह माया का

बैठे ग्रह उत्तम कितने; दस्ती लिखा जैसे विधाता हो

खाली पड़ा घर सात हो जब टेवे ; शक्की असर कुल ग्रह का हो

लग्न बैठा ग्रह तख़्त नशीनी ; राज शाही जब करता हो आँख गिना घर आठ है उसकी ; ग्यारह से हर दम चलता हो

अकेला तख़्त पर बहुत हो सातवें ; उम्दा बहुत राजा वज़ीरी होती है

उलट मगर जब टेवे बैठे ; जड़ सातवें की कटती है

उच्च नीच जो गिने घरों की ; वह नहीं एक सात लड़ते है

बाक़ी ग्रह सब झगड़ा करते ; उम्र से भी चंद मरते है

लग्न अगर खुद खाली होवे ; किस्मत साथ न आई हो

किस्मत उसके सातवीं बैठी ; या या घर चौथे दसवें हो

मुट्ठी के घर चारो खाली ; नौ, तीन, ग्यारह, पांचवे हो

ये घर भी ग़र खाली होवे ; दो, छह, आठ, बारह में हो

घर बारह ही घूम के देखे ; उच्च, क़ायम, या घर का जो

किस्मत का वो मालिक होगा ; बैठा तख़्त पर उसके हो कुंडली का

पहला घर राजा का सिंघासन है यहाँ बैठा ग्रह राजा होता है, सातवे घर को वज़ीर या प्रधानमंत्री का मानते है। आठवे घर में राजा की आंखे और ग्यारवे घर में टांगे होती है। यदि सातवे घर का ग्रह राजा का दुश्मन है, तो वज़ीर राजा को धोखा दे सकता है, गलत सलाह देता है। यदि अथवा घर अशुभ है तो राजा भला बुरा नहीं पहचान पाएगा और वह अपने वज़ीर को भी नियंत्रित नहीं कर पाएगा, ग्यारवा घर खाली हो या वहां शत्रु ग्रह बैठा हो तो किसी कार्य को सम्पन्न नहीं कर पाएगा यानि सिर्फ हवाई बाते ही होंगी।

पहले घर का पक्का ग्रह (कारक ग्रह) सूर्य है, सूर्य यहाँ पर उच्च का होता है एवं शनि नीच का, मंगल घर का ग्रह (मालिक ग्रह), राहु राशि फल का (उपाय योग्य), और मंगल नेक ग्रह फल का (उपाय नहीं हो सकता) है। यहाँ पर मंगल भी शुभ फल देगा, लेकिन शनि अशुभ फल देगा। चूँकि पहले घर का कारक ग्रह सूर्य है, अतः कुंडली में सूर्य की स्थिति के आधार पर ही पहले घर का फल होगा। बाक़ी घरों के लिए भी सम्बंधित कारक ग्रहों की स्थिति देखनी होती है। सूर्य यहाँ पर उच्च का होता है एवं शनि नीच का, मंगल घर का ग्रह (मालिक ग्रह), राहु राशि फल का (उपाय योग्य), और मंगल नेक ग्रह फल का (उपाय नहीं हो सकता) है। यहाँ पर मंगल भी शुभ फल देगा, लेकिन शनि अशुभ फल देगा -

- धर्म विरोधी, जन्म के बाद पिता की आमदनी आधी

- जादू मन्त्र जानने वाला आयु के १५ साल कष्ट में बीते

- बदकिस्मत, संतानहीन, माता पिता की आर्थिक स्थिति ख़राब, सुख चैन बर्बाद

- मंगल बद -१२, बुध न. -८ चं और सू का साथ न हो तो बचपन में मौत हो सकती है

पहले घर के मंगल को किस्मत जगाने वाला कहा गया है। राहु, मंगल से दबा रहता है। लेकिन यदि राहु की दृष्टी मंगल पर पड़े तो भी मंगल का फल ख़राब हो जाता है, जिसके कारण हाथ, पेट, या खून की बिमारियों से शरीर के दाहिने हिस्से में तकलीफ हो सकती है। यहाँ के मंगल को शक्तिशाली बनाने के लिए चन्द्र या सूर्य के चीज़ों से मदद मिलती है, लेकिन पापी ग्रहों (राहु, केतु, शनि) की चीज़ों के पालना से मंगल बहुत अशुभ हो जाता है। पहले घर में मंगल होने पर जातक अकेला भाई न होगा। २८ साल की आयु के बाद आर्थिक उन्नति शुरू होती है, किसी की नेकी और अपनी सच्चाई के असूल को कभी नहीं भूलता। शनि के कार्य जैसे लोहा, लकड़ी, मशीनरी, मकान, तथा मकानों से सम्बंधित कार्य मदद देंगे। ऐसा जातक यदि अपने ताये, चाचे, भतीजे या पोते के साथ कार्य करे तो फायदा होगा। ऐसा जातक कोई दुर्वचन या श्राप दे तो वह पूरा होता है मुफ्त खोरी अशुभ साबित होगी। बुध -३ तथा ७ / ९ / ११ खाली तो साधु /फ़क़ीर का साथ अशुभ। ३९ साल की आयु तक साले का साथ अशुभ मंगल १ के समय जातक यदि न. ७ में सूर्य, चन्द्र या गुरु के साथ बुध या पापी ग्रह हों, तो जातक पराई मौत खरीद कर बर्बाद होता है। जातक के १३, १५ या २८ साल की आयु में माता पिता पर बुरा असर पड़ता है, यदि सूर्य -१२, चन्द्र -२ हो तो माता पिता छोटी आयु में ही गुज़र जाते है।

बुध :- जब बुध और केतु एक साथ बैठे तो दोनों का फल ख़राब हो जाता है। उस पर भी केतु ज़्यादा अशुभ हो जाता है। इसी प्रकार बुध, मंगल के साथ हो या दृष्टी द्वारा एक दूसरे से सम्बद्ध हों तो बुध का फल ख़राब हो जाता है। इसी

प्रकार घर न, १,४,७,१० के अलावा बुध और शुक्र आमने सामने (एक दूसरे से ७वें) हो तो भी दोनों का फल ख़राब हो जाता है। लेकिन यदि बुध घर न. ६ (उच्च) एवं शुक्र घर न. १२ (उच्च) में हो तो फल ख़राब नहीं होता। बुध एवं गुरु की युति या दृष्टी द्वारा सम्बन्ध बनने पर भी बुध अशुभ और गुरु, बुध से भी ज़्यादा अशुभ हो जाता है। केवल घर न. २,४में ऐसी युति / दृष्टी सम्बन्ध हो तो ज़्यादा अशुभ नहीं होता। घर न. ६ में बुध को शक्ति शाली माना गया है १ले घर का बुध खुदगर्ज़ एवं राजा जैसा रुतबा भी देता है लेकिन यहाँ का बुध शरारती भी है, यदि यहाँ का बुध किसी भी प्रकार से अशुभ हो रहा हो तो जीवन में कई बार बदनामी भी देता है। आमदनी अच्छी रहती है। बुध -१, शनि /शुक्र -७, बहुत हिम्मती बनाता है और लिए गए कार्य को पूरा करता है। बुध के साथ सूर्य हो या दृष्टी द्वारा सम्बन्ध हो तो पत्नी अमीर घराने से होती है, स्वाभाव भी अच्छा होता है। १ले घर के बुध के समय, ७वां घर ख़ाली हो (सोया बुध) और बुध को मंदा कर लिया जाए अर्थात बहन /बुआ को नाराज़ कर ले, तो बुध का फल अशुभ हो जाएगा, बदनामी हो सकती है। बुध -१ के समय मंगल १२वां हो तो धन और सुख की प्राप्ति होती है। लेकिन बुध से सम्बंधित कार्य / व्यापार, चिकित्सा के कार्य एवं हरा रंग अशुभ होगे,यदि बुध पूरी तरह से शुभ न हो। बुध -१ के समय राहु (ससुराल), केतु(संतान) का हल भी बुरा होगा। ऐसा जातक यदि मांसाहारी हो तो बुध का फल ज़्यादा ख़राब हो जाता है, परदेश में रहना पड़ता है, यात्राएं भी बहुत होती है। बुध -१ वाला जातक अपनी ज़ुबान से दूसरों को काबू में रख सकता है। यदि चन्द्र -७ हो तो नशे बाज।

शनि :- अशुभ - सूर्य + शनि या चन्द्र,राहु अकेले अकेले या इकट्ठे १२वें घर में हों (शनि किसी भी घर में हो)।

शुभ – पहले घरों (१ से ६) में बैठा केतु, बाद के घरों (७ से १२) में बैठे शनि पर दृष्टी डाले,गुरु के पक्के घरों (२,५,९,१२) में बैठा शनि आम तौर पर शुभ

फल देता है जब तक उस पर किसी शत्रु ग्रह की दृष्टी न पड़े। राहु / केतु ४ /१० घरों में हो।

१ले घर में बैठा शनि तीन गुना शुभ (न. ७, १० खाली) या अशुभ- (सु / चं / मं -४ थे घर या सु -७) अशुभ देता है। शनि -१ के समय यदि घर न. १,४,७,१० में शनि के शत्रु बैठे, तो शनि अशुभ ऐसा जातक जन्म से ही घर का सब कुछ नीलाम करवा देगा, शिक्षा भी अधूरी रहेगी।

उपाय :- ज़मीन में सुरमा दबाना (शनि को दूर करना) या बरगद की जड़ में दूध डालकर उस मिटटी से तिलक करना (गुरु को चन्द्र से मिलाना)। शनि एक के समय यदि राहु / केतु मंदे हों (राहु सूर्य की युति /दृष्टी सम्बन्ध : केतु का मंगल से युति /दृष्टी), बुध से युति, चन्द्र से युति,केतु पहले और गुरु बाद के घरों में या ७वें घर में कोई ग्रह हो, तो भी शनि तीन गुना मंदा। जिसके कारण शिक्षा, पत्नी, दौलत और माता पर बुरा असर पड़ता है, शनि १ ले और बुध ८वें (टकराव) तो शिक्षा अधूरी बुध ७वां हो तो लड़का ही पैदा होगा। माता पिता के घर धन की कमी नहीं होगी, बशर्ते चन्द्र अशुभ न हो १२वां बुध भी शनि को अशुभ करता है। ऐसे जातक को खानदानी / जायदादी कार्य नहीं करना चाहिए। ४थे घर में यदि सु /च /मं/रा हो तो जातक कोइ न ग्रहों से समबन्धित कार्य नहीं करना चाहिए पिता की जायदाद ख़त्म हो जाएगी।

सूर्य, गुरु ४थे घर में हो तो शनि शुभ। सूर्य + शनि (मंगल बद) के समय यदि मंगल और बुध की युति हो तो जातक चोर, दगाबाज, झगड़ालू हो सकता है, तथा औलाद, आमदनी और दृष्टी पर भी असर पड़ता है। शनि न. -१ के अशुभ होने की निशानी है शरीर पर बाल अधिक होना पश्चिमी मुख वाला घर तो शनि मंदा एवं ३६,४२,४५,४८ साल की आयु तक राज फ़क़ीरी, वैद्य बीमारी इकट्ठे ही चलते रहेंगे।

राहु :- शुभ - राहु+शनि, राहु+चन्द्र, इसके अलावा राहु ३,४,६ घरों में शुभ

अशुभ -१,२,५,७,१२ घरों में मंदा, गुरु के साथ दृष्टी या युति दमे की बीमारी देता है। सूर्य से दृष्टी या युति होने पर राहु का बुरा असर न केवल उस घर में जहाँ यह बैठा है बल्कि उसके साथ वाला घर भी जलता हुआ नज़र आता है। उदाहरणार्थ यदि ५वें घर में सूर्य, राहु की युति है तो ५वां घर (शिक्षा,संतान,प्रेम) तो मंदा होगा ही, बल्कि ६ठा घर (सेहत,शत्रु) भी लपेट में आ जाएगा और ११वां घर(लाभ) भी इनकी दृष्टी पड़ने से ख़राब हो जाएगा। राहु+सूर्य की युति घर न. ९ एवं १२ में सबसे ख़राब (ग्रहण) मानी जाती है। राहु+सूर्य के समय यदि शुक्र+बुध हों या शुक्र एवं बुध में दृष्टी हो या बुध की नाली से शुक्र मिल रहा हो, तो सूर्य+राहु का बुरा असर नहीं होगा। ग्रहण का समय २ साल या २२ साल तक रह सकता है। राहु मंदा तो दक्षिण द्वार वाला मकान अशुभ।

उपाय :-

१। चांदी का चौकोर टुकड़ा साथ रखें तर्क यह है कि चांदी चन्द्र कारक और चौकोर आकार मंगल नेक होता है, १ले घर में मंगल की मेष राशि आती है। इस तरह राहु में मंगल नेक और चन्द्र का असर मिलकर कुछ शुभ करते हैं।

२। लाल मसूर की दाल सुबह सवेरे भंगी को दें। तर्क यह है की लाल मसूर दाल नेक मंगल का कारक है और भंगी राहु का, अतः इस प्रकार मंगल (महावत) द्वारा राहु पर नियंत्रण रखते हैं।

३। भंगी को सिक्के दें नोट नहीं, क्योकि गोल सिक्के राहु कारक है और राहु की वस्तु, राहु के हाथ में देकर, उसके दोष को कम करते हैं।

४। बीमारी आदि के समय मरीज़ के वज़न के बराबर जौ (राहु कारक) बहते पानी में बहाएं अर्थात राहु को अपने से दूर करना रात भर जौ मरीज़ के सिरहाने रखकर सुबह जानवरों को डाल दें या गरीबों को दान दें।

५ । ज़्यादा परेशानी हो तो मरीज़ के वज़न के बराबर कच्चे कोयले (राहु कारक) बहते पानी में बहाएं ।

६ । सूर्य की चीज़ों (गेहूं, गुड़) का दान बहुत शुभ होगा (शुभ / अशुभ दोनों राहु के लिए) राहु शुभ हो जाएगा ।

पहले घर के राहु को मंदी सी ढ़ीकी निशानी कहा गया है । जातक दौलतमंद तो होगा पर अच्छे कार्यों में ज़्यादा खर्च होगा राहु १ के समय यदि मंगल १२वां हो तो राहु शरारत नहीं कर सकता क्योंकि आसमान में स्थित महावत (मंगल) हाथी(राहु) को देख सकता है और अपने अंकुश द्वारा हाथी को काबू में रखता है । राहु की शुभ /अशुभ स्थिति जानने का एक तरीका यह है की राहु १ के समय बुध की १ से ६ठे घर तक स्थिति जैसी भी होगी वही राहु की भी होगी, ७वें घर से १२वें तक केतु की स्थिति के अनुसार राहु का असर होगा । १ले घर के राहु वाले जातक के जन्म के समय कई बार अस्पताल की बिजली भी फेल हो जाती है । ऐसे जातक के पैतृक घर के सामने वाला घर बर्बाद हो जाता है । राहु का यदि असर बुरा है तो यह ४० साल की आयु त रहता है बिजली का सामान, ससुराल पक्ष अशुभ । १ले घर का राहु जातक को बेईमान, धोखेबाज़ बनाता है । सूर्य बुध या सूर्य न. ३ के अलावा कहीं भी बैठे, राहु उसको ग्रहण लगा देता है । राहु १ वाले जातक को ससुराल से राहु की वस्तु (बिजली का सामान) शनि की वस्तु (मशीन, सरसों तेल) लेना, सूर्य बैठे वाले घर पर बुरा असर डालेगा । सूर्य ग्रहण (सु +रा)या चन्द्र ग्रहण(चं +के) के समय, यदि सूर्य बैठा होने वाला घर पहले से ही मंदा हो तो जातक को अकारण बोलते रहने की बीमारी लग जाती है । ऐसी हालत में कहा एनडी की डिब्बी में चावल रखना चाहिए (चन्द्र का उपाय क्योंकि चन्द्र दिमाग का कारक है) राहु के ज़हर को धीमा कर सकता है राहु १ले होने पर केतु ७वां होता है । ऐसे में सूर्य बैठे घर का फल भी अशुभ हो जाएगा, लेकिन चन्द्र का फल (माता,

मन की शांति) पर अशुभ प्रभाव नहीं जाएगा। ऐसी हालत में वर्षफल में यदि केतु न. १ आ जाए तो उस साल सूर्य का फल शुभ रहता है।

केतु :- केतु के साथ मंगल हो या केतु के साथ बुध हो तो केतु का फल तो ख़राब होता ही है, साथ साथ दूसरे गृह का भी फल ख़राब हो जाता है। इसी प्रकार केतु के साथ चन्द्र होने पर भी ग्रहण होता है और दोनों का फल ख़राब हो जाता है। गुरु+केतु शुभ है लेकिन पहले घरों (१ से ६) में बैठे केतु की दृष्टी बाद के घरों (७ से १२) में बैठे गुरु पर जाए तो, गुरु का फल ख़राब हो जाता है। १ ले घर में बैठा केतु किसी भी घर में बैठे सूर्य के फल शक्ति प्रदान करता है। जब वर्ष फल में केतु १ले घर में आए तो जातक के नाती/लड़का/भांजा पैदा होता है। १ले घर का केतु, गुरु के फल को काफी हद तक शुभ कर देता है, बशर्ते केतु एवं गुरु आमने सामने वाले घरों में न बैठे हों। १ले घर के केतु वाले जातक को ट्रांसफर का भय नहीं रहता एवं यदि आर्डर हो भी जाए तो अंतिम समय में आर्डर रद्द भी हो सकता है। यदि मंगल १२वां हो तो केतु पर नियंत्रण रखता है, केतु १ के समय यदि सूर्य घर न. ६/७ हो तो सूर्य नीच फल का नहीं होगा बल्कि अच्छा होगा। लेकिन जातक एक सावधानी ज़रूर रखे की लड़के को शाम के समय और लड़की को सुबह के समय सूर्य की चीज़ें (मिठाई इत्यादि) खाने को नहीं देना चाहिए तथा इन समय में खाने के लिए पैसे इत्यादि भी नहीं देना चाहिए। यहाँ का केतु काल्पनिक फ़िक्र भी पैदा करता है। यदि शादी के बाद भी केतु की अशुभ निशानियाँ ज़ाहिर होने लगे (पैरों एवं घुटनों में कष्ट) तो उस वक़्त शनि का उपाय अर्थात नारियल धर्मस्थान में देना चाहिए अन्यथा केतु यानि लड़का पिता या गुरु को काट खाएगा यानि पिता पर बुरा असर पड़ सकता है। केतु १ के समय जातक का जन्म पैतृक मकान से बाहर (नाना के घर,अस्पताल) में होता है। १ ले घर में केतु और ६ठे घर में किसी भी ख़राब ग्रह का होना नाभि के नीचे की बीमारियां, गुर्दे की पथरी, पेट के आपरेशन का योग बनाता है, दिल का वहम भी देता है। केतु १

के समय जहाँ जातक का जन्म हुआ हो वहां किसी न क़िसी तरह बुरा असर ज़रूर पड़ता है। मंदे केतु की निशानी बुध से सम्बंधित रिश्तेदारों (बहन,बुआ) या बुध से सम्बंधित चीज़ों से शुरू होंगी। फिर शुक्र(गृहस्थ सुख, खुराक) फिर मंगल(शरीर का खून) साथ ही पिता पर भी बुरा असर पड़ सकता है। केतु १ के समय २ / ७ घर ख़ाली हो तो बुध और शुक्र दोनों पर ही केतु का बुरा असर होगा। यदि सूर्य ७ हो तो सेहत के लिए बुरा यह बुरा असर और बढ़ जाएगा जब जातक के पोत / दोहता पैदा होने वाला हो।

उपाय :-

१। लोहे की गोली को लाल रंग करके अपने साथ रखना। तर्क यह है की १ ला घर सूर्य का पक्का घर है, उसमे मंगल की मेष राशि आती है, मंगल का रंग लाल होता है। लोहा शनि का करक है, उसको गोल आकार देकर उसमे राहु को शामिल कर दिया सूर्य का शत्रु है शनि, जो १ले घर को ख़राब करेगा इसलिए लाल गोली से शनि, राहु, मंगल तीनों का उपाय हो जाता है। नियम के अनुसार भी राहु के लिए केतु तथा केतु के लिए राहु का उपाय किया जाता है।

गुरु- सूर्य :- बहुत शुभ, अचानक मौत होगी लेकिन यदि इनपर शनि, राहु आदि की दृष्टी हो तो दोनों अशुभ हो जाते है। अशुभ असर को दूर करने के लिए जातक को पिता के साथ रहना चाहिए। पिता से दूर रहता हो या पिता की मौत हो चुकी हो तो पिता का इस्तेमाल किया बिस्तर पलंग या चादर प्रयोग में लेने से दोनों ग्रहो का अशुभ फल दूर हो जाएगा घर में सोना या केसर रखना भी एक उपाय है।

गुरु- चंद्र :- धन एवं शिक्षा के लिए बहुत शुभ है।

गुरु - शुक्र :- दिखावे का धन जातक जंगल में भी इज़्ज़त पा लेगा।

गुरु - मंगल :- जातक अमीर होगा लेकिन सातवे घर में बुध न हो अन्यथा सब नष्ट।

गुरु - बुध :- आर्थिक और व्यावसायिक तौर पर शुभ लेकिन इन पर अशुभ ग्रहो की दृष्टी हो या गुरु के पक्के घरो में अशुभ ग्रह हो, तो मंदा असर इसे दूर करने के लिए बुध का उपाय करना चाहिए यानि साबुत मूंग मंदिर में देना।

गुरु - शनि :- साधू जैसा आर्थिक स्थिति कमज़ोर।

गुरु - राहु :- दानी, कमाई के साधन अपने आप प्राप्त होंगे कई बार लोग अच्छा बर्ताव नहीं करते।

गुरु - केतु :- खुद आराम से रहता है और जातक के कदम जहा भी पड़े वहां के लोग भी सुखी हो जाते है। लेकिन यदि केतु कई जड़ (न ६) में चंद्र या मंगल हो या गुरु की जड़ (९, १२) में शुक्र,बुध,राहु हो तो दोनों का फल नष्ट उपाय के तौर पर पीले नीबू धर्म स्थान में दे।

दूसरा घर

यह घर धर्म स्थान एवं बुढ़ापे, इज़्ज़त और धन का प्रतीक माना गया है। यहाँ की दौलत सही रास्ते के द्वारा कमाए गए धन का ही प्रतीक है, रिश्वत आदि से कमाई गई दौलत का प्रतीक ६ठा घर है। जातक काम का न छोटा / बड़ा होगा यहाँ से पता चलता है। यह घर पालतू जानवरों, ससुराल तथा ऐसे पौधे जिनकी डाल काटकर उगाया जा सके (मनीप्लांटआदि), गर्दन, भृकुटि, जवानी का समय, रिश्ते दारों से लेन देन एवं कुछ हद तक आध्यात्मिक बातों से भी है। यदि ८वां घर खाली हो तो इस घर में बैठे ग्रह किस्मत के ग्रह बन जाते हैं। यदि घर न. १० ख़ाली तो कुंडली सोए हुए ग्रहों की हो तो है, घर न. ६,८, १२ का असर इस घर में मिलता है। काल पुरुष कुंडली के अनुसार न. २ में वृषभ राशि आती है एवं इस राशि में कोई भी ग्रह नीच नहीं होता। गुरु इस घर का

कारक इसलिए माना जाता है, क्योंकि यह घर धर्म और आदर सम्मान का है। यहाँ पर आये हुए सभी ग्रह ग्रह फल के हो जाते हैं अर्थात यहाँ आये हुए ग्रहों का उपाय दूसरे ग्रहों से करना होगा। घर न. ९ से किस्मत के मानसून के बादल उठते हैं जो कि न. २ के पहाड़ों से टकराकर घर न. ४ में बारिश करते हैं अर्थात इन तीनों घरों में शुभ और एक दूसरे से दोस्ती रखने वाले ग्रह हों तो तक़दीर वाला होता है। इस घर में मस्नूई मंगल बद (सूर्य+शनि) और पापी ग्रह (राहु,केतु,शनि)। यहाँ तक की इस घर में बैठा राहु भी बुरा असर नहीं डाल सकते। घर न. २ के ग्रह आयु के ६० साल से अंत तक अपना फल देते हैं। वहीँ घर न. ९ के ग्रह आयु के आरम्भ से ६० साल की आयु तक असर देते हैं, चाहे वह कितने ही मंदे क्यों न हों। घर न. २ बैठक है (राहु+केतु = मस्नूई शुक्र) का,घर न. ८ बैठक है राहु,केतु,शनि का अतः इस बैठक (घर न. ८) का दरवाज़ा खुलता है। घर न. २ में,चूँकि घर न. २ बैठक है सिर्फ राहु और केतु का अतः इसमें शनि के मौत का सम्बन्ध नही होगा।

दूसरे घर में विभिन्न ग्रहों के असर

गुरु : - गुरु के पक्के घरों (२,५,९,१२) जब उसके शत्रु विशेष कर शुक्र, राहु या बुध हों या ये ग्रह गुरु के साथ हो तो गुरु का शुभ असर काम हो जाता है। इसी प्रक़र गुरु को मित्र ग्रहों (मंगल,चन्द्र, सूर्य) की युति या दृष्टी का साथ मिले तो शुभ असर।

यहाँ का गुरु, जगत गुरु कहा जाता है,स्त्री की कुंडली में यह ससुराल का घर माना जाता है। गृहस्थ जीवन सुखी रहता है। शत्रु ग्रहों का कोई नीच असर नहीं होगा, जो न. २,६,८,१२ में गुरु के होने से पड़ता है, क्योंकि दृष्टी से ये चारो घर आपस में एक दूसरे पर प्रभाव डालते हैं। जब वर्ष फल में शनि २रे घर में आ जाए, तो सेहत में खराबी हो सकती है। किसी निस्संतान व्यक्ति की संपत्ति या दबा हुआ धन मिल सकता है। यदि गुरु +शुक्र हों तो हमेशा इश्क़

का भूत सवार रहता है, गुरु के इस घर में होने के समय, ८वें घर में चन्द्र +मंगल हो तो न. २ मंदा ही माना जाएगा (ख़ानदान तबाह), भले ही चन्द्र,मंगल गुरु के दोस्त हैं। घर न. २, ८ की मंदी निशानी केतु ज़ाहिर कर देगा अपने लड़के एवं तीन कुत्तों (घर जवाई,नाती,बहन के घर भाई) पर पड़ता है, लेकिन गुरु का बुरा असर नहीं होगा। घर न. २,६,८ में शुभ ग्रह हों या घर न. ८,१० ख़ाली हों और न. १२ भी मंदा न हो, तो पिता का धन या आकस्मिक धन मिलता है। गुरु २ के समय केतु यदि ६ठे घर में हो तो जातक को अपनी मौत का पूर्वाभास हो जाता है। २रे घर गुर+शनि हो तो बहुत विद्या लाभ यदि सूर्य १०वां हो, तो पत्नी खूबसूरत मिलती है और प्रसिद्धि बहुत मिलती है। बुध ८वें या शनि १०वें हो तो धन हानि या उसके बुज़ुर्ग दुखिया रहेंगे गुरु-२,बुध-८ हो तो बहन, बुआ, बेटी, मामा पर बुरा असर होता है। जातक स्त्रियों के बीच प्रिय होता है और यदि घर न. २,६,८ में गुरु के मित्र हों, शनि १०वें घर में हो तो जातक लाटरी या संतानहीन का पैसा प्राप्त कर सकता है। मिटटी के कार्यों से सोना लेकिन सोने के कार्यों से मिटटी।

उपाय :-

१। परोपकार, दान करने से समृद्धि आएगी

२। शनि १०वें हो तो सर्प को दूध पिलाए

३। घर के सामने रस्ते के किनारे यदि गड्ढे हों तो उन्हें पानी से भर दें

सूर्य :-सूर्य के साथ राहु या केतु हों या सूर्य का शनि से टकराव हो तो सूर्य का फल बुरा हो जाएगा। सूर्य+मंगल या दोनों में दृष्टी होना सूर्य के फल को बहुत हद तक शुभ कर देता है, क्योंकि मंगल सूर्य का अंग रक्षक है घर न. १,५,८,९,११,१२ सूर्य के लिए शुभ और घर न. ६,७,१०अशुभ माने गए हैं। ६ठे घर का मंगल एवं १ले घर का केतु, सूर्य को उच्च का बना देते हैं। किसी की कुंडली में सूर्य यदि शुभ घरों में हो तो जातक बहुत उँचे हैसियत तक जाता

है। यदि ऐसे में बुध के साथ युति हो जाए तो और भी शुभ। सूर्य के सम्बन्ध में एक बात बहुत महत्वपूर्ण है कि सूर्य जिस घर में होगा उसे बर्बाद करेगा। जैसे १ले घर में बैठा सूर्य सेहत में कमी और २रे घर का सूर्य पारिवारिक जीवन एवं सुख सुविधाओं में कमी करता है, ५वें घर का सूर्य शिक्षा,प्रेम और संतान पर विपरीत असर डालता है, ६ठे घर में बहन, बेटी पर, ७वें पत्नी पर बुरा प्रभाव डालता है, ८वें सूर्य से चिंतनीय परिस्थितियों में मौत का संकेत देता है, ९वें में पारिवारिक संपत्ति से वंचित करता है, १०वें से पिता पर बुरा प्रभाव, ११वां सूर्य जातक के धनोपार्जन को कई गुना बढ़ा देता है बशर्ते जातक शराब, मांस, अण्डों का सेवन न करे। १२वां सूर्य रात के आराम को नष्ट करता है। यदि शनि की दृष्टी सूर्य पर हो तो सूर्य शुक्र को हानि नहीं पंहुचा सकता, क्योंकि शनि और शुक्र निकट मित्र हैं। सूर्य नीच खुद पर प्रभाव नहीं डालता बल्कि साथी ग्रह (दृष्टी या युति) पर नीच असर डाल देता है

चन्द्र :- इस घर में चन्द्र को " खुद पैदा की हुई माया की देवी " कहा जाता है लेकिन ऐसा जातक यदि अपने घर में मंदिर रखे या घंटे घड़ियाल बजाए तो चन्द्र पूरी तरह नष्ट हो जाएगा और इसका असर औलाद पर ज़्यादा आएगा। आम तौर पर ऐसे जातक की बहन नहीं होती। यहाँ का चन्द्र बहुत शुभ होगा यदि इस पर इसके मित्र ग्रहों की दृष्टि हो। विरासत का धन मिलता है और खानदानी नस्ल कभी बंद नहीं होगी (लड़का होगा ही) भले ही इसके योग मंदे हों। यहाँ का चन्द्र उस घर को हमेशा ही शुभ रखेगा जहाँ पर गुरु बैठा हो। चन्द्र को और शक्तिशाली बनाने के लिए घर में चन्द्र की वस्तुएं जैसे चावल, चांदी स्थापित करें। यहाँ के चन्द्र वाले जातक को घर में कच्चे मिटटी का स्थान रखना चाहिए या दरिया का पानी रखना चाहिए अन्यथा उसके लिए अचानक खतरे पैदा हो जाएंगे। माता के हाथों से चावल और चांदी लेकर रखने से चन्द्र का असर शुभ हो जाएगा।

चन्द्र के दूसरे घर में होने के असर अन्य ग्रहों के सन्दर्भ में :

१। घर न. ४,६,८,१०,१२ में राहु/केतु/शनि हो तो जातक के ४८ साल की उम्र तक माता का साथ रह सकता है।

२। शुक्र शुभ यानि २ रे / १२वे घर में हो तो चन्द्र शुभ।

३। १२वां केतु ग्रहण लगा देगा जातक की शिक्षा या औलाद दोनों में से एक का फल शुभ होगा।

४। १,२,१०,११ में शत्रु ग्रह हो तो चन्द्र का फल बहुत अशुभ इसका असर पिता एवं पत्नी पर भी होगा।

५। १ में सूर्य हो तो जातक की उम्र कम।

६। १०वां शनि हो तो बुढ़ापे में बुरा दिन देखेगा। यही हालत तब भी होगा जब गुरु -११ और बुध ६ हो।

७। ९,१०,१२ में राहु/केतु/शनि हो तो शनि की उम्र १८,३६ में माता को कष्ट।

८। १ में बुध/शुक्र/राहु/केतु हो तो सब ग्रहों का असर मंदा हो जाएगा।

९। यदि बुध-३, गुरु-९ हो तो कारोबार में बरकत, कई प्रकार के झगड़ों के बाद होगी। उपाय के तौर पर हरे रंग यानि बुध के कपडे कुवारी लड़कियों को ४० दिन तक लगातार देना है।

१०। चन्द्र के साथ गुरु और शुक्र हो तो पिता के लिए मंदा। चन्द्र के साथ बुध होने पर पैतृक धन मिलता है

११। चन्द्र के साथ शनि होने पर कोई हादसा या दुर्घटना हो सकती है जिससे मौत भी हो सकती है इसके कारण हथियार से भी मौत हो सकती है।

१२। चन्द्र, केतु की युति होने पर निमोनिआ, गठिया, जोड़ों का दर्द भी रह सकता है इस से चन्द्र ग्रहण का योग बनता है। उपाय के तौर प्नए जन्मे लड़केतथा नए जन्मे बछड़े के पैर में चांदी का छल्ला डालना शुभ होता है।

शुक्र:- ऐसा जातक यदि सिर्फ ईश्वर से मांगे तो उसकी अर्थ पूरी होती है, गृहस्थ सुख उत्तम, बाहर से सूफी फ़क़ीर जैसा दिखेगा लेकिन अंदर से आशिक़ मिज़ाज़ (बगुला भगत)।

शुक्र का अन्य ग्रहों के साथ परिणाम :-

१। शुक्र के साथ यदि शनि न. २ हो या न. ९ में हो तो शुक्र को जागता मानेगे और शनि खुद घर न. ९ का असर देगा। लेकिन यदि शनि घर न. ९ में ही हो तो शुक्र का शुभ असर दुगना हो जाएगा। जानवरों के काम तथा कच्ची मिटटी के कारोबार से बरकत होगी।

२। शुक्र न.२ के समय यदि मकान का अगला हिस्सा चौड़ा तथा पिछला हिस्सा सकरा हो तो जातक को बहुत अशुभ फल मिलेंगे।

३। न. २ शुक्र के समय यदि सूर्य ग्रहण (सु+रा) / चन्द्र ग्रहण(चं+के) हो तो शुक्र बहुत अशुभ होगा और इसका प्रभाव पत्नी एवं पारिवारिक जीवन पर पड़ेगा।

४। यदि यहाँ शनि+राहु+केतु हो तो औलाद सुख से वंचित उपाय के तौर पर दूसरे की औलाद गोद ले ले, तो अपनी औलाद हो सकती है।

५। गुरु के पक्के घरो (२,५,९,१२) में राहु –केतु हो दुखी शुक्र का फल नष्ट। शुक्र न. २ के समय न. ८ खाली तो औलाद होने में समस्या, दुखी जीवन, ऐसे जातक को औलाद पैदा करने वाली दवा में मंगल की चीज़े यानि मीठा डालकर खाने से दवा की शक्ति और बढ़ जाएगी।

मंगल:-इस घर के मंगल को "धर्म मूरत" कहा जाता है, यदि जातक अपने भाइयों की मदद करे तो खुद भोजन क लंगर लगाने की हैसियत का मालिक बन जाएगा। खुद जन्म से ही बड़ा भाई होगा या उसे बड़ा भाई बनना पड़ेगा।

मंगल का अन्य ग्रहों से सम्बन्ध

१। जब घर न. ८,९,१०,१२ में सूर्य,गुरु,शनि या बुध का असर हो तो जातक मेहनत के द्वारा अमीर बनता है। उसे सभी सुख अपने आप दैवीय सहायता से मिल जाते हैं।

२। इस घर में साथ में यदि बुध भी हो तो जातक इरादे का कच्चा होता है, बुध से सम्बंधित ८,९,१०,१२ घर की चज़ों के काम अशुभ असर देंगे।

३। यदि सूर्य,गुरु,चन्द्र तीनों ही घर न. ८,९,१०,१२ में से अपना असर मंगल में डाल रहे हों तो जातक बहुत तक़दीर वाला और हुकूमत करने वाला होगा। यदि यही मंगल बद हो तो दूसरों के लिए छाती पर चढ़े सांप जैसा होता है और कई बार किसी न किसी लड़ाई झगडे में मारा जाता है।

बुध:- यहाँ का बुध ताकतवर और साली का करक होता है,१९५२ की लाल किताब में यहाँ के बुध को "योगी राजा" कहा गया है, योगी इसलिए की दूसरा घर गुरु का पक्का घर है। लेकिन इस घर का मालिक शुक्र होने से इस बुध में खुदगर्ज़ी की भी भावना आ जाती है, यहाँ पर बुध ब्रम्ह ज्ञानी ही है।

बुध का अन्य ग्रहों के परिपेक्ष्य में फल

१। राहु ८वे हो तो जातक हाज़िर जवाब होता है चालाकी से सारे जवाब देता है।

२। राहु ९वे हो तो ज़ुबान के साथ कलम में भी ज़ोर होता है और जातक अपने नुक्स ज़ुबान की शक्ति से छुपा सकता है। यदि ८वे घर में मंगल हो तो बुध की ताकत और बढ़ जाती है।

३। अकेला बुध इस घर में सबको फायदा देने वाला योगी राजा माना जाता है।

४। यदि केतु ८वे हो तो जातक दूसरों को बहुत नसीहतें देता रहता है।

५। यदि ९ / १२ घर में गुरु हो तो इज़्ज़त अच्छी मिलती है, माता के लिए भी शुभ है।

६। यदि ८वे सूर्य हो तो " पैसे का पीर " यानि लालची होता है व्यापार या अपने हाथो के काम से लाभ।

७। यदि शनि ६ठे हो तो बुद्धि बहुत तेज़ होती है।

८। बुध -२ वाला जातक अपनी मेहनत से धनवान बनता है, लेकिन यदि इसका सम्बन्ध केतु / मंगल से हो तो बाप के धनवान होते हुए भी, इसको कोई लाभ नहीं होगा। बुध के रिश्तेदार यानि बहन,बुआ,बेटी पर भी बुरा असर पड़ता है।

९। यदि ८वे घर में गुरु हो तो पिता / बाबा पर अशुभ असर डालता है।

यहाँ के अशुभ बुध के असर को दूर करने के लिए चन्द्र की चीज़े (दूध / चावल) मंदिर में देना चाहिए।

शनि :- यहाँ का शनि गुरु की शरण में होता है क्योंकि दूसरे घर का पक्का ग्रह गुरु है। शनि न. २ वाले जातक को मकान खरीदना या बनाना शुभ फल देता है। जातक में सन्यास की भावना प्रबल होती है।

शनि का अन्य ग्रहों के सन्दर्भ में फल

१। शुक्र ७वे घर में हो तो जातक में अपना जीवन जीने का बहुत मोह होता है। बाहर से देखने में कितने ही भोला या बुद्धू लगे, अंदर से बुद्धिमान और ताकतवर होगा।

२। चन्द्र शुभ हालत में हो तो माता के लिए शुभ मगर पिता के लिए शुभ नहीं।

३। गुरु यदि ४थे घर में हो तो आध्यात्मिक शक्ति एवं बुद्धि भी बहुत होती है। यदि १०वे घर में गुरु हो तो जातक धार्मिक स्वाभाव का मगर कंजूस होगा,

११वां गुरु हो तो जातक इरादे का कच्चा, मुर्दा दिल किन्तु साधु स्वाभाव का होगा। अपनी मनमर्ज़ी करने के कारण बदनाम भी हो सकता है।

४। सूर्य यदि १२वे घर में हो तो बदनामी तथा कुख्यात हो सकता है, ८वां सूर्य भी यही फल देता है।

५। बुध १२ हो तो बुध कि उम्र यानि ३४वे साल पैदा हुई बेटी अपने ससुराल के लिए बहुत शुभ होती है।

६। दूसरे घर के शनि पर यदि सूर्य की दृिष्टि हो या नीच राशि का हो तो शनि की चीज़ें जैसे मकान,कार, मशीन आदि खरीद ने पर अशुभ असर होगा।

७। शनि २ के समय नंगे पाँव मंदिर जाना शुभ रहेगा। यह उपाय मंदे शनि के बुरे असर को भी काम करता है।

८। यदि राहु ८वे घर में हो तो ससुराल में घर में मर्दो की कमी रहती है। वहमी स्वाभाव। ९वे राहु से अकेला रहना ज़्यादा पसंद करता है। १२वां राहु ससुराल में धन की कमी करता है।

९। इस घर का शनि जुआ खेलने की रूचि भी बताता है, वहमी भी बनाता है।

१०। यदि मंगल बद हो यानि मंगल+बुध / मंगल+केतु हो तो जातक २८ से ३९ साल की उम्र तक बिमारी से जूझता रहता है।

११। यदि ८वे घर में सूर्य+गुरु+बुध हो तो उदासी की भावना बार बार आती है।

१२। इस घर में शनि+राहु हो तो कई बार जातक के बाएं हाथ में शेषनाग का निशान मिलता है। ऐसी हालत में शनि इच्छाधारी साँप होगा यानि बहुत शुभ होगा।

राहु :- यहाँ का राहु गुरु के मातहत होता है क्योंकि दूसरा घर गुरु का पक्का घर है। यहाँ के राहु वाले जातक की किस्मत पालने की तरह होती है कभी ऊपर तो कभी नीचे माद्यमदर्जे की नहीं। पारिवारिक सुख तो मिलता है, लेकिन धन की स्थिति गुरु की स्थिति के अनुसार होता है। यहाँ राहु होने पर धन की वर्षा उस दिन होती है जब शनि वर्ष फल के अनुसार घर न. १ में हो और गुरु भी अच्छी हालत में हो। राहु न. २ के समय धन के चोरी होने का खतरा भी होता है, उपाय के तौर पर अपने साथ चांदी की ठोस गोली रखना चाहिए। राहु न. २ वाला जातक हुक्मरान ज़रूर होता है चाहे वह कहीं भी रहे अर्थात दूसरे लोग उसका सम्मान ज़रूर करेंगे। जीवन बहुत परिवर्तनशील रहेगा चाहे स्थान का हो या घर का हो। यहाँ का राहु शुभ हो तो शुक्र का फल २५ साल की उम्र तक बहुत शुभ रहेगा लेकिन यदि यहाँ का राहु अपनी नीच राशि (धनु एवं मीन) में हो या शत्रु की दृष्टी से ख़राब हो रहा हो, तो राहु की मियाद (साढ़ेदस,इक्कीस,बयालीस) तक राहु का असर अशुभ रहेगा। जातक दूसरों का माल मुफ्त में खा सकता है, लेकिन खुद दुसरो के लिए दान नहीं करता। २५ साल की उम्र तक केतु का फल जो की घर न. ८ में होगा, फल ख़राब होगा, मगर २६ वे साल से राहु तथा केतु दोनों का फल शुभ हो जाएगा। जातक के पुत्र के जीवन में अस्थिरता बानी रहेगी (केतु न. ८ के कारण)।

* शनि मंदा होने पर जातक पर कई प्रकार की मुसीबते आती है जिसकी निशानी हाथों के नाखूनों का झड़ जाना होता है।

केतु :- यहाँ के केतु को हुकूमत करने वाला मुसाफिर कहा जाता है, अर्थात यात्राए बहुत करना होगा और ज़मीनी यात्राए ज़्यादा होंगी। किस्मत का उत्तर चढाव तो ज़्यादा होगा, लेकिन गुरु के पक्के हर में होने के कारण शुभ फल ही देगा। पत्नी के लिए अच्छा फल, लेकिन माता के लिए ऐसा होना ज़रूरी नहीं। पैसा बहुत आएगा लेकिन जमा नहीं होगा। केतु न. २ के समय धन की स्थिति वैसी ही होगी जैसी स्थिति गुरु की हो। गृहस्ती की हालत शुक्र की

स्थिति के अनुसार ही होगी, क्योंकि घर न. २ का मालिक शुक्र होता है। जातक अपने भाग्य पर संतुष्ट रहता है।

* यदि घर न. ८ ख़ाली हो और केतु दृष्टी इत्यादि से अकेला हो तो जातक को यात्राए बहुत करनी होंगी और अच्छी उन्नति भी करेगा। यहाँ के केतु के फल को और अच्छा करने के लिए माथे पर हल्दी/ केसर का तिलक लगाना चाहिए (क्योंकि ऐसा करने से गुरु शुभ होता है इस कारण केतु भी शुभ हो जाता है)।

* सूर्य न. १२ हो तो ऐसा जातक यदि २४ साल की उम्र से (केतु की पहली मियाद) कमाई करने लगेगा और उसका जीवन सुखी हो जाएगा।

* आठवे घर में यदि केतु के शत्रु (चन्द्र/ मंगल) हो तो न. ८ वाले घर से सम्बंधित चीज़ों के लिए गुरु की आयु १६ साल, सूर्य की आयु यानि २२ साल उम्र और सेहत के लिए अशुभ होंगे और आयु भी कम हो सकती है।

गुरु -सूर्य :- शुभ फल मकान भी अच्छा बनेगा कुछ बेरहम भी होगा।

गुरु - चंद्र :- शुभ लेकिन यदि बुध राहु की दृष्टी हो या साथ हो तो गुरु का फल बहुत हद तक नष्ट। जातक की साली का जातक के घर रहना अशुभ। बुढ़ापे में तकलीफ।

गुरु -शुक्र :- गुरु सम्बन्धी कोई भी कार्य अशुभ होगा। शुक्र से संबंधित कार्य जैसे खेती रेडीमेड कपड़ो का कारोबार से लाभ होगा (तर्क यह है की न २ में वृषभ राशि होती है जिसका मालिक शुक्र है)।

गुरु - मंगल :- सुखी गृहस्थ, बाहरी सहायता। बुध ६ ठे घर हो तो अपनी दिमागी योग्यता से धन लाभ। यदि केतु बुध की दृष्टी पड़ती हो या मंगल बद्‌ हो तो दोनों ग्रहो का फल नष्ट गृहस्थ सुख भी खराब।

गुरु -बुध :- ब्रम्हज्ञानी, धनी, पिता के लिए अशुभ।

गुरु -शनि :- यदि दोनों ही अशुभ हो तो कमाया हुआ धन या शरीर का कोई अंग दोनों में से एक बर्बाद अशुभ असर की निशानी शनि द्वारा जाहिर होगी। नंगे पाँव मंदिर जाना या घर में पानी का कुम्भ स्थापित करने से शुभ फल मिलेगा।

गुरु - राहु :- राहु गुरु के अधीन होगा क्योंकि यह गुरु का पक्का घर है गरीब होते हुए भी गद्दीनशीन बन जाएगा।

गुरु - केतु :- बुरा फल नहीं मिलता क्योंकि केतु गुरु का चेला है। न ८ खाली या इसमें मित्र ग्रह हो तो आर्थिक स्थिति अच्छी, ८ वे घर में शत्रु ग्रह हो तो बुरी किस्मत।

तीसरा घर

तीसरे घर का कारक ग्रह (पक्का ग्रह) मंगल है। ज्योतिष की सभी पद्धतियों में मंगल को ही ३रे घर का कारक माना गया है। काल पुरुष कुंडली के अनुसार यहाँ के राशि का मालिक ग्रह मंगल है, लेकिन इस घर में मंगल का ज़्यादा अधिकार होने के कारण इस घर में बुध शुभ फल नहीं देता। कारण यह है की मंगल का असर बुध में कमज़ोरी भर देता है। इस घर से बहादुरी, जिम्मेदार होना, परोपकारी, प्रभावशाली होने का पता चलता है। यह घर शुभ होने पर जातक के घर ऐशोआराम के सारे साधन होते हैं (शुभ होने पर), अशुभ तो उल्टा असर। यह घर किस्मत के उतार/ चढाव को बताता है। इस घर का सम्बन्ध हथियारों से भी है, अतः घर में बिना धार वाले या टूटे हथियारों को नहीं रखना चाहिए। इस घर की शुभ स्थिति भाइयों की आर्थिक स्थिति शुभ करती है। इस घर को चोरी होने का घर भी कहा जाता है। इस घर को मौत से पहले की स्थिति बताने वाला भी कहते हैं। यह घर फलदार पौधों/वृक्षों का कारक भी है, अतः घर शुभ होने पर मकान में फलदार पौधे/वृक्ष लगाना शुभ

अन्यथा अशुभ। यह घर जवानी का कारक भी है, इस घर में शनि ग्रह फल (उपाय नहीं) का, लेकिन दौलत के सम्बन्ध में राशिफल (उपाय) का होगा।

तीसरे घर में ग्रहों का फल

गुरु :- गरजता शेर या खानदानी गुरु। २६ साल की उम्र से दौलत बढ़ना शुरू होगी। यदि शनि न. ९ हो तो उम्र और धन में बरकत होगी, चन्द्र न. १२ तो जातक खुशामद पसंद होने के कारण बर्बाद होगा। इस घर में गुरु को और मज़बूत बनाने के लिए दुर्गा पाठ / मासूम बच्चियों को खाना खिलाना चाहिए यदि ५वें घर में गुरु के दोस्त हों तो औलाद के जन्म के बाद भाग्योदय।

सूर्य :- इस घर के सूर्य को दौलत का राजा कहा जाता है (खुद के कमाए धन से), चन्द्र का फल शुभ और मंगल बाद होते हुए भी बुरा असर नहीं देता (सूर्य का असर मंगल में मिलने से)। शुक्र भी शुभ फल देता है। इस घर का सूर्य ज्योतिष में भी रूचि देता है यदि चन्द्र ८/१२ या वृश्चिक राशि का हो तो जातक के यहाँ दिन दहाड़े दौलत की चोरी होने का डर रहता है।

चन्द्र :- इस घर के चन्द्र को चोरी और मौत से बचाव करने वाला कहा गया है। ३रे घर का चन्द्र मन की शांति एवं सिद्धि साधना भी देता है। दौलतमंद भी होगा, भले ही गरीबी में जन्मा हो, लेकिन कुदरत की मदद से वह माला माल हो जाएगा। जब तक राहु/केतु मंदे न हों तब तक बुध यानि छोटी लड़कियों को भोजन खिलाना, लाल कपडा शुभ फल देगा, यदि राहु / केतु मंदे हों तो ऐसा करने से नुकसान होगा (नौकरानी धोखा दे सकती है, लड़कियों से दुखी, चन्द्र का फल बुरा)। इस घर के चन्द्र वाला जातक यदि घर की स्त्रियों का मन सम्मान करे तो शुभ फल प्राप्त करता है। सूर्य-१, शनि-११, बुध-५, गुरु-९ एवं ४ था घर भी अच्छा हो तो राज योग। यदि ऐसा जातक मंगल नष्ट (भाइयों से झगड़ा) कर ले या बुध को अशुभ (लड़की की शादी के वक़्त ससुराल से पैसा ले ले) कर ले तो ये जातक के लिए ज़हर का काम करेंगे। इस बुरे असर को

दूर करने के लिए घर आए मुसाफिर / मेहमान को दूध पिलाना चाहिए। ऐसा जातक अपनी बेटी या किसी और की बेटी का कन्यादान करे, तो जातक के के लिए शुभ। इस घर में चन्द्र राशि फल (उपाय योग्य) होता है।

शुक्र :- इस घर के शुक्र को सती या सत्यवान औरत कहा जाता है। जातक के लिए शुभ होता है, लेकिन ऐसे जातक पर दूसरी औरतों का इश्क़ सवार रहता है। लेकिन यदि अपनी औरत को खुश नहीं रखेगा तो बुरा फल, पत्नी के रहते चोरी, मौत से बचाव होता रहेगा। ऐसा जातक दूसरे औरतों से सम्बन्ध रखे, तो भी उसका बुरा नहीं होगा, ऐसे जातक पर स्त्रियां खुद मोहित होती रहती हैं। शुक्र -३ के समय गुरु-९ हो तो शुक्र का ज़हरीला असर बहुत भयानक रूप धारण कर लेता है। ऐसा जातक अपने और परिवार की सेहत से परेशान रहता है, मुसीबतें आती रहती हैं, शुक्र -३ के समय बुध-११ हो तो जातक कितना भी अमीर क्यों न हो शुक्र की अशुभ स्थिति बन जाने के कारण ३४ साल की आयु तक कभी सुख की नींद नहीं सो पाएगा। धन दौलत दिनों दिन काम होते जाएंगे यदि बुध,मंगल दोनों ही मंदे हों तो शुक्र न. ३ का असर केवल औरत पर होगा लेकिन औरत का हाल मंदा नहीं होगा।

मंगल :- दूसरों के लिए सहायक,अपने लिए सब्ज़बाग़ देखने वाला इस घर में मंगल के होने से न. ९ का बुध और न. ११ का गुरु (जो सामान्यतः यहाँ अशुभ मने आते हैं) नेक होकर रहते हैं, प्लानिंग बनाने में माहिर होता है। मंगल-३, गुरु/सूर्य -९ /११ या चन्द्र /बुध -९/११ हो तो फल ठीक नहीं रहता, आ बैल मुझे मार वाली स्थिति होती है,ससुराल धनी। मंगल-३, गुरु/सूर्य/चन्द्र न. ७ या बुध न. ३ तो खुद का हाल मंदा। शनि-९/११ और मंगल-३ – शनि का बुरा असर नहीं होता शुभ होता है, सेहत एवं धन दोनों के लिए। इस घर का मंगल यदि अशुभ / बर्बाद हो तो ऐसा जातक चालबाज़,धोखेबाज़ होता है और खाना पीना ही ज़िंदगी का मक़सद समझता है।

उपाय:- यह न पर यदि मंगल की अशुभ निशानियाँ शुरू हो जाए (पत्नी के मुर्दा बच्चा पैदा हो जाए) तो घर में हांथी दांत रखें, हाथी दांत का खिलौना नहीं।

बुध :- यहाँ के बुध को थूकने वाला कोढ़ी कहा गया है यहाँ का बुध दीमक जैसा होता है, जो धन को चाट जाता है। जातक यदि डाक्टर बने तो सफल होता है।

उपाय :- फिटकरी से दांत साफ करे, चन्द्र, केतु के उपाय से सहायता हो, यदि बीमार पद जाए तो घर न. ९,११ के ग्रहों के रंग का पत्थर ज़मीं में गाड़े, मकान के पूर्वी द्वार में सूर्य की लाल चीज़ें लगाना शुभ होगा।

इस घर में बैठा बुध नीच होता है और दृष्टी से न. ९,११ का प्रभाव नीच कर देता है (यदि यहाँ कोई ग्रह बैठा हो)। यदि ९,११ ख़ाली हो (सोया बुध) तो प्रभाव हर तरह से उत्तम, कुंडली में मंगल नेक तो शुभ,अगर मंगल बद हुआ, तो जातक किस्मत के चक्कर में भटकता हुआ दरबदर धक्के खाता फिरेगा।

बुध-३ चन्द्र-५ मंदा

बुध -३, मंगल बद-५/११ दोनों घरों में शत्रुता

बुध -३, चन्द्र -११ भाइयों के लिए अशुभ

बुध - ३, शुक्र ठीक चन्द्र का नीच फल

बुध -३, शुक्र – ४ स्त्री संतान सुख २४ साल की उम्र के बाद

बुध -३, सूर्य+ शनि – ९ सिर्फ बुध नीच

बुध -३ मंगल -१ शुभ लेकिन संतान पक्ष कमज़ोर

यदि मंगल बद हो तो ज़्यादा बुरा असर होता है क्योंकि न. ३ मंगल का पक्का घर है। यदि जातक के ३२ दांत हो तो १ निकलवादे।

उपाय:-

१। नाक छेद न करवाएं।

२। बुध के दिन बकरी का दान करें।

३। जितनी आयु हो उतने ढाक के पत्ते दूध से धोकर ज़मीन में दबाएं दूध का बर्तन और औज़ार वहीँ छोड़ दें।

४। रात को साबुत मूंग भिगोकर सुबह परिंदों / जानवरों को लगातार ४३ दिनों तक डालें व्यापार में लाभ होगा।

५। संतान कष्ट को दूर करने के लिए कुत्ता(केतु) पालें।

६। साबुत मूंग की दाल न खाएं नहीं तो बीमारी हो सकती है।

७। पीले रंग की कौड़ियों को जला कर राख करके नदी में बहाने से बुध का ज़हर कम हो सकता है।

शनि:-इस घर का शनि शुभ होता है। जातक निरोगी,बुद्धिमान, खर्चीला होता है, दूसरों को नज़र की दवा मुफ्त देना खुद की नज़र के लिए शुभ। ३रे शनि के समय केतु ३रे या १०वें घर में हो तो जातक के मकान बनेगे और शुभ फल देंगे। लेकिन मकान पूर्व या दक्षिण मुखी नहीं होना चाहिए यदि दक्षिण मुखी हो और उसके साथ पत्थर गड़ा हो, तो जब मौतें हों, तो घर में ४० दिन में तीन मौतें हो सकती हैं। मकान के आखिर में यदि अँधेरी कोठरी हो, जिसमे सूर्य की रौशनी न जाती हो, तो शनि का फल शुभ हो जाता है। धन दौलत के लिए भी शुभ होता है।

१। ३रा शनि यदि मंगल/केतु/बुध से या राशि जिसमे यह बैठा है, के कारण अशुभ हो रहा हो तो ऐसा जातक दूसरों के काम बिगड़ता है भले ही दूसरे उसकी सहायता करते हों खुद आराम में रहता है।

२। केतु न. १० है तो ठीक वर्ना घर में कुत्ता पालें।

३। यदि सूर्य १/३/५ हो तो केतु और शनि दोनों का फल अशुभ हो जाता है यानी कान, रीढ़ की हड्डी, घुटने आदि तथा मोटर गाडी, जातक के चाचा पर बुरा असर पड़ता है।

४। चन्द्र १० हो तो शनि का असर बुरा होता है, धन दौलत बर्बाद होता है।

५। यदि शनि के साथ उसके दुश्मन ग्रह हों तो चोरी या धन की हानि होती है, अड़चनें भी आती हैं।

६। ३रे घर में शनि+राहु हों और ११वें घर में चन्द्र हो तो माता की सेहत के लिए बहते पानी में चावल बहाना चाहिए।

राहुः-आयु, धन का मालिक और रईस, दिलेर किसी भी घटित होने वाली घटना का पता सपने में २ साल पहले ही चल जाएगा, कलम में तलवार से भी ज़्यादा ताकत होगी। सूर्य का फल दो गुना शुभ होगा, ३रा घर मंगल का पक्का घर है, अतः यहाँ पर राहु शरारतें नहीं कर सकता। यहाँ के राहु के साथ यदि मंगल भी हो तो राजा सामान होता है। यहाँ पर यदि इसके शत्रु सु/शु /मं साथ हो तो भी राहु इनको मंदा नहीं करता बल्कि उसे दौलत, परिवार, औलाद सबका सुख मिलेगा औलाद भी धनवान होगी। यदि राहु शत्रु ग्रहों की दृहती के कारण मंदा हो रहा हो तो भाई बंधू उसका धन बर्बाद करेंगे क़र्ज़ लेके मुकर जाएगे, धोखा फरेब करके जातक को तबाह कर सकते हैं (यदि मंगल ख़राब हो)। उपाय के तौर पर चन्द्र का उपाय यानि चांदी की डिब्बी में चावल डालकर घर में रखना चाहिए, यदि कोई भी ग्रह घर न. १२ में हो (सिवाय मं-३के) तो ३४ साल की आयु तक बुध, केतु दोनों ही मंदे। राहु-३ के साथ यदि सूर्य +बुध भी बैठे हो या दृष्टी से साथी बन रहें हो तो सूर्य और बुध की उम्र के अंतराल में यानि सूर्य-२२-२३, बुध-३४-३५ तक यानि २२ से ३५ की उम्र के

बीच बहिन बिधवा होगी या गृहस्थ सुख में कमी होगी। उपाय के तौर पर हाथी दांत अपने साथ रखना चाहिए।

केतु:-भाइयों से दुखी, परदेश में बहुत घूमना फिरना पड़ता है जिसके कारण पारिवारिक जीवन में क्लेश होता है। उपाय के तौर पर पानी में सूर्य की चीज़ें (गेहूं,गुड) और चन्द्र की चीज़ें (दूध,चावल) पानी में बहाए। इस घर का केतु फोड़े, फुंसी, रीढ़ की हड्डी समस्या देता है। उपाय के तौर पर सोने की बालियां कानों (केतु) में डालते हैं। यदि केतु पर मंगल की दृष्टी न पड़ती हो तो जातक अंदर से नेक दरवेश होता है और उसे मुसीबत के समय अचानक ईश्वरीय मदद मिलती है। लेकिन जीवन में उलझनें आती रहती है केतु -३ के वक़्त मंगल-१२ हो केतु उस समय स्थापित होगा। जब जातक के २४वें साल या उससे पहले की आयु में लड़का पैदा होगा, बशर्ते घर में ऐसा बुज़ुर्ग हो, जिसके सारे बाल सफेद हो चुके हों, इस घर का केतु औलाद को नालायक बनाता है घर में केतु होने पर यदि चन्द्र/मंगल ४थे घर में हो तो जातक गरीब होता है। इसी तरह चन्द्र/मंगल या दोनों घर न. ८ में हो तो हर ३रे साल जातक की औलाद पर बुरा असर डालेगा। यहाँ तक की मौत तक हो सकती है उपाय के तौर पर फेफड़े की बीमारीया मंदी सेहत के समय चलते पानी में केसर या चना दाल बहाना चाहिए।

गुरु - सूर्य :- शुभ लगातार उन्नति होगी लेकिन लालची हो तो दोनों ग्रहो फल काफी हद तक मंदा होगा।

गुरु - चंद्र :- आर्थिक एवं सामाजिक स्थिति अच्छी, मददगार,बुध से किसी भी तरह का संबंध होने से तीनो का फल अशुभ।

गुरु -शुक्र :- खुशहाल, भाइयो से जातक को लाभ पत्नी भी सहयोग करेगी, खुशामद करने से से दूर रहे।

गुरु - मंगल :- बुज़ुर्गो से मिले धन की हिफाज़त तो करेगा लेकिन ज़रूरी नहीं की धन को आगे बढ़ा सके।

गुरु - बुध :- किस्मत पर संतुष्ट रहने वाला, पत्नी पर अशुभ असर।

गुरु - शनि :- सामान्य जीवन ठीक ठाक, बुढ़ापे में आराम।

गुरु - राहु :- बहादुर, दुसरो को भांप लेने वाला।

गुरु - केतु ;- कोई खास फल नहीं होता।

चौथा घर

इस घर का मालिक तथा कारक ग्रह (पक्का ग्रह) चन्द्र है, जो इस घर में उच्च फल का है। यानि ४थे घर में चन्द्र या गुरु का होना शुभ फल ही देता है। ४थे घर से पिता की स्थिति, पिता से क्या प्राप्त होगा, पिता के साथ कैसे सम्बन्ध रहेंगे, इस बात की जानकारी मिलती है यह घर मकान में पानी रखने की जगह भी है एवं नल, कुआँ आदि का भी कारक है मानसिक शान्ति का भी सम्बन्ध इसी घर से है। उम्र के २५ से ५० साल के हिस्से को दर्शाता है। यह घर किस्मत के उस हिस्से को जो जातक अपनी पूर्व जन्म से साथ लाया है को बताता है, ४थे घर में यदि चन्द्र हो तो इसे खर्च करने पर बढ़ने वाला आमदनी का जरिया कहा गया है, क्योंकि ४था घर कपडे एवं पानी, दूध से सम्बंधित होता है। इसीलिए यदि ४थे घर में गुरु / चन्द्र या दोनों या कोई शुभ ग्रह हो और १०वें घर में कोई अशुभ /दुश्मन ग्रह न हो तो जातक को कपडे से सम्बंधित कार्य करने से फायदा होता है, क्योंकि ४थे घर की दृष्टी १०वें घर (कर्म घर) पर पड़ती है। ४थे घर का सम्बन्ध माता से भी है यदि यहाँ पर शुक्र,राहु,मंगल, केतु जैसे ग्रह हो तो माता की सेहत के लिए अशुभ है। पानी में रहने वाले जीव जंतुओं, दुधारू जानवरों से भी सम्बन्ध है ४ था घर लक्ष्मी स्थान भी है। यदि यहाँ पर शुभ ग्रह हों और जातक मकान के उसी भाग (पूर्व

एवं उत्तर) में धन रखे तो धन वृद्धि होती रेह्ती है । यह घर रस भरे फलों के पेड़ों का कारक है, शरीर के अंगों में छाती तथा दिल का का कारक है अर्थात यह घर अशुभ होने पर दिल की बीमारी दे सकता है, औरत की कुंडली में यह घर नाभि या पेट के अंदरुनी भाग से सम्बन्ध रखता है यानि इस घर के अशुभ होने पर बच्चा होने के वक़्त या गर्भावस्था के दौरान स्त्री के सेहत पर बुरा असर डालता है, यह घर चन्द्र का घर है अर्थात शुभ होने पर रात में किए गए कार्य शुभ फल देंगे। इस घर में बैठा कोई भी ग्रह अशुभ फल नहीं देता बशर्ते चन्द्र १,४,७,१० घरों से बाहर बैठा हो ।   इस घर में चन्द्र ग्रह फल और शुक्र, मंगल, केतु राशि फल (उपाय योग्य) के होते हैं।

गुरु :- इस घर में गुरु उच्च का होता है एवं यहाँ का गुरु शुभ (राशि के अनुसार) होने पर प्रसिद्धि देता है । ऐसे जातक के पास जमीन जायदाद और आलिशान मकान होगा, लक्ष्मी ऐसे जातक के साथ रहती है जातक को स्त्री, संतान और माता / पिता का पूरा सुख मिलता है। ऐसे जातक का सूर्य और मंगल भी यदि अच्छी स्थिति में हो तो जातक का पिता न्यायाधीश या बड़ा अफसर होगा । लेकिन यदि १०वे घर में शनि या बुध हो, तो गुरु के फल में कमी आ जाती है। जन्म कुंडली के १०वे घर का बुध यदि वर्ष फल में ४थे घर में आ जाए, तो कुल का नाश होने का बहाना होगा । इस का विशेष असर जातक के २३,३४,४८,५५ की आयु पर माता पर होगा। इसी प्रकार १०वे घर में गुरु के शत्रु (बुध, शुक्र, राहु) होने पर जातक के सम्मान को खतरा हो सकता है । गुरु के ४थे घर में होने के समय यदि केतु ८वां या ६ठे घर का होके मंदा हो तो जातक मुसीबतों का सामना नहीं कर पाएगा । यदि चन्द्र २रे घर में हो और शनि एवं राहु शुभ हो तो जातक अच्छे पद पर होगा लेकिन सेहत ठीक नहीं होगी। केतु अशुभ हो तो औलाद भी मंदी होगी । यदि १०वां घर खाली हो तो जातक किसी के सामने नंगा बदन न रहे इस से उसके धन में बरकत होगी । यदि यहाँ का गुरु शुभ हो तो लाटरी या दुसरो से धन मिल सकता है।

कष्ट :- गुरु ४थे घर में होने के बावजूद जातक को यदि माता पिता का सुख न हो, गरीबी एवं गृहस्थ सुख से वंचित रहे तो इसका कारण यह होगा की जातक ने घर में मंदिर बनवाया होगा और घंटिया बजाकर पूजा पाठ करके गुरु को बर्बाद कर लिया होगा। कष्ट दूर करने के लिए निम्न उपाय है:-

१। घर से मंदिर हटाये

२। घर के पास वाले पीपल की सेवा करे

३। माता पिता ब्राह्मणो एवं बड़ो का सम्मान करे

४। बुध के जानवर (तोता, भेड़, बकरी) न पाले

५। गाय यदि पाले तो घर के पश्चिम में रखे

६। नंगे बदन न रहे

७। शनि की वस्तुओं (शराब,मांस) से दूर रहे

८। साँप को दूध पिलाये

सूर्य :- इस घर का मालिक चन्द्र है जो सूर्य का दोस्त है, अतः अब सूर्य में चन्द्र का भी असर शामिल होगा और सूर्य का असर शुभ होगा। धन लाभ होगा। इस घर में जितने भी शुभ शुभ ग्रह आएंगे। वह इस घर के फल को और भी शुभ करेंगे। इस घर में जो भी गृह आएगा उसका फल कुंडली में चन्द्र की स्थिति के अनुसार होगा अर्थात यह देखना ज़रूरी है की चन्द्र कौन से घर में बैठा है और यह घर उसके लिए शुभ है या नही और इस घर का मालिक कहाँ है एवं उसकी क्या हालत है। किसी भी ग्रह की शुभ / अशुभ हालात का पता निम्न तरीके से लगा सकते है :-

१। ग्रह जिसका फल देखना है वह जिस घर में बैठा है, उसका मालिक कौन है और यह मालिक कौन से घर में बैठा है। इस मालिक ग्रह की जड़ (इसकी

किसी भी राशि जैसे गुरु की धनु और मीन) में दोस्त, दुश्मन या पापी बैठे हैं। मान लें की गुरु ४थे घर में है, यहाँ के गुरु को शुभ मान जाता है। अब ९वे या १२वे घर में यदि शुक्र जो की गुरु का दुश्मन है बैठ जाए, तो गुरु के शुभ फल में कमी आएगी।

२। इस ग्रह पर दोस्त / दुश्मन की दृष्टी है।

संक्षेप में ग्रहो की ताकत का अंदाज़ उपरोक्त नियमो के अनुसार तय करना चाहिए। यह मानकर नही चलना चाहिए कि अपने उच्च या शुभ घर में बैठा ग्रह पूरी तरह शुभ फल हीं देगा, शुभ फल में इज़ाफ़ा या कमी हो सकती है।

इस घर में सूर्य होने के समय शनि यदि ७वे घर मे हो तो रतौंधी (रात में नज़र न आना) वाली कुंडली कहलाती है, अर्थात दिन के बजाय रात में किए गए कार्य शुभ होंगे।

चन्द्र :-यह चन्द्र का अपना घर है, अतः चन्द्र ताकतवर है। यह कितना ताकतवर है इस का पता उपरोक्त नियमो के अनुसार लगाना चाहिए अर्थात इस मामले में सिर्फ यह देखना होगा की चन्द्र पर दोस्तों / दुश्मनो / पापी ग्रहों की दृष्टी है क्या। समान्य रूप से यह चन्द्र होने पर आदमी अच्छा जीवन बिताता है और जतना खर्च करेगा उतना हीं धन आएगा। तर्क यह है की चन्द्र को पानी मानते हैं, जो की बहता हुआ हीं साफ़ होता है। चन्द्र से संबंधित वस्तु और रिश्तेदारो का साथ लाभ देगा, लेकिन यदि चन्द्र से संबंधित वस्तुओ को बेचेगा तो बहुत नुकसान होगा। दूध को जलाना या खोवा बनाना भी अशुभ क्योंकि इन कार्यो से हम चन्द्र को खुदसे दूर करते है या नष्ट करते हैं। शुभ ग्रहो की वस्तुओ को अपने से दूर नही करना चाहिए बल्कि अपने साथ रखना चाहिए।

यदि इसी समय गुरु १०वे घर में हो तो कभी भी भूखे को भोजन नही कराना चाहिए अन्यथा गंभीर झूठे इलज़ाम में फस सकते हैं। जेल या फांसी तक हो

सकती है। तर्क यह है की १०वा गुरु नीच का होता है और उसमे शनि की अशुभता भी शामिल रहती है। अब ऐसे गुरु की दृष्टी जब चन्द्र पर पड़ेगी तो चन्द्र भी अशुभ हो जाएगा और सम्पन्नता के बजाय दरिद्री का प्रतीक बन जाएगा और ऐसे में दरिद्र को मदद करके उसकी अशुभता और बढ़ जाएगी। ऐसे समय में बाबा पोता या नाना दोहता की जोड़ी एक साथ धर्मस्थान में माथा टेके तो १०वे गुरु की बुराई दूर होगी। यदि यह सम्भव न हो तो कोई यज्ञ करवाले या शुभ कार्य करने से पहले दूध का कुम्भ भर कर घर में रखें।

शुक्र –यह घर चन्द्र का है, अतः इस घर में नियमानुसार चन्द्र + शुक्र का असर रहेगा। दोनों ही स्त्री ग्रह हैं, अतः जातक के दोस्त्रियों से संबंध रहने का योग बना रहता है। इस हालत में अपनी पत्नी से दुबारा फेरे लेले या उसको दो नामो से बुलाया करें। यदि ४थे शुक्र के समय गुरु १०वा हो तो जातक को धार्मिक बनने का ढोंग नही करना चाहिए अन्यथा बहुत बदनामी होती है, क्योंकि ऐसा जातक भोगी स्वाभाव का होता है। शुक्र ४ थेवाला जातक कुए के ऊपर छत डालकर उसके ऊपर मकान या कमरा बना ले तो पुत्र सुख को तरसेगा, क्योंकि कुआ(चन्द्र) एवं केतु(पुत्र) आपस में टकरा जाएंगे। बुध के कारोबार हानि एवं मंगल का कारोबार लाभ देंगे। नशीली वस्तुओ(बुध) का प्रयोग करने से १०वे घर का मालिक शनि तबाह कर देगा, क्योंकि ४था घर शनि का सेहन है या ४थे घर का न्या या धीश या मुंसिफ शनि होता है।

उपाय :- उपरोक्त उपायों के अलावा निम्न उपाय भी है :-

१। दरिया में दूध, चावल बहाना या माता या माता बराबर स्त्री को दूध खीर खिलाना (चन्द्र की वस्तुओ को चन्द्र से मिलाकर और मज़बूत करना)। यह उपाय सास बहू के झगड़े पर भी रोक लगाता है।

२। मकान की छत जितनी अच्छी होगी, पत्नी की सेहत उतनी ही अच्छी होगी। तर्क यह है की छत १२वे घर का कारक है और छत को अच्छा रखना मतलब शुक्र को सहायता देना।

३। कुए में गुरु की वस्तुओ को गिराना अर्थात चन्द्र के साथ गुरु को कायम करके चन्द्र को ताकत देना। चूँकि कुए का पानी स्थिर होता है अतः गुरु चन्द्र भी कायम हो जाते है।

मंगल:-इस घर में मंगल की आग और गर्मी चन्द्र के पानी को जलाती रहेगी। इसलिए यहाँ के मंगल को मं.गल बद कहा जाता है। पत्नी सुख कम, उन्नति में रुकावट, ईर्ष्यालु, अशांत, लेकिन पत्थर को भी फाड़ डालने की ताकत होगी। मंगल बद का तत्काल उपाय करना ज़रूरी है।

उपाय :- १। चन्द्र की सहायता लेना अर्थात चन्द्र की वस्तु मंगल की वस्तु के साथ मिलाकर अपने साथ रखे या चाँदी (चन्द्र) को चौकोर आकर (मंगल नेक) में कटवाकर अपने साथ रखें।

२। कच्चे दूध में शककर डालकर बरगद / पीपल की जड़ में डाले और गीली मिटटी को नाभि (मंगल स्थान) पर लगाये।

बुध :- बुध, चन्द्र से दुश्मनी नही करता, लेकिन चन्द्र, बुध से दुश्मनी करता है। यहां का बुध अपने से संबंधित वस्तुओ के लिए अच्छा फल देगा। आमदनी बढ़ती रहती है बुध की जानदार वस्तुओ (बकरी, तोता) पालने से, चन्द्र की जानदार वस्तुओ (माता, घोडा) की हानि होती है।

उपाय :-१। गुड, गेहू (सूर्य) लाल मुह के बंदर(सूर्य) को खिलाकर सूर्य को ताकत दें।

२। धर्म स्थान या पुरोहित को गुरु की वस्तुए (चना दाल, सोना या पीले वस्त्र) या चावल, दूध (चन्द्र कारक) धर्म स्थान में दें।

शनि :- यहाँ पर चन्द्र और शनि का मिला जुला प्रभाव होगा। जातक उपाय के तौर पर थोड़ी सी शराब पिए बिना पानी मिले तो लाभ सबसे अच्छा ये होगा की कोई नशीली वस्तु जो ठोस हो, द्रव नही, उसका सेवन ज़्यादा फायदा देगा। ध्यान रहे की पानी का प्रयोग शराब या नशीली वस्तु के साथ करने पर विष जैसा असर हो जाएगा।

उपाय :-

१। रात के वक्त दूध पीना ज़हर जैसा होगा

२। सांप नही मारें

३। रात को मकान की नीव न रखे, अन्यथा शनि अशुभ असर देने लगेगा

४। अवैध सम्बन्ध स्त्री सुख को नष्ट करेगा

५। सांप,मछली, भैंस और मजदूर (शनि) को सहायता देना, भोजन देना फायदा देगा

राहु :- ४ था घर चन्द्र का है और शनि शत्रु है इसका। शुभ कार्यो में ज़्यादा खर्च होगा क्योंकि ऐसी कुंडली, जिस मे राहु इस घर में बैठा हो धर्मीठेवा (कुंडली) कहलाता है। यहाँ बैठा राहु शुभ फल ही देता है, क्योंकि माँ (चन्द्र) के चरणो में बैठकर अपनी शरारते न करने की कसम खाता है, जब तक की उसे छेड़ा न जाए। अर्थात राहु की वस्तुए (कोयले की बोरिया) या राहु संबंधी कार्य (सम्प टैंक बनवाना, टॉयलेट बनवाना, घर के अंदर भट्टीया तंदूर बनवाना, घर की छत बदल वाना) से राहु अशुभ हो जाता है। यहाँ का राहु माता के लिए अशुभ।

उपाय :-

१। राहु की वस्तुओ को दूर करना और चन्द्र की वस्तुओ को साथ रखना शुभ होगा

२। जौ (राहु) से चार गुना दूध लेकर दोनों को मिलाकर जल प्रवाह (दूर करना) करें

३। राहु की वस्तु का जल प्रवाह करें

४। गंगा स्नान करें

केतु :- यह भी चन्द्र का शत्रु है माता को कष्ट देता है। यहाँ का केतु उस बीमार बच्चे की तरह है जो हर समय माँ की गोद में पड़ा रहता है, न माँ को शांति और न पुत्र सुखी। मन अशांत रहेगा। चन्द्र को ग्रहण लगा देता है। यहाँ पर केतु के साथ मंगल भी हो, तो डायबिटीस खून में पुत्र पैदा करने वाले कीड़े कमज़ोर या बहुत कम।

उपाय :-

१। कानो में सोना पहनना या दूध में सोना बूझकर पीना (पुत्र प्राप्ति हेतु)

२। नीबू (केतु) या पीले नीबू (गुरु + केतु) दरिया में बहाते रहने से मंदे सफर और ट्रांसफर से बचाव होता है

गुरु - सूर्य :- शुभ, शनि संबंधी कार्यो मशीनरी, लोहा इत्यादि के कार्य में बहुत लाभ

गुरु - चंद्र :- शुभ और मन की शांति माता पिता के लिए शुभ

गुरु - शुक्र :- शुभ फल लेकिन यदि जातक एक से ज्यादा औरतो से संबंध रखे तो दोनों ग्रहो के फल बर्बाद। दोनों ग्रहो पर राहु की दृष्टी हो तो औरत की आयु के लिए अशुभ

गुरु - मंगल :- आर्थिक स्थिति ठीक नहीं रहती

गुरु -शनि :- बहुत प्रसिद्धि देता है लेकिन यहाँ का शनि यदि अशुभ हो जाए (शनि की जड़ १०,११) में शनि के शत्रु बैठ जाए तो जिस्म का कोई अंग खराब हो सकता है। दोनों को यदि शुक्र देखे तो सिर्फ दिखावे का धन होगा

गुरु - राहु :- शुभ चंद्र के फल प्राप्त होंगे माता के लिए शुभ लेकिन पिता के लिए शुभ होना ज़रूरी नहीं

गुरु - केतु :- शुभ फल अच्छी शिक्षा

५वां घर

यह घर औलाद, विद्या, सम्मान, भाग्य की चमक, ईमान दारी, प्रगति, अपनी कमाई, मानसिक शक्ति, ज्ञान, पूर्व दिशा का कारक है। अपने बेटे से क्या प्राप्त होगा (बेटी से नहीं) मकान में रौशनी प्रवेश करने की जगह (खिड़की इत्यादि) से भी इस घर का सम्बन्ध है। यहाँ पर शुभ ग्रह हो तो अच्छी तरक्की होती है। सम्बंधित मामलों में यदि यहाँ पर शुभ ग्रह हों तो मकान के पूर्वी दिवार पर उस ग्रह की चीज़ें स्थापित करना चाहिए। यह घर जीवन में आने वाले समय और अगले जन्म के बारे में भी बताता है। जातक के जीवन में यहाँ बैठे ग्रह का असर औलाद के जन्म दिन से लेकर जातक के बुढ़ापे तक पड़ता है। शरीर में यह घर पेट का कारक है। आध्यात्मिक तरक्की का सम्बन्ध भी इसी घर से है। इस घर में गुरु और सूर्य ग्रह फल के होंगे अर्थात उनके उपाय के लिए किसी और ग्रह का सहारा लेना होगा। उदाहरणार्थ यदि ५वें घर में गुरु घर न. ९ में बैठे शनि / शुक्र के कारण अशुभ हो रहा हो (९वां घर गुरु की जड़ है) तो गुरु को शुभ करने के लिए केतु (गुरु का चेला) की मदद लेंगे अर्थात गणेश पूजन या कुत्ता पालना शुभ होगा। इसी प्रकार यदि सूर्य इस घर में ३रे शनि के कारण अशुभ हो रहा हो (३रे शनि की ३री दृष्टी ५वें घर पर पड़ती है), तो लाल मुह के बन्दर (सूर्य कारक) की सेवा करना चाहिए, यहाँ पर चूँकि सूर्य ५वें घर में है और ५वां घर सूर्य का जड़ भी है।

गुरु :-इस घर की भूमि है जिस पर सूर्य ने अपना मकान बनाया है। गुरु एवं पांचवा घर पुत्र का कारक है। इस घर का संबंध केतु (पुत्र) से भी है। पुत्र होने से जातक के भाग्य में वृद्धि होती है, क्योंकि केतु और गुरु शुभ फल देते हैं। हालांकि केतु, सूर्य पर आधा ग्रहण लगा देता है, लेकिन इस घर में गुरु के होने से यह भी नही होता, क्योंकि गुरु दोनों का दोस्त है। यहाँ का गुरु बहुत गुस्सा देता है। सूर्य, चन्द्र, मंगल ९वे घर में हो (गुरु की जड़), तो जातक जीवन में बहुत उन्नति करता है। यह उन्नति औलाद के भाग्य से ही होती है। इसी प्रकार थोड़ा सा भी अशुभ केतु ११वे घर में हो अर्थात केतु दुश्मन ग्रहो के साथ हो या उस पर दुश्मन ग्रहो की दृष्टी हो तो औलाद या औलाद के धन से जातक को कोई ख़ास सुख नही मिलेगा। गुरु ५वे घर में होने से जातक जितना भी मेहनती होगा उतनी ही तरक्की करेगा, मांग कर खाने की आदत डाले तो इस में राहु का असर शामिल हो जाएगा और गुरु का फल मंदा हो जाएगा। घर २, ९, ११, १२ घर में बुध /शुक्र / राहु तो गुरु, सूर्य,केतु तीनो का फल मंदा हो जाएगा, क्योंकि बुध,शुक्र, राहु इन तीनो गुरु, सूर्य, केतु के दुश्मन है। व्याकरण में ये पहले ही बताया जा चुका है।

उपाय :- घर न. २ / ५ /९ /११ /१२ में बैठे बुध / शुक्र / राहु का उपाय करे। मांग के न खाएं।

सूर्य :-यह घर सूर्य का अपना घर है, कुंडली के बारह घरो को सूर्य और चन्द्र ने आधे आधे बाँट रखे थे कुंडली के, ५, ६,७,८, ९, १० सूर्य के पास और १, २, ३, ४, ११, १२ चन्द्र के पास। बुध ने चद्र से ३रा और सूर्य से ६ठा घर मांग लिया, मंगल ने चन्द्र से १ला और सूर्य से ८वां घर मांग लिया, गुरु ने चन्द्र से ९वां और सूर्य से १२वां घर मांग लिया शनि ने चन्द्र से ११वां और सूर्य से १०वां घर मांग लिया। इस प्रकार सूर्य के पास ५वां और चन्द्र के पास ४था घर ही रह गए। पाचवे घर के सूर्य के समय ज़िंदगी आराम से गुजरेगी जब से पुत्र गर्भ में आये या पैदा हो।

१. अब सूर्य ५वे अर्थात अपने घर में है तो सभी ग्रह यदि अपने अपने घरो जैसे गुरु ९ /१२, मंगल १ /८ इत्यादि में हो तो सभी ग्रह उत्तम फल देने वाले होंगे।

२. यहाँ सूर्य होने पर यदि जातक दूसरों से जलन और बदले की भावना रखे तो मंगल या बुध नीच का हो जाएगा और संतान हानि पर हानि होती जाए।

३. गुरु यदि १०वां हो तो पत्नी पर पत्नी मरती जाए।

उपाय :-

१. तेल ज़मीन पर गिराया करें, जिससे की ३रे घर के शनि का फल ७वे घर में चला जाए

२. चावल, हल्दी, चना दाल, पीले फूल, देसी खांड आदि जल में प्रवाहित करके १०वे गुरु के मंदे असर को हटाएं

चन्द्र :

-चन्द्र ४थे घर का मालिक है, जो शनि के दुश्मन सूर्य का दोस्त है और जो शनि के समय रात के अँधेरे में भी अपना प्रकाश फ़ैलाने की कोशिश करता है (४थे घर की दृष्टी शनि के १०वे घर में होती है)। ५वां घर सूर्य का है और पुत्र का करक होने से केतु का भी प्रभाव लिए हुए होता है। अर्थात अब इस घर पर सूर्य, केतु और चन्द्र का मिला हुआ असर होगा। यदि ज़ुबान में नरमी रखे और हठ धर्मी न करे और सच्चाई से काम ले और चन्द्र को ताकतवर (माता की सेवा, चांदी रखना) रखे, तो राजा की तरह इंसाफ करने वाला होगा एवं औलाद पर भी असर शुभ होगा। अपनी ज़ुबान (बुध) से कड़वा बोले तो बुध, केतु को कमज़ोर कर देता है। दसवे घर का बुध, पाचवे घर के चन्द्र को और पाचवे घर का चन्द्र बारवे घर के बुध (बहन, बुआ,लड़की,सा ली) को बर्बाद करेगा (एक, आठ की दृष्टी से)।

उपाय :- दूसरे व्यक्ति (सूर्य) की सलाह (केतु) लेना शुभ होगा। जनसेवा से मान प्रतिष्ठा में वृद्धि होगी

शुक्र :- यहां के शुक्र को " बच्चो से भरा घर परिवार " कहा जाता है । चूंकि यह घर सूर्य का है इसलिए यहां का शुक्र सूर्य की किरणों से तप्त होगा । अतः यहाँ पर शुक्र की वस्तुए कायम रखने से मदद मिलेगी । ऐसे जातक की स्त्री जब तक ज़िंदा रहेगी तब तक जातक पर कोई बड़ी मुसीबत नही आएगी । ऐसा जातक यदि संत स्वभाव का हो तो शुक्र (पत्नी) का प्रभाव बहुत शुभ रहेगा । लेकिन यदि जातक गंदे प्रेम संबंधो में पड़े तो शुक्र का फल अशुभ। बनावटी शुक्र दो ग्रहो राहु + केतु के मेल से बनता है । अतः शुक्र कहीं भी हो इन दो ग्रहो का असर हमेशा शामिल होगा शुभ अशुभ फल नियमानुसार होंगे। बनावटी ग्रहो का यह नियम सभी ग्रहो पर लागू होता है । अर्थात यदि कोई ग्रह किसी घर में है, तो इस ग्रह के बनावटी हिस्सों को याद रखना चाहिए, क्योंकि उपाय बताते समय यह नियम काम में आते है । जैसे ५वां घर संतान (केतु) का है जो शुक्र का दोस्त है, लेकिन राहु दुश्मन है शुक्र का राहु को उपाय द्वारा हटाना या शुक्र को मज़बूत करना अच्छा रहता है । किसी भी ग्रह को हटाने या नष्ट करने का उपाय तब करना चाहिए, जबकी और कोई रास्ता न हो । क्योंकि हटाने या नष्ट करने वाले उपाय से संबंधित ग्रह एक साल के लिए सुप्त अवस्था में चला जाता है और यदि उसका कोई शुभ असर रहा हो वह भी प्रभाव हीन हो जाता है । अतः यहाँ के शुक्र को मज़बूती देना चाहिए बिना राहु को नष्ट किए:-

१। गाय (शुक्र) और माता (यदि चन्द्र मंदा हो) की सेवा करनी चाहिए ।

२। माता पिता की मर्ज़ी के खिलाफ विवाह नही करना चाहिए, नही तो होने वाली औलाद उसे बहुत दुःख देगी । क्योकि गुरु ५वे घर का पक्का ग्रह है और

यह चन्द्र के घर उच्च का होता है, अर्थात यदि जातक माता पिता की बात न माने तो दोनों ग्रह अशुभ हो जाते है।

३। पत्नी के प्रति निष्ठावान होना शुक्र को बल देता है।

मंगल :- इस ग्रह के दो रूप होते है मंगल नेक और मंगल बद। शरीर में भी मंगल के दो रूप रक्त के रूप में बहते है, लाल रंग का साफ़ खून (मंगल नेक) अलग नाड़ी में और नील रंग का गंदा खून (मंगल बद) अलग नाड़ी में बहते हैं। मंगल के मंदा होने पर इसके दोस्त सूर्य, गुरु, चन्द्र की मदद से इसे शुभ किया जा सकता है। सूर्य की गर्मी रक्त प्रवाह को शरीर में बनाए रखता है, चन्द्र के असर से रक्त द्रव रूप में बना रहता है और गुरु का स्वर्ण रक्त की जैविक शक्ति को बढ़ाता है। बुरा काम करते रहने वाला जातक बहुत स्वार्थी हो जाता है, उसके लिए किसी भी रिश्ते की कोई अहमियत नही होती। ऐसे जातक के लिए ही कहा जाता है की उसका खून सफेद हो गया है। इस प्रकार इसका मंगल दिनों दिन खराब होता चला जाता है ऐसे जातक को बुरे परिणामो से बचने के लिए भाइयो के साथ नरमी एवं नेकी से पेश आना चाहिए। ५वे घर का मंगल यदि अशुभ हो, तो उसके अशुभ होने की निशानियां केतु की चीज़ो से ज़ाहिर होगी, जैसे बेटे पर कष्ट आना, कानो, घुटनों, पैरो में तकलीफ, जोड़ो का दर्द इत्यादि। यात्राएं गले पड़ी रहती है। यदि ऐसे मंगल का केतु से संबंध हो जाए, तो भाई की औलादो की मौत भी हो सकती है। यहाँ के अशुभ मंगल का उपाय है कि रात में सिरहाने पानी रखकर सोना, तर्क यह है इस प्रकार मंगल में चन्द्र का असर भी शामिल हो जाएगा। बुध केतु इसके दुश्मन है, अतः बुध केतु के ६ठे घर में मंगल निर्बल और नीच का, तथा दोस्त ग्रहो सूर्य, चन्द्र, गुरु के १, २, ४, ५, ९, १२ में शुभ और ताकतवर होता है। जिस कुंडली में सूर्य + बुध हो उसमे मंगल को नेक माना जाएगा और मंगल नीच घर में रह कर भी अशुभ असर नही देगा। जिस कुंडली में सूर्य + शनि हो वहां मंगल बद ही रहेगा भले ही मंगल शुभ घरों में हो। कहने का अर्थ है कि किसी भी ग्रह के

शुभ / अशुभ फल में बनावटी ग्रहों का बहुत बड़ा योगदान रहता है। मंगल १, ४, ७, ८, १२ में मंगलिक कहा जाता है। यदि कुंडली में इन्ही घरो में शनि + राहु, मंगल + केतु, मंगल + राहु हो तो भी जातक मांगलिक होगा। मंगल, शनि से दुश्मनी रखता है, इसलिए मंगल के घरो १, ३, ८ में शनि नीच असर देगा चूँकि शनि, मंगल से दुश्मनी नही रखता। अतः शनि के घरो १०, ११, में शुभ फल देगा। मंगल महावत और राहु हाथी है, अतः यदि मंगल की दृष्टी राहु पर हो तो हाथी नियंत्रण में रहेगा। लेकिन यदि राहु, मंगल पर दृष्टी रखे तो हाथी अपने महावत पर हावी होगा अर्थात मंगल का असर नीच का हो जाएगा। सूर्य + बुध = मंगल नेक लेकिन अगर यहाँ शुक्र भी इन से आ मिले, तो मंगल नीच हो जाएगा क्योंकि शहद (सु + बू = मं नेक) में देसी घी (शुक्र) मिले तो ज़हर बन जाता है। यदि इस ज़हर में दूध (चन्द्र) की मिला दे तो अब ज़हर, अमृत बन जाएगा इसीलिए पंचामृत बनाने के लिए दूध + दही + शहद + गंगाजल + तुलसी की पत्ती मिलाते हैं।

१। पूर्वजन्म से चलते आ रहे मंगल बद की निशानी है की जातक की कुंडली में सूर्य + शनि होगे या एक दूसरे से टकरा रहे होंगे। मकान के मुख्य द्वार से निकलते समय मुख दक्षिण की और होना भी मंगल नीच का असर देता है।

२। मकान के ऊपर किसी भी पेड़ की छाया मंगल को नीच करती है। मकान के कम्पाउंड में बेर या कीकर का पेड़ भी मंगल को नीच करता है।

बुध :- यह घर सूर्य का है और सूर्य का साथ होने से बुध सूर्य की ताकत को बढ़ा देता है और बुध का असर नीच नही रहता। सूर्य + बुध = मंगल नेक भी होता है। यहाँ के बुध को फ़क़ीर का आशीर्वाद कहलाता है। जातक के मुह से निकला वाक्य ब्रम्हवाक्य होगा। यहाँ का बुध राज दरबार यानि सूर्य के फल को कुछ मंदा कर देता है। काल्पनिक डर, काल्पनिक चक्करो में आदमी को डाल सकता है। ९वां घर खाली हो यानि बुध सोया हुआ हो तो शुभ होता है

(९वे घर पर ५वीं दृष्टी गुरु की होती है और गुरु ५वे घर का पक्का ग्रह है अतः ५ वे घर की ९वे पर दृष्टी हुई)। बुध ५ के समय गुरु/ चन्द्र ३ / ९ में हो तो जातक की ३४ साल की उम्र के बाद भाग्य बुलंदी पर आ जाएगा। बुध ५ के समय चन्द्र १, २, ४, ६ में हो या न. १२ में शुभ ग्रह हो तो बुध घर न. ४, ६,७, ८, ९ के ग्रहो की चीज़ो पर पर अशुभ असर डालेगा। यहाँ का बुध सूर्य की चमक और गुरु का ज्ञान प्राप्त करेगा। यहाँ के बुध के मंदे असर को दूर करने के लिए चन्द्र की चीज़े या शुक्र की चीज़े रखने से मदद मिलेगी। यहाँ बैठा बुध जातक के पिता के लिए अशुभ होता है (पिता के घर १०वे सेषडाष्टक)। इस अशुभ असर को दूर करने के लिए जातक को गले में ताम्बे का पैसा पहनना चाहिए। यदि कुंडली में बुध, चन्द्र से पहले बैठा हो, जातक की खुद की ज़ुबान ही उसकी बर्बादी का कारन हो सकती है।

शनि :- पाचवा घर शनि के दुश्मन सूर्य का है, अतः मकान बनाने से शनि को कायम करना माना जाएगा और औलाद की क़ुरबानी ले सकता है। इस घर के शनि को " बुद्धू लड़का " भी कहते है यहाँ के शनि को " बच्चे खाने वाला सांप " भी कहते है। यहाँ का शनि आम तौर पर शुभ फल नही देता। ऐसा जातक मन मानी करता है और घमंडी भी होता है। शनि ५वे घर में होने के समय औलाद (केतु) की हालत का पता केतु के बैठे घर से चलता है और मकानो के बारे में राहु जिस घर में हो, वहां से राहु शुभ हो तो औलाद अपने पैसो से मकान ज़रूर बनाएगा। शनि सोया हो (११वां घर खाली हो) तो शनि अब धर्म देवता अर्थात शुभ होगा। शनि न. ५ के समय यदि औलाद पर अशुभ असर हो रहा हो, तो १० बादाम धर्म स्थान में चढ़ाकर ५ बादाम वापस ले कर घर में रखें, उन्हें खाए नही। ऐसा लगातार ४३ दिनों तक करे। औलाद के जन्मदी पर नमकीन चीज़े बांटे। यदि राहू /केतु 10 / 4 घरो में हो तो बादाम वाला उपाय न करके घर में लालमिर्च और सौंफ (मंगल करक) जलाना चाहिए। यदि १०वां घर खाली हो और कुंडली में मंगल, बुध एक साथ हो

या दृष्टी द्वारा एक दूसरे से मिले तो जातक को मकान बिकुल नही बनवाना चाहिए अन्यथा औलाद को नुकसान ।

राहु :- यहाँ का राहु कड़कती हुई बिजली है, जो क्षण भर में सब कुछ ख़त्म कर देती है । यदि शुभ हो तो सहायक । अच्छे, बुरे दोनों तरह की विचारो को पैदा करता है । सूर्य के साथ शनि हो या शुक्र हो तो राहु भड़क कर मंदा होगा, मंगल का असर भी मंदा हो जाएगा मंदा राहु, चन्द्र की उपाय (चन्द्र की चीज़े अपने साथ रखना) से शांत होगा । परन्तु राहु को शांत करने में चन्द्र की अपनी ताकत कम होगी, मंगल शुभ हो तो राहु को दबाकर रखेगा (राहु अगर हाथी तो मंगल महावत) जल (चन्द्र) से राहु डरता है इसीलिए चन्द्र के उपाय से राहु शांत होता है और मंगल से दबता है । इसीलिए चौकोर आकार (मंगल) के चांदी (चन्द्र) के टुकड़े को अपने पास रखने से राहु का अशुभ असर दूर होता है । राहु अपना गुरु शनि को मानता है, इसलिए राहु पर शनि की दृष्टी रहने से राहु, शनि की आज्ञा का पालन करता है और शनि के अनुसार फल करता है । लेकिन यदि राहु की दृष्टी शनि पर पड़े तो राहु, शनि पर हावी होकर, उसे अपनी मर्ज़ी मुताबिक चलाता है । राहु यदि गुरु को मंदा करेगा तो जातक या उसके पिता को साँस / दमे की बीमारी होगी । राहु शुक्र के साथ हो तो शुक्र की बीमारी जैसे बवासीर, यौन रोग, बच्चे दानी के रोग होंगे । यहाँ बैठे राहु को शरारती खा गया है । लेकिन काल पुरुष कुंडली के अनुसार ५वां घर सूर्य की राशि है और राहु, सूर्य के फल में कोई कोताही नही कर सकता । औलाद पर कोई न कोई विघ्न या रुकावट ज़रूर डालता है । पत्नी से दोबारा विवाह करने से राहु का ज़हर दूर होता है । चांदी का ठोस हाथी रखने से भी राहु का ज़हर दूर होता है ।

केतु :- इस घर के केतु को " अपनी रोटी के टुकड़े के लिए गुरु का निगरान " कहा जाता है । इसका तर्क यह है की ५वां घर गुरु का पक्का घर है और गुरु, केतु का गुरु है । नर औलाद काफी होगी । सूर्य को राहु से ग्रहण और केतु से

अर्ध ग्रहण लगता है, इसलिए इस घर के केतु की निर्बलता गुरु की सहायता से दूर होगी। शत्रु ग्रहो चन्द्र, मंगल की चीज़ो (चावल, दूध, देसी खांड, सौंफ) का दान करने या केसर (गुरु) का तिलक लगाने से केतु की दुर्बलता दूर होती है।

गुरु - चंद्र :- शुभ फल व्यापार या लेखन से धन कमाएगा

गुरु - शुक्र :- शिक्षा या हुनर से धन कमाता है। पराई स्त्रियों से संबंध हानिकारक

गुरु - मंगल :- दूसरे से दान ले तो बर्बाद। औलाद की पैदाइश से धन लाभ शुरू

गुरु - बुध :- भाग्यवान एवं सुखी

गुरु - शनि :- अशुभ। ऐसा जातक शराबी या नॉन वेजिटेरिअन हो तो गुरु का फक अशुभ

गुरु - राहु :- औलाद पर मंदा असर, रुतबे पर कोई असर नहीं होता

गुरु - केतु :- कोई विशेष फल नहीं

सातवां घर

सूर्य :- सातवें घर के सूर्य के बारे में वर्णन है कि जिसके जन्म पर समझे थे की खानदान का सूर्य निकला, वह चढ़ते-चढ़ते, यानी वह व्यक्ति जवान होते होते दमदार सितारा बनता गया। उसने सब सोच समझकर नियत से किया काम, नतीजा उल्टा ही रहा। वक्त पर मैं नहीं होगा बेशक राजगद्दी में जन्म ले मगर गद्दी पर बैठना कम ही नसीब होगा। हकीमी गर्मी की दुकानदारी नरमी की, का उसूल उसको मुसीबतों से बचा सकता है, अगर कोई जलाए हम भी मरना

सिखा देंगे। यहां पर सूर्य वचन का ठीक होगा मतलब कोई जलाए तो खुद जलकर नहीं मरेंगे बल्कि दूसरे को जलाकर खाक कर देंगे।

शरीर पर कोई बुरा असर नहीं होगा। परिवार की शुभ होगा संतान पैदा होने के दिन से धन लाभ होगा। अंतिम समय अर्थात मौत अपने ही इलाके में होगी। शनि केतु या बुद्ध दूसरे घर में हो तो ऐसे व्यक्ति के स्त्री का भाग्य शुभ नहीं होगा। यहां सूर्य के साथ राहुल /केतु हो या शनि की दृष्टि सूर्य पर हो, तो घर की हालत उसके जन्मदिन से खराब होनी प्रारंभ हो जाएगी। सूर्य यदि बहुत खराब हो तो उसके कोई गूंगा या पागल लड़का भी पैदा हो सकता है। यहां पर सूर्य के समय यदि राहुल, केतु, शुक्र या और भी ग्रह अशुभ हो, तो आर्थिक हालत में सोने की जगह घर मिट्टी से भरता जाएगा। यहां पर गुरु का उपाय मदद देगा अर्थात गुरु की चीजें बहते पानी में बहाना होगा। सातवें सूर्य के समय यदि गुरु, शुक्र, या पापी ग्रह (राहुल - केतु) नंबर 1 में हो और बुद्ध भी अच्छा नहीं हो तो घर में इतनी मौत होती है की कफन तक की भी कमीं हो जाती है। पत्नी की सेहत भी खराब रहती है। घर में आज की दुर्घटनाएं होने की संभावनाएं होती है। यदि बुध नंबर 9 में हो तो सूर्य काअसर और भी खराब हो जाता है। यदि सूर्य के साथ शनि का टकराव या शनि नंबर 1 में आ जाए तो चंद्र नष्ट करने का उपाय करना चाहिए। आप शाम को रोटी पकाने के बाद चूल्हे की आग को दूध से बुझाना। इस बुझाई गई आग को सूर्य निकलने तक दोबारा नहीं जलाना। आर्थिक स्थिति खराब होने पर या बेटे पर मंदा असर पढ़ने पर जमीन में तांबे के चौकोर टुकड़े को दबाना चाहिए या ऐसा व्यक्ति थोड़ा मीठा मुख में डालें और पानी पी ले तो प्रभाव शुभ हो जाएगा। गाय की सेवा करना भी सूर्य के बुरे असर को दूर करता है।

चंद्र :- सातवें घर में हो तो इसे खेती की जमीन की सिंचाई करने वाली नदी नहर कहा है। उस व्यक्ति की शादी होने से पहले पहले उसकी शिक्षा पूरी या अगर शिक्षा चलती रहे, तो इतनी देर तक उसकी शादी रुकी रहेगी। उसकी

पढ़ाई उसके लिए जीवन में वाली होगी, चाहे पढ़ाई कम ही हो । यहां चंद्र को बच्चों की माता और स्वयं लक्ष्मी का अवतार माना गया है । यहां बैठा चंद्र बुद्ध के असर को कुछ सीमा तक खराब कर देता है, लेकिन चंद्र शुभ होता है। यहां बैठा चंद्र व्यक्ति में कविता एवं ज्योतिष में रुचि पैदा करता है । यहां चंद्र होने पर यदि जातक वृद्ध माताओं से झगड़ा: करें तो चंद्रमा इस जातक को मिट्टी में मिला देता है । शादी के दिन औरत के घर से औरत के साथ ही चंद्र की चीजें अर्थात, दूध, चांदी, मोती, इत्यादि पति के घर तक लाएं या जब उसकी पत्नी पहली बार घर के अंदर दाखिल हो, तो उससे पहले ही चंद्र की चीजें, यानी बहते हुए दरिया का पानी, जो कि गुरु का कारक है, पहले से ही घर में मौजूद हो, तो औलाद पर इसका बहुत शुभ असर होगा । यदि नहीं हुआ तो चंद्र और शुक्र का झगड़ा अर्थात माता और धन बर्बाद होना शुरू हो जाएंगे और व्यक्ति की पत्नी पर अभी अच्छा असर नहीं रहता । चंद्र 7:00 के समय शुक्र और राहु केतु कहीं भी इकट्ठे बैठे हो तो ऐसे व्यक्ति की औलाद बचपन में ही गुजर जाने का डर है । यहां चंद्र होने के समय, यदि शुक्र नंबर 1 में, बुद्ध नंबर 1 में, और शनि का, तो जातक की माता और पत्नी का झगड़ा होगा अर्थात बहू सास (शुक्र चंद्र) का असर खराब होगा ।

शुक्र :- यहां बैठा हुआ शुक्र अपना स्वतंत्रता, पूर्वक प्रभाव नहीं देता । लाल किताब में कहा है, जैसे वह वैसे ही हम, यानी वह जिस ग्रह के साथ बैठेगा उस जैसा ही अपना स्वभाव बना लेगा ।

शुक्र अकेला हो तो उसका अपना फल बहुत शुभ होगा यदि शुक्र के साथ कोई और ग्रह हो तो शुक्र का अपना स्वभाव भी उसी ग्रह जैसा हो जाएगा । व्यक्ति को कमाई के लिए घर से दूर यात्रा करनी होती है । किसी कारण से उसे उसे घर का सुख कम मिलता है । पत्नी का स्वभाव बहुत अच्छा होता है, पत्नी सुंदर होती है । शुक्र नंबर 7 के समय यदि चंद्र नंबर 1 हो तो व्यक्ति की किस्मत मंडी होगी और शुक्र भी इतना शुभ नहीं रहेगा । शुक्र नंबर 7 के समय सूर्य

चौथे घर में, चंद्र नंबर 1 में, एवं शनि नंबर 7 हो तो व्यक्ति नपुंसक या स्त्री बांज होती है। शुक्र बरसात के समय यदि नंबर 8घर में सूर्य या बुद्ध हो तो पत्नी की मृत्यु हो सकती है शुक्र नंबर 7 के समय यदि राहु आठवें घर में हो तो पत्नी को नीला या काला कपड़ा कभी नहीं पहनना चाहिए।

मंगल :- यह घर में मंगल होने से व्यक्ति अपने भाइयों की औलाद की पालना करने वाला यदि वह ऐसा करें तो उसके भाग्य के विकास के लिए बहुत शुभ फल देगा। यदि मंगल यहां पर शुभ हो अपने भाइयों के लिए या अपने सालों के लिए इसका असर शुभ होता है।

यहां के मंगल को मीठा हलवा या विष्णु पालना कहते हैं अर्थात ऐसे व्यक्ति की विष्णु ही पालन करते हैं। जब मंगल अशुभ हो या बुद्ध खाना नंबर 1, 7, 8 में हो या कहीं भी मंदा हो तो ऐसे व्यक्ति की मंद हालत कोड से कम नहीं होगी। घर के पास यदि खाली कुआं हो तो बुरा असर और बढ़ जाएगा। बुरे प्रभाव को दूर करने के लिए शनि का उपाय अर्थात छोटी दीवार बनाकर उसको गिराकर रहने से इसका जहर दूर होगा। जब कभी बहन घर आए तो उसे कुछ मीठी चीज देनी चाहिए मंगल नंबर 7 के समय बुध और शनि 6:00 या 7:00 में हो तो ऐसा व्यक्ति पराई मौत अपने सिर पर ले लेगा।

बुद्ध :- सातवें घर में बैठा बुद्ध और उसी समय शुक्र भी नौवें घर में हो तो शुक्र के फल को बुध खराब कर देता है।

सातवें घर में हो तो बने बनाए मकान ही बहुत मिलने की संभावना होती है और वह शुभ फल ही देंगे अगर किसी और ग्रह के कारण व्यक्ति के मकान बिकने ही लगे, तो वह अपने पुराने मकान की दहलीज अर्थात पुराने मकान को ना बेचे, तो सब कुछ वापस मिल जाएगा। ऐसा बुद्ध दुनिया के लिए पारस कहां जाता है, विद्या बुद्धि के लिए शुभ होता है हुनर के काम में सफल होता है। यदि शनि तीसरे घर में हो तो पत्नी का मायका अमीर होगा। ऐसा व्यक्ति

किसी औरत के प्रेम में पढ़ सकता है, जिससे उसे सुख मिलेगा क्योंकि सातवां घर बुद्ध का पक्का घर है इस पर शुक्र का अभी अधिकार है।

शनि : - इसे यहां पर विधाता की कलम भी कहते हैं। इसे बने बनाए मकान एक से ज्यादा मिलेंगे बहुत सी यात्राएं करनी पड़ेगी। किसी के घर में लेटा हुआ पत्थर क्या खड़ा पत्थर का स्तंभ हो तो यह शुभ शनि की निशानी है। इसी तरह मंगल गुरु या मंगल शुक्र यदि शनि को देखते हैं, तो उसके पास दौलत बहुत बड़ी मात्रा में होगी। व्यक्ति यदि पराई औरत के प्रेम में फंस जाए तो उसकी औलाद पर बहुत बुरा असर होगा। उसकी धन-दौलत बर्बाद हो जाएगी। शनि 7 के समय खाना नंबर एक खाली हो ऐसे व्यक्ति के घर में हर तरह से बरकत होगी। किंतु घर में शहद से भरा बर्तन रखना चाहिए यदि यह उपाय किया गया तो उसके पोते के आते ही, सब माया मिट्टी हो जाएगी। शनि नंबर 7 के समय बुद्ध यदि नंबर 1 में हो तो व्यक्ति की मौत सिर कटने से भी होती है। वर्षफल के मुताबिक बुद्ध भी नंबर 7 में आ जाए, तो आंखे खराब होने का डर रहता है। शनि 7 के समय यदि अशुभ हो, तो व्यक्ति की 27 साल की आयु तक हथियार से चोट लगने का योग रहता है। उपाय के तौर पर खांड से भर कर किसी बांसुरी को बाहर वीराने में दबाना शुभ, किंतु उस समय शनि सोया ना हो। यदि पहले घर में कोई ग्रह ना हो, अर्थात शनि सोया हो, तो बर्तन में शहद भरकर बाहर दबाना चाहिए। शनि 7 के समय राहु ही साथ हो, तो जातक का गृहस्थ सुख हर तरह से बर्बाद होता है।

राहु :- सातवां घर शुक्र का पक्का घर है। यहां बैठे राहु को शुक्र अर्थात लक्ष्मी दौलत का दुआ निकालने वाला chandaal कहां गया है। सातवें घर में राहु यदि अपनी राशि से यह मित्र ग्रहों की दृष्टि से बहुत ही शुभ हो, तो व्यक्ति को धन का लाभ तो हो सकता है। किंतु गृहस्थी सुख मंदा ही रहेगा तथा सूर्य के पल में कोई कमी नहीं होगी। उसके राज दरबार में एवं कामकाज में कोई रुकावट नहीं आएगी। राहु 7 के समय व्यक्ति को जीवन में बदनामी का सामना

भी करना पड़ता है और गृहस्थ सुख में भी कमी आती है। यहां राहु होने पर व्यक्ति के धन दौलत को दूसरे लोग खा जाते हैं। यहां राहु चाहे लड़की की कुंडली में हो या लड़के की, इस समय लड़की वालों की तरफ से चांदी का एक शुद्ध टुकड़ा विवाह के संकल्प के समय लड़के वालों को देना चाहिए। राहु सात के समय चांदी की चौकोर टुकड़ा बनवा कर घर में रखना भी राहु के जहर को दूर करेगा।

केतु:- यहां स्थित केतु को शेर का मुकाबला करने वाला कुत्ता कहकर पुकारा गया है। शायद इसका कारण यह है पुरुष कुंडली के अनुसार घर पक्का घर है। केतु शुभ होने से अच्छा फल ही देता है। घर में केतु के समय तक को दुश्मनों से कोई परेशानी नहीं होती, दुश्मन हो तो वह अपने आप ही तबाह हो जाएंगे। सातवें घर में यदि केतु पर मंगल की दृष्टि हो या केतु से अष्टम स्थान में बुध हो तो केतु का फल मंदा हो जाता है। सातवें घर में केतु के समय यदि बुध, ऐसा व्यक्ति अपने जीवन में कभी सुख नहीं पाता। सातवें घर में केतु के समय यदि बुध भी साथ हो से संबंधित कार्य अथार्थ लिखना-पढ़ना स्टेशनरी टेलीविज़न आदि का काम उसके लिए अच्छा होगा।

गुरु -सूर्य :- अपना अपना फल शुभ अशुभ दोनों के अलग अलग होंगे

गुरु - चंद्र :- दलाली या व्यापार के काम में लाभ लड़की के जन्म से धन दौलत घटना शुरू

गुरु - शुक्र :- खुद के जीवन में बेआराम, घर में दूसरे लोग सुख से रहते है

गुरु - मंगल :- कर्ज़दार रहता है

गुरु - बुध :- लड़की के लिए अशुभ नहीं लेकिन लड़के के लिए जन्म से ही धन दौलत के लिए अशुभ शुरू होता है। जीवन में काफी उतार चढ़ाव आते है

गुरु - शनि :- मकान लोहा, सीमेंट आदि शुभ। शुक्र या मंगल भी शुभ हो तो गरीबी में पैदा होकर भी अमीर बनता है

गुरु - राहु :- अशुभ फल सेहत खराब रहती है

गुरु - केतु :- पेट से भूखा तपस्वी

नौवां घर

इस घर का कारक ग्रह गुरु है शनि राशि फल का और गुरु ग्रह फल का होता है भूत काल का कारक है।

यह घर जातक के क्रिया शीलता का प्रतीक है अर्थात जीवन में अच्छे या बुरे कामो में उलझे रहेंगे, बुरा या अच्छा होना यहाँ पर बैठे ग्रहों पर निर्भर है। आध्यात्मिक उन्नति, ज्ञान एवं परोपकार को यही घर बताता है। इस घर का सम्बन्ध गृहस्थ जीवन एवं बुढ़ापे से है यह घर किस्मत की बुनियाद है। जातक के बुज़ुर्गों की क्या स्थिति रही होगी, इसका पता भी चलता है। शरीर के हिस्सों में नाक एवं नथुनो का कारक है, शरीर के अंदर के वीर्य शक्ति का कारक है। पिछले जन्मों से जो भाग्य साथ लाए है इसका भी प्रतीक है। इस घर से भाग्य के मानसून के बादल उठते है जो दूसरे घर के पहाड़ों से टकराकर ४ थे घर में बारिश करते हैं, अर्थात इन तीनो घरों में शुभ ग्रह हो तो भाग्य साथ होता है। पिता, गुरु का प्रतीक है।

गुरु :- यह घर गुरु का घर है अतः यहाँ पर गुरु हर तरह से ताकतवर होता है। ऐसा जातक एक प्रसिद्ध, अमीर एवं माननीय खानदान में जन्म लेता है। भाग्यशाली होता है, वचन का पक्का होता है। यदि कुंडली के अनुसार उपरोक्त बाते सही नही पाई जाती तो निम्न ग्रह स्थिति हो सकती है :-

१। कुंडली के १, २, ४,,५, ११, १२ घरो में गुरु के शत्रु (बु, शु, रा,) होंगे

२। जातक झूठे वादे करने वाला होगा

३। बड़ो का कहना न मैंने वाला, उनका अपमान करने वाला होगा

४। बुध ३रे घर में बैठकर ९वे गुरु पर दृष्टी डाल रहा होगा

दृष्टी के घरो यानि ३रे एवं ५वे घरो में स्थित ग्रह ९वे घर में दृष्टी डाल सकते हैं। यदि ३/५ घरो में पुरुष ग्रह हो तो जातक जन्म से ही अमीर होता है किन्तु औलाद के लिए अशुभ होता है।

७। नाक छिदवा कर सौ दिनों तक चांदी डाले रखे तो बुध शांत रहेगा और गुरु को मंदा नहीं करेगा।

८। स्टील का बेजोड़ छल्ला पहने और रोज़ फिटकरी से दांत साफ करने से बुध के ज़हर से बचाव होगा।

९। चाल चलन ठीक रखे तो शुक्र के मन्दे असर से बचाव होगा।

सूर्य :- यहां सूर्य अपनी पूरी चमक तथा रोशनी का मालिक होता है। आयु लंबी होती है, पैसे की तंगी बल्कि अपने सात पुश्तों को तार देगा। चांदी का दान लेने से पुरी का फल मंदा हो जाएगा। उपाय के तौर पर घर में पीतल के बड़े-बड़े पुराने अर्थात बुद्ध और गुरु कारक चीजें रखना इसके जहर को दूर करेंगे क्योंकि बर्तन बुद्ध का और पीतल गुरु का।

चंद्र :- यहां का चंद्र दौलत का कारक माना गया है। किंतु राहु के साथ से या उसकी दृष्टि से चंद्र को ग्रहण लग जाए, तो नंबर 9 के चंद्र का असर पूरा खराब नहीं होता। जातक गणित में माहिर होता है।

शुक्र:- यहां के शुक्र को बेरहम मिट्टी कहा गया है। जिसमें कोई फसल ही पैदा ना हो। यदि ऐसा व्यक्ति सफेद रंग की गाय रखें तो और खराब हो जाएगा। यहां का शुक्र काली आंधी या मंगल बद भी कहलाता है। पत्नी की बरकत तथा दौलत साथ नहीं हो सकते, मेहनत के बराबर ही धन मिलेगा। आर्थिक हालत को ठीक करने के लिए नीम के पेड़ के तने में छेद करके चांदी के चौकोर

टुकड़े दबाना शुभ कल देगा। शुक्र नव के समय चंद्र या मंगल का शुक्र के साथ मेल हो तो, मकान की बुनियाद में या मकान में, चंद्र की चीजें जैसे घोड़ा, कुंआ, चांदी के साथ मंगल की चीज शहद कायम रखने से, शुक्र का फल 9 गुना शुभ हो जाएगा। अर्थात चांदी की डिब्बी में शहद डालकर घर में रखा जाए। ऐसे शुक्र के समय यदि राहु केतु या अशुभ शनि या बुध शुक्र किसी तरह से भी मिलते हो या के साथ हो तो, उसे बीमारियां तंग करती है। उपाय के तौर पर उसकी पत्नी रक्षाबंधन में लाल चूड़ी के नीचे चांदी और ऊपर लाल रंग करके पहले तो बुरा फल काफी कम हो जाता है।

मंगल:- बुज़ुर्गो से चलता हुआ शाही तख्त कहां गया है। लेकिन यदि मंगल अशुभ हो तो ऐसा व्यक्ति नास्तिक होता है और उसपर कोई लांछन भी लग सकता है। मंगल नव वाला व्यक्ति यदि भाइयों के साथ रहे तो असर बहुत शुभ रहेगा। खाने पीने का सामान मिठाई इत्यादि का कारोबार करे तो अच्छा रहेगा।

बुद्ध :- बुध को जादू का भूत कहते हैं। इसका साया दूसरों को नजर नहीं आता। यह घर के बुध को कोड़ी भी कहते हैं अर्थात बुध यदि अकेला हो तो बुरा फल नहीं देता लेकिन और ग्रहों साथ हो तो मनहूस ही होगा। यदि ग्यारहवां घर खाली हो बुद्ध अपने बाप को ही बदनाम कर दें। उसकी ज़ुबान में तुतलाहट होगी यहां के बुद्ध के कारण 9वे भाव की राशि का मालिक अर्थात भी बर्बाद हो जाएगा। बुद्ध के जहर को दूर करने के लिए लोहे की गोली पर लाल मंगल का लाल रंग करके अपने पास रखना बुद्ध को काबू में रख सकता है। इसके अलावा नाक छेदन करवाना बहुत जरूरी। जिस्म पर चांदी पहनना बुद्ध के असर को अच्छा करता है। यदि बुध का असर बहुत खराब हो रहा है, तो मिट्टी के बर्तन में मशरूम भरकर धर्म स्थान में देना चाहिए। साधु इत्यादि से कोई ताबीज नहीं लेना चाहिए अन्यथा 45 दिन के अंदर व्यक्ति को बुद्ध बर्बाद कर देगा।

शनि :- यहाँ के शनि को भाग्य लिखनेवाला बताया गया है। मकानों के लिए अच्छा असर रहेगा, लेकिन 3 से ज्यादा मकान बनेंगे तो व्यक्ति की मौत हो सकती है। शिक्षा ऊंचे दर्जे की होगी, सुखी होगा, माता पिता का सुख प्राप्त होगा। यदि दूसरा घर खाली हो तो शनि मनहूस मंदा फल ही देगा। ऐसे व्यक्ति के घर से मुर्दे की दुर्गंध आने लगती है। पैसा होते हुए भी गंदी हवा से भरी जिंदगी होगी। यदि मंगल नंबर 4 में हो तो वह भी शनि को जलाकर समाप्त कर देगा मुसीबतें खड़ी होंगी।

राहु :- पागलो का सरताज हकीम, पागलो का डाक्टर, कुत्ता पालना मददगार, कई बार ११ कुत्ते तक मर सकते हैं। कुत्ते के मरने पर जल्दी दूसरा कुत्ता पलने से औलाद पर आती हुई आफत से बचाव होता है।

केतु :- जीवन में काफी बदलाव आते है लेकिन तरक्की की शर्त नहीं। दोहता, साला भांजा की पलना करने से केतु और शुभ होता है। जातक का आशीर्वाद दूसरो के लिए विधाता का आदेश होता है, बेऔलाद व्यक्तिओ को इनका आशीर्वाद लेना चाहिए। जोड़ो, घुटनो के दर्द के समय कानो में सोना डालना फायदा देगा। बेटे की सलाह पर काम करे तो लाभ।

गुरु - सूर्य :- शुभ आर्थिक एवं पारिवारिक तरक्की

गुरु - चंद्र :- भाग्यवान लेकिन यदि अपनी लड़की से धन ले तो अशुभ होगा

गुरु - शुक्र :- अपना अपना असर लेकिन शुभ

गुरु - मंगल :- गृहस्थ सुख, मेहनत से ज़्यादा धन कमाता है

गुरु - शनि :- जमीन, मकान जायदाद के लिए शुभ लालची

गुरु - राहु :- अशुभ फल पिता को आर्थिक कष्ट

गुरु - केतु :- अपना अपना फल लेकिन शुभ

दसवां घर

यह घर कार्यक्षेत्र कहलाता है। रोज़गार, नौकरी, व्यापार के सिलसिले में जिन लोगो से वास्ता पड़ता है, उनके साथ कैसा सलूक जातक करेगा, उसका प्रतीक है। सेहत के मामले में खासकर काली खांसी से इस घर का सम्बन्ध है (जबकि इस घर में बहुत ही अशुभ ग्रह हो)। यश या अपयश को भी यह घर बताता है। यह घर उम्र के आखिरी हिस्से का प्रतीक है अर्थात इस घर में बैठे शुभ/ अशुभ ग्रहों के आधार पर जातक के आखिरी हिस्से के बारे में जान सकते हैं। इस घर से यह पता चलता है, कि कर्म क्षेत्र में कितना संघर्ष करना होगा या कितनी सफलता मिलेगी। पिता कि स्थिति के बारे में भी इसी घर से पता चलता है। अपने लाभ के लिए दूसरों को कितना धोखा देंगे या चालाकी करेंगे इस का पता भी इसी घर से चलता है, जातक जीवन में कितनी तरक्की कर सकता है, यहां से पता लगता है। इस घर में शनि ग्रह फल एवं बुध और केतु राशि फल के हैं।

गुरु :- १०वे घर में हर तरह से शनि का असर है चाहे शनि किसी भी घर में हो, इस घर में आने वाले ग्रह को शनि की प्रकृति के हिसाब से ही चलना होगा, वरना १०वे घर में आने वाला ग्रह और उस ग्रह से संबंधित चीज़ो / कार्यो की हानि होगी। अतः गुरु जो की एक आदर्शवादी ग्रह है, उसे भी सांप की तरह चौकन्ना और बेरहम बन कर रहना होगा, नहीं तो गुरु निष्फल हो जाएगा अर्थात जैसा देश वैसा भेष। दसवे घर का शनि उलटी दृष्टि से पांचवे से टकराता है। तीसरा घर बुध का है यह भी दसवे घर को टक्कर मारता है। बुध शनि का दोस्त और गुरु का दुश्मन है, अतः बुध की तरह बेरहम बनकर रहे, किसी का लिहाज न करे सिर्फ अपने मतलब की बात करे। शनि की चालाकी बरते और बुध के नाक को साफ़ रखे। जातक को लोहे की गोली (शनि को बुध का गोल आकार देकर अर्थात गुरु + शनि) अपने साथ रखे तो सोने के बराबर लाभ होगा।

दसवे घर के गुरु का विपरीत असर :-

१। जातक निर्धन, दुखी और परेशान रहता है।

२। पिता की जायदाद नही मिलती।

३। पत्नी / पुत्र सुख नहीं।

४। हरआदमी उसे हिकारत की नज़र से देखता होगा।

कारण :-

२, ३, ४, ५, ६ घरो में गुरु के दुश्मन ग्रह बैठे होंगे।

नाक से हर समय गंदा पानी बहता होगा।

२, ४था घर खाली होगा।

जातक ने घर में मंदिर बनवाया होगा और धर्म स्थानो की देख रेख में रूचि होगी।

चोरी छिपे अनैतिक संबंध होंगे।

शराब, मांस, अंडे का सेवन करता होगा।

उपाय :-

१। चावल बहते पानी में बहाकर चन्द्र को ४थे घर में स्थापित करे। या तालाब के पानी में ताम्बे के टुकड़े ४३ दिनों तक डालकर सूर्य को ४थे घर में कायम करें।

२। मंदिर में बादाम चढ़ाए तो शनि २रे घर में कायम होगा।

३। घर से मंदिर हटाए और केसर का पीला तिलक लगाएं।

४। धर्मी कर्मी न हो कर चालाकी से काम करें।

सूर्य: - इस घर के सूर्य को इज्जत, सेहत और दौलत का मालिक कहां गया है। व्यक्ति कुछ वहमी स्वभाव का होता है। यहां सूर्य वास्तव में बहुत अच्छा

असर नहीं दे पाता क्योंकि दसवां घर शनि का पक्का घर है । यहां सूर्य की हालत को ठीक करने की व्यक्ति को सिर पर सफेद या हल्के शरबती रंग की टोपी पहनना चाहिए, लेकिन काले या नीले रंग की टोपी पहनने से मंदा असर होगा। लकड़ी, लोहा या भैंस का काम करें तो नुकसान होगा घर जमाई होना या राहु से संबंधित कार्य करने से नुकसान होगा। राहु के कारोबार में कोयले या बिजली का सामान होता है क्योंकि राहुल सूर्य को ग्रहण लगा देता है । दसवीं सूर्य के समय यदि चंद्र पांचवे घर में हो और सूर्य को किसी पुरुष ग्रह की मदद ना मिले। वह व्यक्ति की आयु बहुत कम होती है। सूर्य 10 के समय यदि शुक्र चौथा हो और शनि भी मंदा हो, तो पिता की मृत्यु, व्यक्ति की छोटी आयु में हो जाता है। सूर्य 10 के समय यदि खाना नंबर 4 खाली हो, तो सूर्य को सोया हुआ मानते हैं। ऐसा व्यक्ति सब प्रकार की काबिलियत होते हुए भी विशेष सफलता नहीं पाता। ऐसी हालत में सूर्य को चौथे घर में ले जाना शुभ होगा अर्थात दरिया, नदी, नाले के पानी में 40 - 43 दिन लगातार ताबे का पैसा बहाते जाना अच्छा होगा।

चंद्र : - इस घर के चंद्र को आपका का जहरीला दूध या जहरीला पानी कहा जाता है, किंतु यदि यहां चंद्र अपनी उच्च की राशि अर्थात कर्क या वृष कहां हो ऐसे व्यक्ति की आयु लंबी होती है। नंबर दो खाली हो और नंबर 4 में मित्र रहे हो या नर ग्रह हो, तो 24 साल की आयु में डॉक्टरी यानी चीर फाड़ सर्जरी का आरंभ किया गया कार्य। सूखे कुंआ को भी माया से भर देगा। जब शनि नंबर 4 या शुक्र नंबर 1 में हो तो ऐसे व्यक्ति को माता पिता का पूरा सुख मिलेगा, लेकिन उसकी प्रेमिकाएं या विधवा स्त्रिया उसके धन को बर्बाद करेंगे। जब सूर्य गुरु या मंगल चौथे घर में हो तो ऐसे व्यक्ति के सूखे कुआं भी अपने आप पानी देने लग जाएंगे और उजड़े घर आवाज होंगे तथा दूध चांदी मोतियों की वर्षा की तरह असर देंगे। इसका तर्क यह है की तीनो ही चंद्र के मित्र ग्रह है और चंद्र के अशुभ कल में अपनी शक्ति डालकर उसको अच्छा कर देंगे।

यदि चंद्रमा यहां अशुभ हाल में हो, जिसकी निशानी माता के खराब स्वास्थ्य से पता चलेगा, तो उपाय के तौर पर धर्म स्थान में जाना व्यक्ति के भाग्य को शुभ कर देगा। यदि दसवें घर का चंद्र बहुत अशुभ हालत में हो अर्थात उस पर राहु केतु की दृष्टि पढ़ती हो, या उसका संबंध शनि से हो तो डॉक्टरी के कार्य में जातक चाहे बहुत निपुण हो। किंतु उसका यह काम कब्रिस्तान में मुर्दे भरने का होगा। पानी से बनी दवाइयों का कार्य या रात में मरीजों का इलाज करना, ऐसे व्यक्ति के लिए अशुभ होगा। रात के समय दूध पीना जहर के बराबर होगा। यहां चंद्र के समय मंगल कुंडली में कहीं भी होकर बैठा हो यानी मंगल के साथ केतु हो या मंगल के साथ बुद्ध हो तो ऐसा व्यक्ति चोर, धोखेबाज और तैरते हुए को डुबोने वाला होगा।

शुक्र : - ऐसा व्यक्ति परियों के ख्वाब में डूबा रहता है, लेकिन यदि शनि शुभ हो तो शुक्र शुभ असर देता है। शुक्र नंबर 10 के समय यदि शनि साथ हो अथवा शनिके साथ दृष्टि संबंध हो या शनि नंबर 1 में हो तो शनि शुक्र को अच्छा तो कर देगा। लेकिन शुक्र को नहीं रंग में रंग लेगा अर्थात व्यक्ति में शैतानी, चालाकी और होशियारी बढ़ जाएगी। जातक की पत्नी जातक पर हावी रहेगी क्योंकि दसवें घर के शुक्र को ऐसी औरत कहा है, जो किसी दूसरी औरत के मर्द को निकाल कर ले जाए। शुक्र नंबर 10 के समय यदि शनि 9 या 11 में हो, मगर कोई दुश्मन ग्रह युति ना कर रहा हो तो बुद्ध भी अच्छा होगा और व्यक्ति के साथ कभी कोई दुर्घटना नहीं होगी, जब तक उसकी पत्नी वाहन में बैठी रहेगी, हादसा नहीं होगा। मंदी सेहत के समय गाय या कपिला गाय का दान करना चाहिए। इस दान को करने से व्यक्ति के जीवन का फैसला हो जाएगा अर्थात यदि उसकी आयु नहीं बची होगी तो तत्काल मृत्यु हो जाएगी और बीमारी में कष्ट नहीं उठाएगा लेकिन यदि आयु बाकी होगी तो तत्काल ठीक हो जाएगा।

मंगल : - यहां मंगल को चींटी के घर राजा कहते हैं, क्योंकि कॉल पुरुष कुंडली के अनुसार दसवें घर में मकर राशि आती है और मकर में मंगल उच्च का होता है। ऐसा व्यक्ति अपने खानदान को तारने वाला। इस घर में बैठे मंगल की आंख अब शनि होगी क्योंकि वह शनि के पक्के घर में है। दसवे मंगल वाले व्यक्ति को घर का सोना नहीं बेचना चाहिए। यहां का मंगल यदि अशुभ हो रहा हो अर्थात शुक्र चंद्र या राहु केतु नंबर दो में हो तो औलाद देरी से होती है। इस बुरे फल को दूर करने के लिए संतानहीन, काने एवं काले व्यक्ति की मदद करने से मंगल का जहर दूर होता है।

बुद्ध : - यहां के बुद्ध को नास्तिक या भूत की खुराक कहकर भी पुकारा गया है। व्यक्ति शरारती और मतलब परस्त होता है, खुशामदी भी होता है, बाहरी यात्राएं बहुत करता है। यहां के बुद्ध पर यदि केतु या मंगल की दृष्टि पड़े तो ऐसा व्यक्ति यदि शराब और मांस मछली का सेवन करें तो शनि का फल खराब हो जाता है।

शनि : - यहां का शनि किस्मत जगाने वाला कहलाता है। व्यक्ति के कम से कम 48 साल की आयु तक पिता का साथ रहेगा और आयु का हर तीसरा साल उत्तम होगा। यहां शनि हो और व्यक्ति परोपकार का काम करें तो शनि व्यक्ति को बर्बाद कर देगा। यहां के शनि वाले व्यक्ति की हर जगह इज्जत होती है।

राहु :- यहाँ के राहु को सांप की मणि या सांप का फन कहा गया है यह धन दौलत के लिए शुभ होता है। ऐसा जातक अच्छा व्यापारी या उच्च पद वाला होगा मंगल अशुभ हो तो धन की कमी रहेगी चंद्र घर न. ४ में हो दिमाग में खराबी आ सकती है और दृष्टी भी पूरी तरह खराब हो सकती है। धन दौलत पर भी बुरा असर पड़ता है। अशुभ राहु के लिए मंगल का उपाय अर्थात चांदी के बर्तन में शहद डाल कर रखना चाहिए।

केतु :- यहाँ के केतु के समय यदि भाई तकलीफ दे और जातक उन्हें माफ़ करता जाए तो जातक की आर्थिक हालत सुधरती जाएगी। यदि पराई औरतो के चक्कर में रहे, तो केतु उसे बर्बाद कर देगा। यदि शनि ६ ठे घर में हो तो अच्छा खिलाडी होगा। अशुभ केतु ४८ साल की आयु तक अशुभ रहता है। यह अशुभ उस समय होगा, जब शनि अशुभ हो। उपाय के तौर पर घड़े के आकार वाले चांदी के बर्तन में शहद भर कर घर में रखें। घर में रखने से भी अशुभ असर कम न हो तो इस बर्तन को बाहर कहीं दबाए। १० वे घर में केतु के साथ मंगल भी हो तो दोनों का असर अशुभ होगा। इसके कारण गृहस्थ सुख एवं कारोबार में परेशानिया आ सकती है। इन दोनों के अशुभ असर को दूर करने के लिए चंद्र का उपाय करे यानि मकान के बुनियाद के नीचे दूध या शहद दबाए।

गुरु - सूर्य :- अशुभ फल, बुढ़ापे में शुभ

गुरु -चंद्र :- शुभ अशुभ दोनों फल, अशुभ फल के समय चलते पानी में तांबे का सिक्का ४३ दिनों तक डाले

गुरु - शुक्र :- दोनों तरह के फल, अपना कमाया धन तो बर्बाद नहीं होगा लेकिन पिता के धन से कोई लाभ नहीं होगा अधार्मिक हो तो धन हवा जैसे आए और वैसे ही उड़ जाए

गुरु - मंगल :- घर न ४ एवं ६ के ग्रह शुभ अशुभ का फैसला करेंगे यदि दोनों घर खाली हो तो दिखावे का धन यदि मंगल बद हो तो ३१ साल की आयु तक अशुभ फल

गुरु - बुध :- भाग्यवान, धनवान

गुरु - शनि :- शुभ फल लेकिन सूर्य ४ थे घर में हो तो वह शनि, गुरु दोनों के फल को जला डालेगा

गुरु - राहु :- शुभ फल अपना अपना

गुरु - केतु :- व्यवसाय या नौकरी में कई तरह कई तब्दीलिया होती है, बुरे असर को दूर करने के लिए पीले नीबू धर्म स्थान में देना चाहिए

ग्यारहवां घर

यह घर लाभ स्थान भी कहलाता है। इस घर को लालच का प्रतीक भी मानते है, दूसरों से लाभ उठाने के लिए किस हद तक दूसरों के नुक्सान की परवाह किए बगैर आगे जा सकते हैं। यहाँ पर शुभ ग्रह होने से शुभ अवसर हाथ से नहीं निकलते लेकिन अशुभ ग्रह होने पर कई बार अपनी सुस्ती के कारण अवसर निकल जाते हैं। जीवन में ७५ साल की आयु के बाद का हिस्सा, यह घर है। यह घर किस्मत की उचाई बताता है, अर्थात जीवन में किस बुलंदी तक पहुंचा जा सकता है, यह घर पश्चिम दीवार का कारक है। जातक के जन्म समय से भी यह घर सम्बन्ध रखता है। यह घर अशुभ होने पर माँ-बाप की आर्थिक हालत अशुभ रहेगी। यह घर बुज़ुर्गों से मिले मकान का प्रतीक है इस घर में राशि फल का कोई भी ग्रह नहीं है,शनि और गुरु ग्रह फल के हैं।

गुरु : - यहां के गुरु को खजूर के पेड़ जैसा अकेला कहकर पुकारा गया है क्योंकि यहां गुरु शनि के पक्के घर में आता है। 11 वे घर को अदालत माना है, इसलिए यहां पर गुरु अपना फैसला ईमानदारी से नहीं कर सकता अर्थात उसका फल खराब हो जाता है। ऐसे व्यक्ति के अंतिम समय में उसका कफन भी पराया होगा अर्थात वह सम्मान के साथ नहीं मरेगा। लेकिन परोपकार करें तो, इस स्थिति में सुधार भी हो सकता है। जब तक पिता जिंदा होगा गुरु का फल शुभ रहेगा लेकिन पिता के बाद अकेला रह जाएगा।

सूर्य: - पूर्ण धर्मी लेकिन अपने आराम का ध्यान रखने वाला होगा। यहां बैठे सूर्य का फल तभी शुभ रह सकता है, जब व्यक्ति शाकाहारी और धार्मिक हो। यहां बैठे सूर्य के समय मांस मछली खाने का मतलब है, कि व्यक्ति अपने ही

औलाद को मांस समझकर खा रहा है। व्यक्ति को सांप के सपने भी आते हैं। बेईमानी या झूठी गवाही देने से पूरी तरह तबाह हो जाएगा। यहां के सूर्य को शुभ करने के लिए मूली, शलजम, गाजर, इत्यादि शनि की वस्तुएं रात को सिरहाने रखकर सुबह धर्म स्थान में देने से उसका जहर दूर हो सकता है। यहां शनि की काले रंग की चीजें नहीं लेंगे।

चंद्र : - यहां बैठे चंद्र को ना के बराबर कहां गया है। यदि इस समय शनि शुभ हो अर्थात उच्च राशि में हो या दसवें घर में हो, तो दूध का दान देने से जातक की औलाद और धन पर शुभ असर पड़ता है। इस घर में चंद्र होने से केतु मंदा ही होगा अर्थात जब तक व्यक्ति की माता जीवित रहेगी व्यक्ति को औलाद नहीं होती, अगर पैदा हो भी जाएं और जातक की मां उसे देख ले, औलाद या दादी खुद और बर्बाद हो जाए। इसके लिए यही अच्छा है की पोते की पैदाइश के बाद 43 दिन तक दादी उसे ना देखें। यदि किसी कारण से दादी पोते को देख ले, तो इसके बुरे असर को दूर करने के लिए नलके पानी गिरने की जगह को दूध से हर रोज धोती रहे या भैरो के मंदिर में लगातार दूध चढ़ाती रहे। चंद्र 11 के समय केतु कमजोर होता है, इसलिए व्यक्ति में बच्चा पैदा करने की शक्ति कम होती है। इसके लिए सोने की सलाह को खूब गरम करके दूध में बुझाकर पीने से लड़का पैदा हो सकता है। इसको 11 बार करना चाहिए। चंद्र को यदि गुरु की मदद मिले तो दोनों कभी अशुभ नहीं होते। पक्की शाम (अर्थात राहु का समय)के समय गुरु उपदेश सुनना या सुनाना, धर्म की पुस्तकें खरीदना अशुभ होगा। 121 पेड़े चलते पानी में बहाने से भी केतु का अशुभ प्रभाव समाप्त होता है (यदि नंबर 3 हो)।

शुक्र : - ऐसा व्यक्ति पैसे के पीछे ज्यादा पड़े रहते हैं। परिवारिक संबंधों में पति पत्नी दोनों को ही ज्यादा दिलचस्पी नहीं होती। बच्चों जैसा भोला स्वभाव होता है, इसका अर्थ है कि 11वें घर पर शनि का अधिकार तो है, किंतु साथ ही गुरु का भी अधिकार है। इसलिए बैठे शुक्र में शनि की होशियारी होते

हुए भी गुरु के अच्छे गुण आ जाते हैं। यदि मंगल अशुभ हो तो मंगल वस्तुएं मंदिर में देना चाहिए।

मंगल : - यहां का मंगल जैसे दूध पीकर बड़ा हुआ शेर ग्यारहवें घर पर शनि के अलावा गुरु का भी अधिकार है। इसलिए मंगल शुभ ही उसमें आध्यात्मिक शक्तियां भी होंगी उसका व्यवसाय नौकरी ऊंचे प्रकार की होगी। 13 साल की आयु के बाद भाग्योदय होगा। यदि यहां के मंगल पर बुद्ध या केतु की दृष्टि हो और तीसरा घर खाली हो तो पिता से मिला जायदाद बिग जाएगा। यदि 3 दुनियादारी वाले कुत्ते अर्थात दोहांता, साला, और जमाई को अपने घर में रखें या उनकी देखभाल करें तो मंगल शुभ हो जाएगा।

बुद्ध : - यहां का बुद्ध दौलतमंद, लेकिन साथ ही उल्लू का पट्ठा और कोही कहकर पुकारा गया है। लेकिन 34 साल के बाद इसे हीरा कहा गया है। इस घर में बैठे बुद्ध के लिए गले में तांबे का पैसा पहनना मददगार होगा। यहां पर बुद्ध हो तो किसी फकीर या साधु से ताबीज नहीं ले, नहीं तो बुद्ध उसे जड़ से उखाड़ देगा।

शनि : - यहां के शनि को खुद विधाता कहां जाता है। आदमी होशियारी और फरेब से धन कमाता है। यदि व्यक्ति अच्छा और धर्मात्मा हो तो मिट्टी के काम भी सोना देंगे। यदि बुद्ध तीसरे घर में और गुरु नौवें घर में हो तो बुद्ध, शनि गुरु तीनों का ही फल नष्ट हो जाएगा। उपाय के तौर पर सूर्योदय के समय शनि की तरल वस्तुएं अर्थात सरसों का तेल, शराब, स्प्रिट इत्यादि को जमीन पर गिराना चाहिए।

राहु :- पिता को गोली मारे या मुँह न देखे कहा गया है। जिस परिवार में जन्म लेगा उस परिवार के धन को जन्म से ही बर्बाद करना शुरू करेगा। जातक के ३६ साल तक आते आते धन सब ख़त्म हो जाएगा उपाय के तौर पर भंगी को कभी कभी दान के तौर पर पैसा देना चाहिए।

केतु :- शुभ फल देता है। तीसरे घर में बुध होन हो तो राजयोग जैसा असर देता है। यहां के केतु के अशुभ असर को दूर करने के लिए स्त्री के सिरहाने शनि कई चीज़े या मूली रखकर सुबह धर्मस्थान में देने से केतु का ज़हर दूर होता है।

गुरु - सूर्य :- जवानी से ज़्यादा शुभ फल बुढ़ापे में मिलता है

गुरु - चंद्र :- परोपकारी, यदि तीसरा घर खाली तो गुरु चंद्र सोए होते है अतः इन्हे जगाने के लिए बुध का नेक उपाय अर्थात साबुत मूंग मंदिर में दें

गुरु - शुक्र :- अशुभ फल सोने की जगह मिटटी मिलती है

गुरु - मंगल :- शुभ फल घर में पिता और भाई जीवित हो तो और शुभ अगर न हो तो गुरु या मंगल की चीज़े (हल्दी, शहद) स्थापित करे अर्थात घर में रखें

गुरु - बुध :- आर्थिक मामलो में अशुभ

गुरु - शनि :- जातक की दोस्ती से दूसरो को लाभ होगा दूसरो से दान लेने या शराब पीने से शनि का फल खराब हो जाएगा

गुरु - राहु :- पैसा नहीं टिकता

गुरु - केतु :- कोई विशेष फल नहीं

किसी भी घर में एक से अधिक ग्रह विश्लेषण का सिद्धांत

कोई भी ग्रह कुंडली के किसी भी घर में हो, किसी न किसी दूसरे ग्रह से युक्त हुआ करता है। पहले घर की भूमि सूर्य की और उस पर बना मकान मंगल का, अर्थात सूर्य मंगल का प्रभाव पहले घर में रहेगा चाहे वे कुंडली के किसी भी घर में हों, लेकिन पहले घर पर उनका प्रभाव बना रहेगा। और यह प्रभाव कैसा होगा, यह उन दोनों के जिस घर में बैठे हों, उसके प्रभाव के ऊपर आधारित होता है। इसलिए कुंडली के पहले घर में कोई भी ग्रह हो सूर्य मंगल से प्रभावित माना जाएगा। इसीलिए शनि को पहले घर में नीच का फल देने वाला माना गया है।

गुरु के साथ अन्य दो ग्रहों की युति

गुरु सूर्य चंद्र :- इस व्यक्ति को उत्तम फल मिलता है और उसका समाज में अच्छा रुतबा होता है। विद्या के लिए भी इसका फल बहुत शुभ होता है। जरुरी होता है किसी भी घर में किसी भी ग्रह की व्याख्या करते समय उस घर के मालिक एवं उसके कारक ग्रह को भी शामिल करना होता है। हर अशुभ ग्रह को किसी उत्तम घर में रखकर उसका उत्तम प्रभाव लिया जा सकता है। एक बात और ध्यान देने लायक है की किसी भी घर से आठवा एवं 12 घर उस घर के लिए अशुभ होता है। अतः उस घर से संबंधित वस्तु या रिश्तेदार के यहां से संबंध रखना या वहां से कोई वस्तु लाकर रखना अशुभ प्रभाव दायक होता है।

गुरु सूर्य शुक्र :- इस योग के अंतर्गत शुक्रिया ही पत्नी और धन संबंधी शुभ फल प्राप्त होता है। जातक की शादी के दिन से उसकी किस्मत जागेगी औरत स्वभाव से से तथा देखने में सुंदर होगी।

गुरु सूर्य मंगल :- इन तीनों ग्रहों के योग का उत्तम फल होगा। ऐसे जातक का तांबा भी सोना बन जाता है। सांसारिक संबंध में वह व्यक्ति हुक्मरान यानी दूसरों पर चलाने वाला होगा।

गुरु सूर्य बुध :- जब यह तीनों ग्रह दूसरे घर में हो और शुक्र तीसरे घर में हो तो जिस लड़की पर जातक की नजर हो या नहीं, वह जिस लड़की से प्रेम करता हो, वह इस जातक की हिस्ट्री ना बन सकेगी यानी उस लड़की से उसकी शादी नहीं हो पाए। यदि शनि पहले घर में हो और 7, 10 में कोई ग्रह हो तो जब शनि वर्षफल में खाना नंबर 1 में आए तो शादी की चीजों के काम जैसे मकान आदि की बुनियाद रखी जाए, तो पिता पर बुरा असर होगा या पिता की जान पर हमला कर देगा। इसके लिए नाक छेदन का उपाय कर सकता है।

गुरु सूर्य शनि :- यह योग किसी भी घर में हो तो व्यक्ति को सम्मान प्राप्त होगा

गुरु राहु सूर्य :- यह योग किसी भी घर में हो तो व्यक्ति को सरकारी कामों से शुभ फल नहीं मिलेगा यानी सरकारी नौकरी उसके लिए अच्छी नहीं रहेगी लोग भी उसके साथ अच्छा बर्ताव नहीं करेंगे।

गुरु सूर्य केतु :- योग पहले या किसी भी घर में हो तो सूर्य का फल अच्छा नहीं रहता या नहीं उसका सरकार से या सरकारी नौकरी से अच्छा फल नहीं होगा।

गुरु चंद्र शुक्र :- किसी भी घर मेंकिसी भी घर में हो तो ऐसा व्यक्ति कभी अमीर कभी गरीब होगा। शादी के वक्त से व्यक्ति की दौलत कम होने लगेगी उसके औलाद पर अच्छा पर असर नहीं पड़ेगा या औलाद पैदा होने में देर होगी।

गुरु चंद्र मंगल :- यह किसी भी घर में हो इन का फल पीपल नीम और बढ़ का दरख्त कहकर पुकारा गया है यानि तीनों ही उत्तम फल के होंगे।

गुरु चंद्र बुद्ध :- इनकी युति से दलाली के काम जातक के लिए बहुत लाभकारी होंगे। यह लाखों पति होते हुए भी अपने जीवन में मुसीबत से बहुत खेलेगा।

यदि तीसरे घर में हो तो, बहन बुआ या माता पर बुरा असर पड़ेगा, लेकिन धन दौलत के लिए शुभ ही रहेगा । यदि चौथे घर में हो तो भी इनका यही फल रहता है । दूसरे घर में ग्रहों का फल पिता के लिए अच्छा नहीं होता मगर धन दौलत के लिए इसे कोई बुरा प्रभाव नहीं होगा ।

गुरु चंद्र शनि :- घर नंबर दो और घर नंबर 9 के अलावा इन तीनों का ही शुभ होगा । ऐसा आदमी दूसरों के लिए पारस का काम देता है और दूसरों का वफादार मित्र होगा शुभ होता है । ग्रह खाना नंबर 2 में हो और खाना नंबर 8 अशुभ हो तो चंद्र का फल शुभ होगा । नंबर 9 में चंद्र का फल अशुभ होगा जिंदगी दुख भरी होगी नंबर 11 में माता दादी ताई चाची आत्महत्या करें या अचानक मरे ।

गुरु चंद्र राहु :- ग्रहों का फल शुभ नहीं होता पत्नी और माता पर भी इसका असर रहेगा । यदि बारे में घर में हो तो माता पिता के लिए भी अच्छा नहीं होगा।

गुरु चंद्र केतु :- यह किसी भी घर में अशुभ फल ही देंगे । सांस की हवा जैसी होने के कारण जीवन में मायूसी ही रहेगी । प्यास बुझाने के लिए पानी की बजाए उसे गंदगी ही मिलेगी । यात्रा अधिक कामों से कोई विशेष लाभ नहीं होगा ।

गुरु शुक्र मंगल :- यह किसी भी घर में हो तो कई बार का फल आज के लिए अच्छा नहीं रहता । व्यक्ति की औलाद या ऐसा व्यक्ति यदि अपना जीवन में प्रेम संबंधों में ही लगा दी तो उसका बहुत दुख प्राप्त होगा ।

गुरु शुक्र बुध :- इस योग से जातक की शादी व गृहस्थी में कुछ न कुछ खराबी पैदा होती हैं । यदि यह नंबर साथ में हो तो व्यवसाय पर इतना अशुभ असर नहीं पड़ेगा ।

गुरु मंगल बुध :- यह किसी भी घर में हो तीनों का अशुभ फल प्राप्त होगा। यह अशुभ फल और बढ़ेगा जब राहु की दृष्टि हो या राहु से किसी तरह का संबंध हो।

गुरु मंगल शनि :- यह सिर्फ खाता नंबर 2 में ही शुभ है बाकी घरों में शुभ नहीं होती। घर में मर्दो की कमी होती है गुरु या गुरू की कारक चीजें जैसे पिता पर भी अशुभ असर होगा। ऐसा व्यक्ति अपनी पुरखों की प्रॉपर्टी पुरखों की प्रॉपर्टी भी पाए तो उसको भेज खाएगा या कर्जदार हो जाएगा। उसकी दौलत बर्बाद हो जाएगी जो भी इस व्यक्ति के संपर्क में रहेगा उस पर भी अशुभ असर पैदा होगा।

गुरु मंगल केतु :- जातक की औलाद और किस्मत उसकी 45 साल की आयु तक शुभ अवसर देंगे। उसके भाई बेशक अच्छी हालत में ना भी हो तभी उसकी 45 साल की आयु तक उसे भाइयों से मदद मिलेगी। ग्रहों के अशुभ असर को दूर करने के लिए काले रंग के पत्थर ओके रंग यानी पीले फूल लगातार 41 दिन तक चढ़ाने से इन ग्रहों का असर शुभ हो जाएगा।

गुरु बुध शनि :- केवल बारहवें घर को छोड़कर यह तीनों ग्रह कहीं भी हो इन का फल अशुभ होता है। ऐसी हालत में यदि बुध थोड़ा खराब हो रहा हो तो उस व्यक्ति के लिए आर्थिक तंगी होती है और उसे बेशुमार दुखों का सामना करना पड़ता है।

गुरु बुद्ध राहु :- माया की रक्षा करने वाला व्यक्ति। कंजूसी करेगा, लेकिन इसका यह मतलब नहीं कि ऐसा व्यक्ति निर्धन होगा।

गुरु केतु बुद्ध :- हर जगह उसके रहे ऐसा दौलत और सुखी जातक की किस्मत हर जगह उस के साथ रहेगी। ऐसा व्यक्ति दौलत और परिवार से सुखी रहेगा।

गुरु शनि राहु :- यह अच्छा फल नहीं देता कई बार यह ग्रह दुर्घटना के कारक भी बन जाते हैं।

गुरु शनि केतु :- जातक बुरी और मंदी किस्मत के कारण से औलाद से बहुत सुख नहीं पाता यानी औलाद के रुकावटें मौतें आदी हो सकती हैं।

गुरु सूर्य चंद्र मंगल :- यह किसी भी घर में हो तो जातक की हैसियत शानदार होती है सभी लोग उसका सम्मान करते हैं।

गुरु सूर्य शुक्र मंगल :- यह किसी भी घर में हो तो व्यक्ति भाग्यवान होगा और अच्छे खानदान से संबंधित होगा। ऐसा व्यक्ति अपने जीवन में हर जगह जीत प्राप्त कर देगा।

गुरु सूर्य शुक्र बुध :- यह किसी भी घर में हो तो अच्छा फल ही देंगे, लेकिन नंबर तीन और 11 खाली हो तो व्यक्ति को सुबह के समय सूर्य नमस्कार करना या पूजा करना, उसके भाग्य को जगा देना।

गुरु चंद्र बुध शनि :- यह योग जातक के स्वास्थ्य पर अच्छा असर नहीं देता और कई बार अपने जीवन में बुरे काम भी करता है। विशेषकर यदि यह ग्रह योग दूसरे या छठे भाव में हो। लेकिन उसकी आर्थिक स्थिति ठीक रहती है और उसके चरित्र पर भी इसका कोई बुरा प्रभाव नहीं होता।

गुरु चंद्र बुद्ध राहु :- 42 साल की उम्र तक जातक के लिए यह ग्रह अशुभ फल भी देंगे लेकिन 42 साल की आयु बीत जाने के बाद उसका फल अच्छा हो जाएगा।

गुरु बुध शनि राहु :- यह ग्रह किसी भी घर में हो तो ऐसा व्यक्ति यदि किसी से पैसा उधार ले कर व्यापार करे तो उसका व्यापार पूरी तरह से नष्ट हो जाएगा। लेकिन यदि ऐसा व्यक्ति अपने ससुराल से या अपने चाचा से धन लेकर कोई काम शुरु करें तो उसमें बहुत अच्छा फल प्राप्त होगा।

सूर्य के साथ दो ग्रहो की युति

सूर्य चंद्र शुक्र :- किसी भी घर में एक साथ हो तो ऐसा व्यक्ति अमीरी और गरीबी दोनों ही परिस्थितियों को भोगता है और यह असर उस समय विशेष तौर से पड़ेगा जब यह तीनों ग्रह खाना नंबर 9 में हो।

सूर्य चंद्र बुध :- बुद्ध की 17 या 34 साल की उम्र में तीनों ग्रहों के इकट्ठे होने से न सिर्फ माता-पिता पर असर पड़ेगा और उसका ध्यान भी बर्बाद होगा बल्कि चंद्र की चीजें जैसे माता दिल की शांति औरत पर भी इसका बुरा प्रभाव पड़ेगा। यह असर उस समय और भी बढ़ जाएगा जब गुरु शनि राहु तीनो या उनमें से कोई भी खाना नंबर 3 में हो। आमतौर पर इन तीनों ग्रहों की युति 1 2 7 और बारहवे घर में कोई बहुत बुरा फल नहीं देती।

सूर्य चंद्र राहु :- इस योग में चंद्र बर्बाद होगा, ज्ञानी माता और मन की शांति पर बुरा असर पड़ेगा और धन दौलत के लिए युति अशुभ तो है। लेकिन यदि व्यक्ति खाना नंबर 5 में हो, तो सूर्य का फल अशुभ नहीं होगा। लेकिन खाना नंबर 5 की दूसरी चीजों से औलाद व गहरे पर इसका बुरा प्रभाव पड़ सकता है। इसके उपाय के लिए दुर्गा पूजन करना या कुंवारी कन्याओं को भोजन आदि खिलाना इनके शहर को दूर करेगा।

सूर्य चंद्र केतु :- यहां पर केतु का फल अशुभ हो जाएगा यानि बेटे पर बुरा असर पड़ेगा। ऐसे व्यक्ति को ना रात को आराम न दिल को वह लखपति होता हुआ भी दुखिया ही रहेगा। इसके बुरे असर को दूर करने के लिए दुर्गा को या कुंवारी कन्याओं को खाना खिलाना शुभ रहेगा। लेकिन यदि यह नंबर पांच में हो तो उसका असर उत्तम ही रहेगा।

सूर्य शुक्र बुध :- ऐसी हालत में यदि केतु नीच राशि के हिसाब से या किसी दृष्टि के कारण मन ना हो रहा हो तो व्यक्ति के बुढ़ापे के समय या बहुत देरी से ही बेटा पैदा होगा। औरत की कुंडली में इन तीनों ग्रहों के इकट्ठा होने के समय

किसी भी घर में हूं और लड़का पैदा होने और मर्द की उंगली में लड़की पैदा होने पर औरत बर्बाद या मंदी हालत की होगी। ऐसी मंदी हालत के लिए औरत का भाई ही जिम्मेदार हो सकता है। जातक की बर्बादी ही होने का डर रहता है। कई बार जुबान की बीमारियां भी हो सकती हैं। जुबान की बीमारियां यदि हो तो इनके अशुभ फल से शुरु होने की निशानी है। जुबान की बीमारियां होने के समय शनि की चीज यानी शराब आदि का प्रयोग करना अच्छा रहता है। यदि यह खाना नंबर 8 में हो और जातक की शादी बुद्ध की आयु 17 या 34 साल में हो तो शादी के 3 साल के अंदर अंदर औरतों की मौत दिन के समय किसी दुर्घटना से हो सकती है। यदि यह खाना नंबर 3 में हो और शनि नंबर 12 हो तो मकान की तहसील यानी मकान की जमीन के नीचे या अंधेरी कोठरी में बादाम दबाना औलाद की पैदाइश में सहायता करेगा। यदि 9 वे घर में हो तो किसी वकील को साथ रोटी एक साथ देना इसके अशुभ फल को दूर करेगा। यदि दसवें घर में हो तो जातक की शादी का रिश्ता अपने ही घर में हो जाना बहुत अशुभ फल देगा। ऐसी हालत में घर में दिवार में रखी होगी घर में नहीं रखना चाहिए रखना चाहिए। उसकी घर में यदि निवार के गोले रखे हो तो उसे खोल कर चारपाई में वन के रखना चाहिए।

सूर्य शुक्र शनि :- इन तीनों की युति से पति-पत्नी आपस की गलतफहमी में बर्बाद होंगे। इसके उपाय के लिए मिट्टी के गोल आकार के बर्तन में लाल पत्थर के टुकड़े डालकर ग्रह जिस घर में बैठा हो उस घर की उस दिशा में घर के बाहर वीराने में उसको दबा देना चाहिए।

सूर्य शुक्र राहु :- इस योग से औरत ज्ञानी व्यक्ति की पत्नी और उसके काम पर बुरा असर पड़ता है। यह विशेष सर उस समय पड़ता है जब यह दिन हो गए खाना नंबर 1 में हो।

सूर्य शुक्र केतु :- यदि ये तीनों ग्रह खाना नंबर 1 में हो तो शुक्र यानी पति व केतु यानी लड़का का रीढ़ की हड्डी पर बुरा प्रभाव पड़ेगा। जब तक ऐसे व्यक्ति की औरत अपने पारिवारिक मकान में रहे, यानी उस व्यक्ति के पारिवारिक मकान में रहे, तो बीमार और मुखिया ही रहेगी और कई बार मानसिक बीमारियां होने का भी डर रहेगा।

सूर्य मंगल बुध :- इस योग से व्यक्ति में एक समय में काम करने की ताकत होती है। वह किसी भी शरारत का जवाब देने की ताकत रखता है वह बातों को गुप्त भी रख सकता है।

सूर्य मंगल शनि :- इस योग के कारण धन दौलत अच्छी रहती है लेकिन जब तीनों ग्रह थाना नंबर 11 में हो तो ऐसा व्यक्ति झूठा जिद्दी हठधर्मी व अभागा होगा।

सूर्य बुध शनि :- इन तीनों ग्रहों का ही फल उत्तम होगा मगर गुरु यानी पिता के लिए इसका फल शुभ नहीं होगा।

सूर्य बुध राहु :- इस योग से कुंडली वाले के राज दरबार या काम पर बुरा असर नहीं पड़ता। बुद्ध के रिश्तेदार यानि बुआ बहन या बेटी के पति पर उसका बुरा प्रभाव पड़ता है और विशेषकर अपने कामकाज पर इसके लिए उपाय के तौर पर चंद्र का उपाय करना चाहिए, यानी चांदी की डिब्बी में चावल डाल कर घर में रखना अच्छा रहता है।

सूर्य बुध केतु :- इस में जातक के भांजे या मंदा असर ही देंगे वह उसकी दौलत खा पीकर बर्बाद कर देंगे। उसकी नेकी को भुला कर उसका एहसान तक याद नहीं रखेंगे।

सूर्य चंद्र शुक्र बुध :- सूर्य के साथ यदि चंद्र शुक्र बुध हो तो ऐसे व्यक्ति के पिता की हालत उत्तम होगी। वह अच्छा होगा और अच्छे कर्म करेगा।

सूर्य चंद्र मंगल शनि :- 2 6 और बारहवें भाव में इन ग्रहों की युति का उत्तम फल ही रहेगा।

सूर्य चंद्र बुध केतु :- इस ग्रहयोग के कारण ऐसे व्यक्ति का पिता डूब कर मरता है या दुनियादारी की हालत में दुखिया होकर रहेगा।

सूर्य शुक्र बुध शनि :- इंद्र हो की ज्योति से ऐसा व्यक्ति पैसा जोड़ जोड़ कर रखता है लेकिन उसे खाते दूसरे लोग। यदि यह ग्रह चौथे घर में हो तो ऐसे व्यक्ति की दो औरतें हो सकती है। उसका चाल चलन व चरित्र अच्छा नहीं होगा। ऐसा व्यक्ति बिना मतलब जिंदगी गुजार कर मरता है।

सूर्य मंगल बुध शनि :- यह योग जिस किसी भी घर में हो चारो का फल अशुभ होगा। व्यक्ति के लिए परेशानियां पैदा होगी। यदि चारों ही नष्ट हो या अशुभ हो तब अकेला ही लाखों का मुकाबला करने वाला होगा। यदि चारो अशुभ रहे हो तो लूट के माल से मालामाल हो जाएगा।

चंद्र के साथ दो ग्रहो की युति

चंद्र शुक्र बुध :- सूर्य और शुक्र का फल अशुभ होगा किंतु व्यक्ति की सेहत और कामकाज पर कोई बुरा प्रभाव नहीं पड़ेगा। यदि यह योग चौथे घर में हो तो जातक की अपनी खानदान के दूसरे लोगों की आयु लंबी होगी। यदि पांचवें घर में हो तो आयु केवल 2 साल ही होगी। इसका मतलब है कि आयु बहुत कम होगी। यदि यह योग सातवे घर में हो तो व्यक्ति की शादी और और रात पर अशुभ असर पड़ेगा। दूसरे शब्दों में शादी देर के बाद 34 साल की के पास होगी। खेती की जमीन माता सरकारी नौकरी तथा व्यापार पर भी इसका असर होगा। इसके बुरे प्रभाव को दूर करने के लिए चंद्र के लिए आराध्य पूजन मंगल के लिए और केतु के लिए केले का दान करना चाहिए।

चंद्र शुक्र शनि :- व्यक्ति के अपने लिए इसका असर बहुत अशुभ होगा उसकी दौलत उसके औलाद के हाथ लगेगी। वैसे वह धन दौलत कमाई करेगा जरूर। उसके ससुराल को भी नाहक बर्बादी का सामना करना पड़ेगा। व्यक्ति की मौत आमतौर पर पर देश में होती है।

चंद्र मंगल बुध :- यह नंबर 1,4,5 में हो तो व्यक्ति की सेहत और धन पर इसका अच्छा असर होगा। लेकिन यदि इनका शनि से दृष्ट हो या 11 भाव में हो तो व्यक्ति की सेहत पर असर होगा। उपाय के तौर पर वृक्षाला पर बैठना या सोना अच्छा फल देगा।

चंद्र मंगल शनि :- यह युक्ति खाना नंबर 7, 8 में हो तो धन हानि होगी तथा परिवार में मौत का संकट बना रहता है।

ग्यारहवे घर में हो तो राज दरबार का फल अच्छा होगा। केवल 11 भाव को छोड़ कर यह युति कहीं भी हो तो व्यक्ति का धन केवल दिखावे का धन होगा, जो अंत में दूसरों के काम आएगा। बुढ़ापे में नजर पर बुरा प्रभाव पड़ सकता है। ऐसे व्यक्ति को जिस्म पर सफेद दागों की बीमारी भी हो सकती है। ऐसा व्यक्ति गुस्से वाला दूसरों पर प्रभाव डालने वाला या सरकार से लाभ उठाने वाला होता है।

चंद्र मंगल राहु :- यदि ऐसे व्यक्ति का जन्म के समय माता के पेट से सिर के बजाय पैर बाहर निकाले तो वह पिता की आयु पर अशुभ असर डालेगा या पिता की मौत उसके जन्म के बाद होगी। उपाय के तौर पर ऐसे व्यक्ति को पानी के स्थान पर दूध डालकर मीठा हलवा बनाकर और दूसरों को खिलाना चाहिए।

चंद्र मंगल केतु :- चंद्र और गुरु दोनों का ही अशुभ फल होगा यानी माता-पिता दोनों पर बुरा प्रभाव पड़ता है। व्यक्ति के लड़के पर भी इसका असर अशुभ जी रहेगा। 48 साल की आयु तक ऐसे व्यक्ति की औलाद पैदा नहीं

होगी या बस औलाद से दुखी रहेगा । यह सर और भी शुभ हो जाएगा यदि खाना नंबर 7 में बैठा हुआ शुक्र भी अच्छी स्थिति में ना हो ।

चंद्र बुध शनि :- ऐसा व्यक्ति दौलत और हौसले वाला तो होगा, किंतु यदि चौथे घर में हो तो मामा का घर बर्बाद होगा मगर इस बर्बादी या गरीबी के कारण से नहीं होगी । ऐसे व्यक्ति को मानसिक या बेहोशी की बीमारी हो सकती है । इसके प्रभाव को दूर करने के लिए आम के पेड़ के जड़ों में दूध डालना चाहिए ।

चंद्र बुद्ध राहु :- जातक का पिता पानी में डूब कर मर सकता है । किंतु चंद्र यानी माता पर इसका बुरा प्रभाव नहीं होगा ।

चंद्र शनि राहु :- जातक के 33 या 36 साल आयु बल के 39 साल आयु में शनि अशुभ घटनाएं पैदा करेगा । ऐसे व्यक्ति को धन तथा स्त्रियों यानी औरत माता आदि का सुख हल्का होगा विशेषकर जब यह ग्रह नंबर 12 में हो ।

चंद्र शुक्र मंगल बुध :- चारों का ही बुराअसर होगा मगर लड़की की शादी के दिन से इनका असर शुभ होना शुरू हो जाएगा ।

चंद्र शुक्र मंगल शनि :- व्यक्ति के सरकारी नौकरी या व्यवसाय पर असर होगा विशेषकर जब यह ग्रह घर नंबर दो में हो ।

चंद्र शुक्र बुध शनि :- आमतौर पर ऐसे जातक के परिवार में अब किसी का जन्म होगा तो परिवार का कोई व्यक्ति मर जाएगा ।

शुक्र के साथ अन्य दो ग्रहों का फल

शुक मंगल बुध :- ऐसे जातक की शादी और औलाद के लिए इसका अशुभ प्रभाव पड़ता है । यदि यह युति खाना नंबर 3 में हो तो जातक की उम्र भी कम हो सकती है ।

शुक्र मंगल शनि :- अब मंगल और केतु दोनों ग्रह दोगुना देखभाल के होंगे। यदि मंगल गुरु या मंगल शुक्र का शनि से दृष्टि संबंध बन रहा हो तो यह धन दौलत पर शुभ असर देगा। यदि मंगल शनि या मंगल चंद्र का गुरु से दृष्टि संबंध हो तो आयु पर शुभ प्रभाव होगा तथा संकट के समय गुप्त सहायता मिलती है।

शुक्र बुध शनि :- ऐसा जातक यदि गाय की सेवा करें तो गृहस्थ सुख औलाद एवं आयु के लिए शुभ होता है। घर में रखी हुई काली गाय काले कुत्ते को रोटी का टुकड़ा देते रहना सब दुख दूर करेगा। लेकिन यदि किसी दूसरे घर से भी रोटी का टुकड़ा उन्हें मिलने लगे तो दूसरे लोगों का जहर भी आ जाएगा इसका ध्यान रखना चाहिए।

शुक्र बुध राहु :- ऐसे जातक की कई शादियां और कई स्त्रियां होंगी मगर गृहस्थ सुख बर्बादी होगा। विशेष कर खाना नंबर 7 में युति होने से शादी और औलाद पर अशुभ प्रभाव पड़ता है। कई सदियों से तात्पर्य कई प्रेम संबंध होना भी है।

शुक्र बुध केतु :- तीनों ही ग्रहों का फल होगा खासकर खाना नंबर 7 में होने से शादी और औलाद पर इसका बहुत बुरा प्रभाव होता है।

शुक्र शनि केतु :- ऐसे जातक का चाल चलन ठीक नहीं होगा और इस खेल में अपनी गृहस्थी को बर्बाद कर लेगा, तब भी उसे कोई अफसोस नहीं होगा।

शुक्र केतु तथा राहु का संबंध :- ऐसे जातक का न सिर्फ अपना गृहस्थ सुख बर्बाद होगा बल्कि उसका पड़ोस भी दुखिया ही होगा। खासतौर से इसका प्रभाव उस स्थिति में और भी तेज होगा जब यह युति कुंडली के पहले घरों यानी 1 से 6 तक हो। ऐसे व्यक्ति के पड़ोस की लड़कियों की शादी ना हो सकेगी।

शुक्र मंगल बुध राहु :- शादी में और लोगों के कारण विरोध होकर धन की हानि होती है। फिजूल खर्ची की भरमार रहेगी यदि यह युति सातवें घर में हो तो शादी देर से होती है और वैवाहिक जीवन सुखी नहीं होता।

घर न. २,५,८,११ में जो भी ग्रह आये और यदि वह तकलीफ दे रहा हो तो तकलीफ दूर करने के लिए किसी और ग्रह की मदद लेंगे जो की इन घरो में न बैठा हो। ज़्यादातर इन घरो के कारक ग्रहो या राशिफल के लिए निर्धारित ग्रहो की मदद ली जाती है।

मंगल बुध शनि : - ऐसे जातक के मामा पर इसका बहुत बुरा प्रभाव पड़ता है यदि वह घर बार छोड़ दे तो, वरना बर्बाद ही होगा। मृगछाला के प्रयोग से सहायता मिलेगी। ऐसे में शनि दोगुना अशुभ असर देगा आंखों की खराबियां और नालियों के नाखून के रोग हो सकते हैं। उपाय के तौर पर खास तौर से खाना नंबर छह के वक्त यानी दूध व गुरु की चीजें यानी हल्दी केसर आदि धर्म स्थान में देने से सभी ग्रहों का जहर दूर होगा। 2 और 12 के वक्त बताशे मंदिर में देना भी सहायक होगा।

मंगल शनि केतु : - युति के प्रभाव से मंगल बद का अशुभ असर ज्यादा होगा। शनि में नीम का वृक्ष (यानी मंगल) और कुत्ता (यानी केतु) मौजूद होगा। कुंडली में मंगल शनि के साथ कोई भी गृह साथ हो तब तीनों ही अशुभ फल के होंगे यानी तीनों का फल जहरीला हो जाएगा।

मंगल बुध शनि राहु : - कुंडली के जिस घर में बैठे हो उसका प्रभाव अशुभ नहीं होगा, लेकिन यदि अगल-बगल सूर्य बैठा हो तो धन हानि जरूर होगी, यानी धन की चोरी हो सकती है। कहने को तो राजा होगा मगर उसके औलाद नहीं होगी और लड़कियां दुखिया वह बीमार ही होगी। यदि घर का दरवाजा दक्षिण का हो तो इसका जहर और भी तेज होगा। उपाय के तौर पर घर की

दहलीज के नीचे चांदी की चक्की तार दहलीज की लंबाई के बराबर लगाना इसके जहर को कम करेगी।

बुध शनि राहु : - शादी कई दफा हो मगर फिर भी औलाद की कमी रहेगी। यह सुख भी अच्छा नहीं रहेगा खासतौर से जब यह युति नौवें घर में हो।

बुध केतु तथा राहु का संबंध : - ऐसे परिवार में हर वक्त मौत गूंजती रहेगी, यह ग्रह खाना नंबर 1 में हो या वर्षफल के अनुसार खाना नंबर 1 में आ जाएं। इस समय शनि नंबर 8 में हो तब हर ग्रह अपना अलग अलग फल देगा।

शनि केतु तथा राहु का संबंध : - यदि इन ग्रहों की किसी शत्रु ग्रह पर दृष्टि पड़ती हो तो, यह उसके प्रभाव को पूरी तरह नष्ट कर डालेंगे।

पंचायत या ज्यादा ग्रहों का फल

लाल किताब में 5 या 5 से ज्यादा ग्रहों की स्थिति को पंचायत कह कर पुकारा गया है। इसमें सबसे उत्तम पंचायत वह है जिसमें बुद्ध शामिल ना हो मगर राहु या केतु में से एक जरूर शामिल हो। स्त्री ग्रह सातवें पापी ग्रह बुध के बिना एक साथ की पंचायत हो तो किस्मत का धनी हुक्मरान औलाद वाला व्यक्ति होगा। बेशक वह मिट्टी का माधव या अकल का अंधा ही क्यों ना हो ऐसे व्यक्ति को दौलत और घर से सुख प्राप्त होगा और उसकी आरजू भी लंबी होगी। यदि गुरु सूर्य शुक्र बुध शनि इन बिजी हो और यह उसकी खाना नंबर 1 से 6 तक हो अशुभ फल देगी। यदि यही होती 7 से 12 तक हो तो शुभ फल देने के अतिरिक्त ऐसा व्यक्ति अमीर होगा और उसकी आर्थिक हालत बहुत अच्छी होगी।

लाल किताब के विशेष सिद्धांत और नियम

जब कोई ग्रह कुंडली में शुभ स्थान में हो और उसको जगाने वाला कोई भी ग्रह उसके सामने ना हो, तो वह ग्रह सोया हुआ होने के कारण कोई फल नहीं

दे पाएगा । ऐसे गृह को जगाने के लिए उसके सामने वाले घर में किसी ग्रह को कायम करने से सोया हुआ ग्रह जाग जाएगा या स्वयं ऐसी कोई घटना होगी, जिसके कारण इसके सामने वाले घर में कोई ग्रह स्थापित हो जाए, इससे यह ग्रह जाग जाएगा। उदाहरण के तौर पर गुरु पहले घर में शुभ फल देता है परंतु यदि सातवां घर खाली हो तो गुरु सोया हुआ और निष्फल होकर कोई शुभ फल नहीं दे रहा होगा। ऐसे में शादी होने पर सातवें घर में शुक्र कायम होगा और उसके बाद यह ग्रह अपना शुभ फल देने लगेगा। यदि शादी ना हो तो गाय को भोजन का भाग प्रतिदिन देते रहने से पहले घर का ग्रह अपना फल देना शुरू करेगा। जिस व्यक्ति की कुंडली में गुरु, सूर्य, चंद्र या मंगल शुभ ग्रहों और साथ में घर में कोई भी ग्रह ना हो तो वह व्यक्ति गाय पालन करें, नौकरानी रखें या सातवें घर में किसी शुभ ग्रह को कायम करें। भूमि पर तेल डालने या सुरमा दबाने से सातवें घर में शनि कायम होगा। इसी प्रकार सौंफ दबाने से मंगल सातवें घर में कायम होकर गुरु और मंगल दोनों के फल को शुभ कर देगा, क्योंकि गुरु से साथ में मंगलको राजयोग और अति शुभ माना गया है। शनि सातवें घर में उत्तम होता है। किसी प्रकार किसी भी घर के शुभ ग्रह को जगाना आवश्यक होगा, परंतु ख्याल रहे खाली घर में ऐसा ग्रह कायम ना करें, जो उस घर में बुरा फल देने वाला हो। पहले घर के गुरु के सामने सातवें घर में राहु को कायम करना उचित ना होगा, क्योंकि राहु शुक्र का शत्रु होने के कारण शुक्र के कल को नष्ट करके गृहस्थ सुख को हानि पहुंचाएगा। हाथी बिल्ली की पालना या बिजली के काम से राहु कायम हो जाएगा। यदि मंगल लग्न में हो तो हाथी पास रखना पालना या हाथी की सवारी करना शुभ फल देगा, पहले घर का मंगल जाग जाएगा। गले में किसी भी ग्रह की वस्तु धारण करने से वह ग्रह पहले घर में कायम होगा। धर्म स्थान में किसी भी ग्रह की वस्तु देने से दूसरे घर में कायम होगा। कलाई पर किसी भी ग्रह की वस्तु धारण करने से ग्रह तीसरे घर में अपना प्रभाव देने लगेगा। दरिया में किसी भी ग्रह की वस्तु

बहाने से वह ग्रह चौथे घर में अपना प्रभाव देगा। किसी भी ग्रह की वस्तु बच्चों में बांटने या स्कूल में देने से ग्रह का प्रभाव पांचवें घर में जाएगा। इसी प्रकार हिजड़ों को हरा वस्त्र देने से बुद्ध एवं शुक्र का प्रभाव छठे घर में जाएगा और बारहवें घर का ग्रह जाग जाएगा। कच्ची भूमि में सुरमा दबाने या तेल डालने से शनि का प्रभाव सातवें घर में चला जाएगा। तिल श्मशान में बिखेरने से केतु आठवें घर में प्रभाव डालेगा और संतान श्मशान में पहुंचने से बच जाएगी। किसी भी ग्रह का रंग मकान के फर्श पर करने से वह ग्रह नौवें घर में असर डालेगा। अंधेरी कोठरी में सौंफ रखने से मंगल और बादाम रखने से शनि का असर दसवें घर में जाएगा। सूर्य को जल देने से सूर्य का प्रभाव 11 वें घर में जाएगा। सिरहाने सौंफ रखने से मंगल का प्रभाव 12 वीं घर में जाएगा।

जिस घर में दो या दो से अधिक ऐसे ग्रह युति कर रहे हो, जो आपस में दुश्मन हो, तो उस घर में यदि ऐसे ग्रह को कायम कर दिया जाए, जो की ग्रहों का कॉमन दोस्त हो, तो इस घर में होने वाला अशुभ प्रभाव, शुभ हो जाएगा और और युति करने वाले इन ग्रहों की दृष्टि के कारण जो घर अशुभ हो रहे हैं उन पर भी प्रभाव शुभ हो जाएगा। उदाहरण के तौर पर गुरु और बुध यदि सातवें घर में हो तो गुरु और बुध आपस में दुश्मन होते हैं। लेकिन यदि उपाय द्वारा यहां पर शनि को स्थापित कर दिया जाए अर्थात सरसों तेल भूमि में डाला जाए तो शनि का प्रभाव नंबर7 घर में हो जाता है क्योंकि शनि, गुरु और बुद्ध दोनों का ही दोस्त है, अतः सातवां घर का अशुभ प्रभाव शुभ हो जाएगा साथ ही ग्रहों की दृष्टि जैसे गुरु की दृष्टि 1, 5, 7, 9 एवं बुध की दृष्टि 7 घर पर, शनि की दृष्टि 3, 10, 7 घरों पर शुभ असर डालना शुरू करेगी।

हर धर्म में भगवान की पूजा करना अति आवश्यक और शुभ माना गया है परंतु पूजा के भी कुछ नियम है। धर्म स्थान इसलिए बनाए गए हैं। उनका निर्माण कुछ नियमों के आधार पर हो और उनमें उचित समय पर नियमानुसार इकट्ठ होकर पूजा इत्यादि करें। हर व्यक्ति अपने ढंग से भगवान की मूर्तियों को सजा

कर पूजा करना शुरू कर दे तो उस पूजा में बहुत सी गलतियां रह जाती है और अनेक प्रकार की उलझन खड़ी होती रहती हैं। जातक सोचता होगा कि घर में मंदिर बनाकर अधिक से अधिक भगवान की पूजा करता हूं फिर भी सुख और चयन नहीं। पूर्वजों ने सच ही कहा है कि बड़ों के अति निकट रहना खतरे से खाली नहीं। समय-समय पर किसी बड़े व्यक्ति के पास जाकर उसे अपनी शुभकामनाएं दे दो, भगवान के मंदिर में जा कर भगवान की पूजा करो तो सुखी रह सकोगे। घर में मंदिर बनाकर वह कष्टों का ही सामना करना पड़ेगा। जब कुंडली के 8 वीं और 12 वें घर अशुभ गृह पड़े हो और वह ग्रह आपस में शत्रु हो तो जातक को मंदिर नहीं जाना चाहिए। आठवां और बारहवां घर दूसरे घर के द्वारा मिलते हैं आठवें घर की दृष्टि घर पर पड़ी और दूसरे ने 6 घर को देखा और छठे ने 12 में घर को देखा अर्थात घर के ग्रहों की दृष्टि दूसरे घर से होती हुई बारहवें घर के ग्रहों से मिली। आठवीं और 12वी दोनों घरों के अशुभ और आपस में शत्रु ग्रह मिले, और परेशानी खड़ी कर दी।

ग्रहो का शत्रुता मित्रता चार्ट

ग्रह	शत्रुता	मित्रता	सम	शुभ घर	अशुभ घर
गुरु	शुक्र बुध राहु	सूर्य चंद्र मंगल	शनि राहु केतु	१ २ ४ ५ ९ ११ १२	३ ६ ७ ८ १०
सूर्य	शुक्र शनि राहु केतु	गुरु चंद्र मंगल	बुध	१ २ ३ ४ ५ ९ १२	६ ७ ८ १० ११
चंद्र	राहु केतु	सूर्य बुध	गुरु शुक्र मंगल शनि	१ २ ३ ४ ५ ९ ११ १२	३ ६ ७ ८ १०
शुक्र	सूर्य चंद्र राहु	बुध शनि केतु	गुरु मंगल	३ ७ १० ११ १२	१ २ ४ ५ ६ ८ ९
मंगल	बुध केतु	गुरु सूर्य चंद्र	शुक् शनि	१ २ ३ ५ ७ ९ १० ११ १२	४ ६ ८
बुध	चंद्र	सूर्य शुक्र राहु	मंगल केतु गुरु सूर्य शनि	१ २ ४ ५ ६ ७ १०	३ ८ ९ ११ १२

शनि	सूर्य चंद्र मंगल	शुक्र बुध राहु	गुरु केतु	४ ७ ८ ९ १० ११ १२	१ ३ ५ ६ ८
राहु	सूर्य शुक्र मंगल	बुध शनि केतु	गुरु चंद्र	३ ४ ५ ६ १०	१ २ ७ ८ ९ ११ १२
केतु	चंद्र मंगल	शुक्र राहु	गुरु सूर्य बुध शनि	१ २ ५ ९ १० १२	३ ४ ६ ७ ८

बुध ग्रह पर विशेष

" उल्ट पांव चमगादड़ लटका, खुफिया शरारत करता हो।

घर पक्का जिस ग्रह का होगा, वहां वही बन बैठता हो।"

अक्ल के उल्ट काम कर कराके टेवे वाले को चमगादड़ की तरह लटका देना, कोई छुपी शरारत करके मुश्किल में डाल देना, जिस घर में बैठना उस घर के पक्के ग्रह की तोते की तरह नकल करना, मौका देखकर गिरगिट की तरह रंग बदल लेना वगैरह वगैरह बुध ग्रह की खास सिफतें हैं। इसीलिए पण्डित जी (लाल किताब की रचना करने वाले) बुध को उल्लू का पट्ठा कहा करते थे।

"घर 2,4 या 6 में बैठा, राज योगी बुध होता हो।

7वें घर में पारस होता, ग्रह साथी को तारता हो।

9,12,8 तीसरे, 11, थूके कोढ़ी बुध होता हो।

घर पहले 10 घूमता राजा, परिवार दौलत 5 देता हो"।

खुला करते सुराख़ मैदान बढता, बढ़ी अक्ल इसकी खर्च खुद जो करता।

उल्ट पाँव चमकादड लटका, छुपी शरारत* करता है।

*बुध जिस घर में बैठा हो उस घर का मालिक (पक्का घर का स्वामी नहीं) जब नं ९ में बैठ जाए तो वो बुध की तरह खाली चक्कर या बेकार निष्फल होता है।

पर पक्का जिस ग्रह का होगा, वहां वही बन बैठता हो।

साथ बुरे ग्रह सबसे मंदा, भला भले से होता है।

चन्द्र राहु का हो जब झगडा, बुध* मारा खुद जाता है।

*बुध मंदा हो तो नाक छेदन, दांत साफ़ रखना और लडकियो की सेवा करना सहायक हो।

बुध नजर जब रवि को करता, दर्जा दृष्टि कोई हो।

असर भला सब दो का होगा, सेहत, माया या दिमागी हो।

बुध चन्द्र से हो जब पहले*, रेत जहर पानी भरता हो।

*खासकर गुरु और चन्द्र मंदे हो।

३, चोथे, ७, ९ ग्रह बैठे, राख हुए कुल जलता हो।

शुक्र बैठा जब बुध से पहले, असर राहु का मंदा हो।

बुध पहले से शुक्र मिलते, केतु भला खुद होता हो।

बुध शुक्र ना इक्कठे मिलते, उम्र जाया यों करता हो।

शत्रु* दोनों के साथ जो बैठे, असर दोनों न मिलता हो।

बुध बैठा होने वाले घर का मालिक ग्रह जब नम्बर 9 में बैठ जावे तो बुध की तरह वह खाली चक्कर या बेकार निष्फल होगा। सिर्फ खाना नम्बर 4 के बुध में राहु केतु का असर नहीं, इसलिए राज योग है। बाकी हर जगह पाप बुध के दायरे में होगा। ज़हर भरा बुध जब बैठा हो खाना नम्बर 3 में कबीले पर भारी और खानदान पर मन्दा, नम्बर 8 में जानदार चीज़ों और जानों पर मन्दा, नम्बर 9 में टेवे वाले की, अपनी ही हर हालत (माल व जान) पर मन्दा, नम्बर 11 में आमदन की नाली में रोढ़ा अटकावे, नम्बर 12 में कारोबार और रात की नींद

बर्बाद करे। ज़हर से भरा खुद मारा जावे तो बेशक मगर 1 से 4 (सिवाये खाना नम्बर 3 जहां कि दूसरा के लिए थूकता हुआ कोढ़ी यानि मन्दा) पर मन्दा न होगा। नम्बर 5 से 10 में दहशत (डर) तो ज़रूर देगा। नम्बर 11, 12 में हड़काये कुत्तो की तरह जिसे काटे वो आगे हड़काकर भागने लगे। बुध आम तौर पर खाना नम्बर 1, 2, 9 से 12 में शनि की मदद करेगा। चाहे ज़हर मिला लोहा मार देने वाली ज़हर निर्धन करने वाला होगा। नम्बर 3 से 8 में सूर्य की मदद, धन दौलत उम्दा चाहे 3 और 8 में हज़ारो दुख: खड़े करेगा।

बुध से अर्थ बहन, बुआ, फूफी, मासी, साली, व्यापार और दूसरे बुध के काम होगा। बुध के बगैर तमाम ग्रहों में झुकने झुकाने की ताकत कायम न होगी।

बुध्दि के काम तिज़ारत, व्यापार, हुनर, दस्तकारी, दिमागी लियाकतों (बुध्दिमत्ताा) से धन दौलत कमाने का 34 साला उम्र का ज़माना बुध की हकूमत होगा। किसी भी चीज़ के न होने की हालत, बुध का होना या उसकी हस्ती कहलाती है। यानि खाली जगह में बुध का दखल होगा। ज़हर से भरा बुध खाना नम्बर 1 से 4 में (सिवाये खाना नम्बर 3 के) साथ बैठे ग्रह पर कभी मन्दा असर न देगा। खुद बेशक बुरे असर अपने देवे मगर कोई ज़हर मिला वाकिया न करेगा। नम्बर 11 से 12 जिस ग्रह को काटे वह हड़काये कुत्तो की तरह दूसरों को भी आगे हड़काता चला जावे। चन्द्र राहु के झगड़े में बुध बर्बाद होगा। बुरे ग्रहों के साथ बैठा उस ग्रह का असर और भी बुरा कर देगा और भले ग्रह के साथ बैठने से न सिर्फ उस भले ग्रह को और भी भला कर देगा बल्कि खुद भी भला हो जायेगा। यानि जिससे मिलेगा उसकी ही ताकत का असर देगा। यह ग्रह दरखतों पर उल्ट पांव लटके हुये चमगादड़ की तरह अन्धेरे में जागकर खुफिया (छुपी) शरारत करता होगा। मकान में मन्दे बुध की पहली निशानी यह होगी कि नये बनाये मकान में किसी न किसी वजह से सिर्फ सीढ़ियां गिराकर दोबारा बनने का बहाना होगा। चार दीवारी और छत्ता नही बदली जायेगी।

मन्दे बुध वाले को नाक छेदन करवाना और फिटकरी वगैरह से दांत साफ रखना या छोटी लड़कियों को पूजना, सेवा रखना मददगार होगा। अगर घर के बहुत से मैम्बरों का बुध निकम्मा ही हो या खुद अपना बुध टेवे में अमूमन् मन्दे ही घरों में आता रहे, तो बकरी की सेवा या बकरी का दान करना उत्ताम फल पैदा करेगा। अगर ज़ुबान में थुथलापन हो तो बद। इस थुथलापन के अलावा और कोई मन्दा फल न देगा चाहे टेवे में मन्दा होवे। घर में एक के बाद दूसरे पर लानत, बीमारी खड़ी हो जाने के वक्त बुध से बचाव के लिए हलवा कद्दू जो पक्का रंग ज़र्द (पीला) और अन्दर से खोखला हो चुका हो, पूरे का पूरा धर्म स्थान में देना मददगार होगा।

पाप (राहु,केतु) बुध के दायरे में चलता है सिवाये खाना नम्बर 4 के, जहां कि बुध राजयोग होगा, क्योंकि वहां राहु, केतु पाप न करने की कसम खाते हैं। शुक्र मन्दे को ज़रूर मदद देगा मगर पाप मन्दे के वक्त खुद भी मन्दा होगा और मौत गूंजती होगी। बल्कि ऐसी हालत में अगर शुक्र भी ऐसे घरों में हो, जहां कि बुध मन्दा गिना गया है, तो वह शुक्र को भी बर्बाद कर देगा। अकेला बैठा हुआ बुध निकम्मा व बगैर ताकत होगा और उस ग्रह का फल देगा जिस ग्रह का वह पक्का घर है, जहां कि बुध बैठा हो। धोखे से बचने के लिए यह बात साफ होनी चाहिए कि घर की मालकीयत दो तरह की होती है। एक तो बतौर घर का मालिक और दूसरी हालत में हर एक घर किसी न किसी ग्रह का पक्का घर मुकर्रर हैं। मसलन् खाना नम्बर 1 का मालिक तो मंगल है मगर यह पक्का घर सूर्य का है। खाना नम्बर 3, 8, 9, 11, 12 का मन्दा बुध, बेवकूफ कोढ़ी मल्लाह, जो खतरे के वक्त अपनी बेड़ी को खुद ही गोता देने लगे और आमदन की नाली में रोढ़ा अटकाने वाला हो जावे।

बुध का अण्डा अक्ल का बीज़ नहीं मगर अक्ल की नकल ही अण्डा है जो कुण्डली के खाना नम्बर 9 में पैदा होता है। ग्रह कुण्डली में खड़ा अण्डा (मैना, आम, बकरी) बुध कुण्डली के खाना नम्बर 2, 4, 6 में होगा। लेटा हुआ अण्डा

(भेड़) बुध कुण्डली के खाना नम्बर 8, 10 में होगा। गन्दा अण्डा बुध कुण्डली के खाना नम्बर 12 में होगा। आम हालत (मां धी) बुध कुण्डली के खाना नम्बर 1 में होगा। चमगादड़ व किसी चीज़ का साया या अक्स मगर असल चीज़ जिसका साया या अक्स है, का पता न लगे कि वह कहां है, बुध कुण्डली के खाना नम्बर 3, 9 में होगा। दूध देना वाला बकरा मगर बकरी दाढ़ी वाली, बुध कुण्डली के खाना नम्बर 5 में होगा। चौड़े पत्तों वाला दरखत, मैना का उपदेश, लाल कण्ठी वाला तोता, बृहस्पति की नक्ल, बुध कुण्डली के खाना नम्बर 11 में होगा।

बुध की नाली

हर तीसरे घर के ग्रह यानी १-३ के ग्रह आपस में मिला नहीं करते। इसी लिए उनका असर भी मिला नहीं करता। यदि बुध की नाली मिल जाय तो बुरा प्रभाव न देंगे बेशक अच्छा दे या न दे।

शुक्र बुध इक्कठे शुभ होते है जिनका खाना नं ७ इक्कठा है। लेकिन जब अलग अलग हो, १-७ हो तो दोनों का फल रददी। मगर १-७ न हो और अलग अलग हो तो बुध जिस घर में बैठा हो, तो वह बुध, उस घर के सब ग्रहो का फल, शुक्र के बैठे घर में नाली लगा कर मिला देता है। मगर शुक्र अपने घर का फल बुध वाले घर में नहीं मिलाता है। संक्षेप में जब शुक्र का राज्य हो तो बुध बैठा होने वाले घर का, शुक्र बैठे होने वाले घर में, असर मिला समझा जायगा। मगर बुध की तख़्त की मल्कियत होने के समय, अकेले ही उन ग्रहों का होगा जिनमे बुध है।

बुध शुक्र से पहले तो नेक मिलावट मगर शुक्र पहले तो मंदा फ़ल।

बुध के साथ शुक्र के शत्रु ग्रह हो तो शुक्र बुध का असर नहीं मिलने देगा। मगर मित्र ग्रह हो तो बुध चाह कर भी नेक फल मिलने से रोक नहीं सकता।

जब बुध शुक्र १-७ हो और राहु-केतु भी साथ में १-७ हो तो मंदा फल। खासकर जब बुध होवे शुक्र के बाद के घरो में और और साथ ही राहु-केतु का दौरा भी आ जाय। यानी उनमे से एक तख़्त की मल्कियत के हिसाब से आ जाय, और राहु-केतु-शुक्र-बुध मिल रहे हो और राहु-केतु के राज का समय हो तो कुंडली वाले के लिये बड़ा भयानक समय होगा। पर गर बुध शुक्र के बाद के घरो में न हो तो मंदा फल न होगा। सिर्फ राहु-केतु का मन्द दौरा होगा। शुक्र या बुध का दौरा के समय (याने जब वो खाना नं १ में दौरा करे) लानत न होगी।

इस बुध की खास नाली का लाभ मंगल से संभंधित है। कई बार मंगल को सूर्य की सहायता मिलती मालूम नहीं होती या चन्द्र का साथ होता हुआ मालूम नहीं होता, इस नाली के कारण से मंगल को सहायता मिल जाती है। और मंगल जो सूर्य और चन्द्र के बिना मंगल बद होता है, मंगल नेक हो जाता है। इसी तरह मंगल बुध बाहम शत्रु है, मंगल के बिना शुक्र की संतान कायम नहीं रहती। बुध जब मंगल के साथ होवे तो कंठी वाला तोता होगा। वो स्वयं उठ कर और मंगल को साथ उठा कर शुक्र से मिला देगा और शुक्र की संतान बचा लेगा, जिससे कुंडली वाला निसंतान न होगा। ऐसी हालत में बुध या शुक्र के बाहम पहले या बाद के घरो में होने बुध के जाती असर की बुराई की शर्त न होगी, भलाई का प्रभाव जरूर होगा। क्योंकि मंगल ने शुक्र के दौरा के पहले साल में अपना असर अवश्य मिलाना है यानी बुध की नाली १ ० ० %, ५ ० %, २ ५ % और अपने से सातवे होने की दृष्टि से बाहर एक और ही शुक्र और बुध की बाहम दृष्टि है और यह है इस लिये कि शुक्र में बुध का फल मिला हुआ ही माना जाता है। मिलावट में राहु का साथ हो जाने के समय जब शुक्र ने बुध को बाहर ही रोक दिया तो शुक्र में बुध का फल न मिला तो बुध के बिना शुक्र पागल होगा या शुक्र खाना नं ८ का फल होगा। इसी तरह शुक्र के बिना बुध का असर सिर्फ फूल होगा फल न होगा याने विषय की शक्ति तो

होगी पर मंगल की बच्चा पैदा करने की ताकत का शुक्र हो फायदा न मिल सकेगा।

बुध के दांत

दांत कायम हों तो आवाज़ अपनी मर्ज़ी पर काबू में होगी। गोया बृहस्पति की हवाई ताकत (पैदायश औलाद) पर काबू होगा। मंगल भी साथ देगा। यानि जब तक दांत (बुध) न हों, चन्द्र मदद देगा। जब दांत न थे तब दूध दिया। जब दांत दिये तो क्या अन्न (शुक्र) न देगा? यानि बुध होवे तो शुक्र की खुद-ब-खुद (अपने आप) आने की उम्मीद होगी। लेकिन जब दांत आकर चले गये (और मुंह के ऊपर के जबाड़े के सामने के) तो अब मंगल बुध का साथ न होगा। न ही बृहस्पति पर काबू होगा या उस शख्स या औरत के अब औलाद का ज़माना खतम हो चुका होगा जबकि यह दांत आकर चले गये या खतम हो गये। दांत गये दांत कथा गई। बृहस्पति खत्म तो लावल्द (नि:संतान) हुआ।

बुध के ग्रह का भेद

तोते की 35 के कुण्डली के खानों को गौर से मुलाहज़ा (निरीक्षण) करें तो कुण्डली का खाना नम्बर 9 कहीं नही मिलेगा। बुध का यह खाना नम्बर 9, वह खुद खाना नम्बर 9 एक अजीब हालत का है। यही खाना नम्बर 9 एक चीज़ है जो इन्सान व हैवान में फर्क कर देता है और तमाम ग्रहों की बुनियाद है। या दोनों जहान की हवा बृहस्पति असल है। इस 35 के 11 खानें दर असल बुध के 12 खाना की हालत बताते हैं। यानि खाना नम्बर 10 के बुध को शनि, नम्बर 2 के बुध को बृहस्पति वगैरह जिस तरह कि इस तोते की 35 की कुण्डली में लिखे हैं, लेंगे। यानि असर के लिए बुध के अपने असर की बजाये दिए हुए ग्रहों की हालत का असर लेंगे। यानि बुध जिस घर में बैठा हो वहां बैठा हुआ वह उस ग्रह का असर देगा जिस ग्रह का वह खाना नम्बर पक्का घर मुकर्रर (निश्चित) है।

बुध ग्रह को समझना - समझाना कोई आसान बात नही। यह कब क्या कर दे, इसका कोई भरोसा नही। उल्लू का पट्ठा जो ठहरा। यह कोई ज़रूरी नहीं की कुंडली में शुभ दिखने वाला बुध चाहे वह युति कर रहा हो या अकेले हो असल में शुभ ही हो यही पर बुध का भेद छुपा हुआ है। जैसे बुध शुक्र की युति मस्नूई सूर्य बनता है, ऊपर से देखने से यह शुभ फल देनेवाला लगता है लेकिन यह बुध अगर शनि या राहु का असर देने वाला हो तो सारी बाज़ी ही उलटी हो गई। बुध के भेद निम्न तरीके से निकलते है :-

सभी ग्रहो के अलग अलग ताकत या पावर होते है :- सूर्य = ९, चंद्र = ८, शुक्र = ७, गुरु = ६, मंगल = ५ बुध = ४, शनि = ३, राहु = २, केतु = १ (लाल किताब के अरमान १९४०)। अब जो गृह जिस घर में बैठा है उस घर के न. को उस ग्रह के पावर से गुणा कर लेते है, इसी तरह सभी ग्रहो का निकाल लेते है, फिर सभी अंको को जोड़ कर ९ से भाग देते है। जो शेष बचता है वही बुध का भेद बताता है मान ले की किसी कुंडली में ग्रहो की स्थिति निम्न है :-

ग्रह	पावर	घर नं	फल
गु	६	४	४ *६ = २४
सु	९	५	५ *९ = ४५
चं	८	१	१ *८ = ८
शु	७	४	४ *७ = २८
मं	५	५	५ *५ = २५
बू	४	५	५ * ४ = २०
श	३	९	९* ३ = २७
रा	२	८	८ * २ = १६
के	१	२	२ * १ = २
			कुल = १९५

१९५ को ९ से भाग देने पर शेष बचा ६ (गुरु का पावर) अर्थात बुध पर गुरु के चौथे घर वाला असर होगा, मतलब बुध अब पांचवे घर का गुरु बन जाएगा। उदाहरण कुंडली में गुरु चौथे घर में होने के कारण ऐसा लगता है, कि बुध पर गुरु का उच्च असर है, जो कि शुभ है जबकि है उल्टा असर, क्योंकि केतु गुरु से पहले घर अर्थात दूसरे घर में है, अतः गुरु का असर अशुभ है। गुरु का शुभ असर होने के लिए केतु को गुरु के बाद वाले घरो में होना चाहिए या राहु को गुरु से पहले वाले घरो में होना चाहिए। इस उदाहरण कुंडली में राहु मौत के घर (आठवे घर) में है, जब भी राहु वर्षफल में चौथे घर में आएगा, घर में किसी बुज़ुर्ग कि आकस्मिक मौत होगी क्योंकि राहु आकस्मिक घटना देता है और गुरु बुज़ुर्ग व्यक्ति का प्रतीक है। यहाँ पर राहु आठवे घर का होने से मौत का सौदागर है। उपाय के तौर पर सोने कि गोली पर लाल रंग करके अपने साथ रखते है। अन्य ग्रहो के लिए गोली निम्न धातुओं कि होगी लेकिन उस पर लाल रंग चढ़ाना होगा :-

सु --ताम्बा, चं - चांदी, मं - ताम्बा, बुध - कांच, गु - सोना, शु - मिटटी, श - लोहा, रा - लेड, के - लेड और चांदी का मिश्रण

चन्द जानी मानी कुण्डलियां, जहां बुध ने ज़िन्दगी की बाज़ी ही उल्ट दी, बतौर मिसाल पेश है।

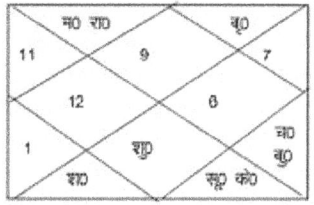

कुण्डली नं० 1 जन्म: 8-11-1927

कुण्डली नं० 2 जन्म: 11.10.1942

कुण्डली नं० 3 जन्म: 25.6.1975

कुण्डली नं० 4 जन्म: 25.7.1971

कुण्डली नम्बर 1 लाल कृष्ण अडवानी जी की है। पार्टी की तरफ से प्रधानमन्त्री के पद के उम्मीदवार थे। चुनाव के बाद वह प्रधानमन्त्री तो न बन सके, उल्टा कुछ लोग अब उनको विपक्ष के नेता के पद से भी हटाने की बात कर रहे थे। कुण्डली में बुध खाना नम्बर 12, किस्मत के फेर से रात की नींद उजाड़ने वाला, जिसे दुखिया देखकर आसमान भी रो देवे।

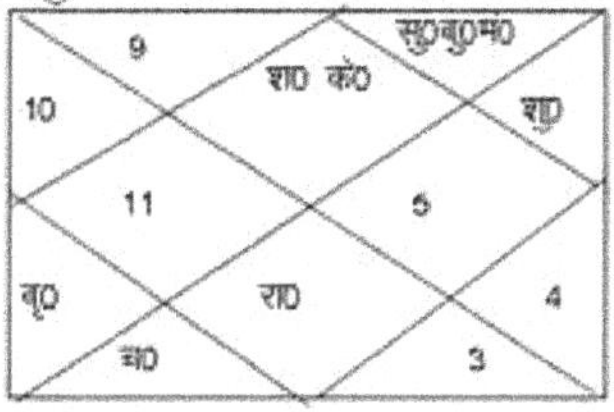

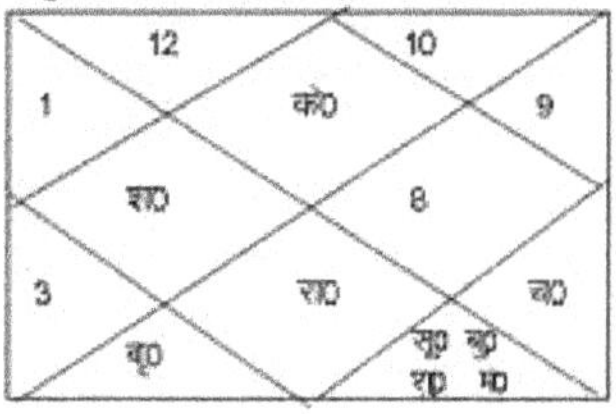

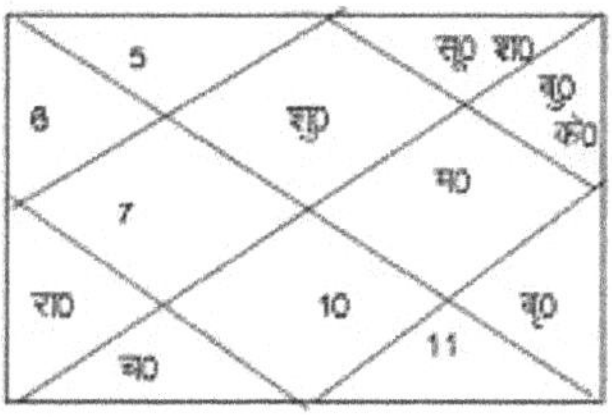

" गई शब न आधी वह क्यों रो रहा है।

लिखा सब फरिश्ता उल्ट हो रहा है।"

कुण्डली नम्बर 2 बालीवुड शहनशाह अमिताभ बच्चन जी की है। ज़िन्दगी में कोई न कोई सिरदर्दी ही रही। कभी शूटिंग के वक्त चोट लग गई, कभी कारोबार में माली नुक्सान हो गया तो कभी बिमार हो कर हस्पताल पहुंच गये।

रेखा जी के साथ दो चार फिल्मों में काम क्या किया कि उल्टे सीधे चर्चे होने लगे । कुण्डली में बुध खाना नम्बर 8, बीमारी, ज़हमत और लानत, खुफिया तबाही का फन्दा, माली नुक्सान करने वाला कोढ़ी । मगर सूर्य, शुक्र, मंगल का साथ मददगार नही तो

" कब्र तक की लानत, फरिश्ता भी भागे ।

जले आग ऐसी, नज़र जो न आवे ।"

कुण्डली नम्बर 3 बालीवुड सुन्दरी करिशमा कपूर जी की है। सगाई तो मुम्बई में की मगर शादी किसी ओर से दिल्ली में जा की । एक बेटी को जन्म दिया । सुना है अब पति से जुदा रह रही है। मां बाप भी जुदा हो गए थे। बुध खाना नम्बर 11, दौलतमन्द जन्म से, खुद बुध का ग्रह उल्लू का पट्ठा और कोढ़ी मगर 34 साला उम्र के बाद हीरा मददगार होगा। लेकिन केतु का साथ मन्दा । शुक्र खाना नम्बर नम्बर 1, शुक्र का पतंग। दिल पर काबू रखना ही ठीक होगा।

" नरख सोना बढ़ता, लगे जब कसौटी,

वक्त नाश अपने, अक्ल पहले सोती।"

कुण्डली नम्बर 4 हरियाणा सूबे की अनुराधा जी की है। कुछ वर्ष पहले पहले फिज़ा यानि मुसलमान बनके सूबे के एक शादीशुदा वज़ीर चन्द्र जी उर्फ चांद से निकाह कर लिया । फिर चन्द रोज़ बाद चांद बादलो में गुम हो गया। यानि चार दिन की चांदनी फिर अंधेरी रात । बुध खाना नम्बर 9, मनहूस, किस्मत के घर चमगादड़ के मेहमान आए यहां हम लटके वहां तुम लटको । और चन्द्र का साथ, पानी (चन्द्र) में रेत (बुध), इश्क का गल्बा (चक्कर) । शुक्र खाना नम्बर 7 और खाना नम्बर 1 खाली, शुक्र का पतंग मगर कटा हुआ ।

" अजब भूल भुलैया, जुबानी तमाशा।

दिखाते बहरूपी ले बिस्तर ही भागा।"

अब क्या करें….बुध का उपाय ज़रूरी । नही तो न सही, लटके रहो ।

निगाहों में जो परेशानियां हैं,

बुध चन्द्र की मेहरबानियां हैं ।

घर २,४* या ६ में बैठा, राजा योगी बुध होता हो ।

*सिर्फ खाना नं ४ में राज योग है क्योंकि इसमे राहु-केतु का प्रभाव शामिल नहीं है। बाकी हर जगह पाप बुध के दायरे में होगा ।

सातवे घर में परस होता, ग्रह साथी को तारता हो ।

९- १२ - ८ तीसरे ११, थूके* कोढ़ी बुध होता हो ।

*जहर से भरा बुध

घर पहले १० घूमता राजा, परिवार धन ५ देता हो ।

खाना नं ३: कबीले खानदान पर भारी, मंदा ।

खाना नं ८: जानदार चीजो और जानो पर मंदा ।

खाना नं ९: टेवे वाले की अपनी खुद की हर हालत धन, दौलत, मालोजान पर मन्दा ।

खाना नं ११ : अपनी खुद की आमदन की नाली में रोडा ३४ वर्ष तक ।

खाना नं १ २: अपने कारोबार और रात की नींद बर्बाद ।

जहर से भरा बुध स्वयं मारा जाए तो बेशक मगर १ से ४ (सिवाय खाना नं ३ जहाँ दुसरो के लिए थूकने वाला कोढ़ी) पर मंदा न होगा ।

५ - १ ० में डर तो जरूर देगा ।

११ -१ २ में हडकाए कुत्ते की तरह जिसे काटे वह आगे हड्काकर भागे।

बुध अक्सर १-२ और ९-१ २ में शनि के साथ मिलकर मंदी हरकत करता है, शनि की सहायता करता करता है। विषैला लोहा, मार देने वाली विष, निर्धन करने वाला होगा।

३ - ८ तक सूर्य की सहायता करता है। धन के लिए उत्तम चाहे हजारों दुःख खडे करे।

बुध का राहु से सम्बन्ध :-

जब बुध और राहु दोनों इकट्ठे हो, या दोनों में से हर कोई अलग अलगमंदे घरो में (बुध अक्सर ३,८,९,१२), राहु अक्सर १,५, ७, ८,१ १) तो अगर जेलखाना नहीं तो अस्पताल या पागल खाना या कब्रिस्तान या वीराना तो अवश्य मिलेगा । कसूर या बिमारी चाहे हो चाहे न हो। फजूल दुःख, मंदे खर्च आम होंगे। फौलाद का बेजोड़ छल्ला जिस्म पर सहायक होगा। और दोनों ग्रहो की चीजे या काम करने से बुध राहु इक्कठे ही गिने जायेंगे।

बुध का अर्थ: बहन, बुआ, फूफी, मासी, साली, व्यापार तथा दूसरे बुध के काम होगा।

राहु: ससुराल, नाना, नानी, बिजली, जेलखाना आदि राहु के काम है।

बुध का केतु से सम्बन्ध :-

जब दोनों दृष्टि से बाहम मिल रहे हो, तो बुध का आम साधारण जैसा की टेवे में बैठा होने के हिसाब से पर केतु का फल नीच या मंदा ही होगा। बुध के बिना सब ग्रहो में झुकने झुकाने की शक्ति कायम ना होगी।

बुध के काम जैसे बुद्धि के काम, हुनरमंदी, दस्तकारी, दिमागी बुद्धिमता से धन कमाने का ३ साल आयु का समय। बुध की हुकूमत होना, किसी भी चीज के न होने की हालत, बुध (का होना या) की (उसकी) हस्ती कहलाती है।

जहर से भरा बुध खाना नं १ से ४ में (सिवाय ३) साथ बैठे ग्रह पर कभी मंदा असर न देगा। स्वयं चाहे अपना बुरे असर देवे मगर कोई मंदी घटना न करेगा। ११ से १२ को जिस ग्रह को काटे वो हड़काय कुत्ते की तरह दूसरों को भी आगे हडकाता चला जाए।

चन्द्र राहु के झगडे में बुध बर्बाद होगा।

बुरे ग्रह के साथ बैठा उस ग्रह का प्रभाव और भी मंदा कर देगा और भले ग्रह के साथ बैठने से न सिर्फ उस भले ग्रह का भी और भला कर देगा बल्कि स्वयं भी भला हो जायगा यानी जिससे मिलेगा उसकी ही शक्ति का प्रभाव देगा। यह ग्रह वृक्ष पर उल्टे लटके चम्कादड की तरह अंधेरे में छूपी हुई शरारत करता होगा। मकान में मंदे बुध की पहली निशानी होगी की नये बनाए मकान में किसी न किसी कारण से सिर्फ सीढियाँ गिराकर दोबारा बनने का बहाना होगा। चार दिवारी और छत नहीं बदली जायगी।

मन्दे बुध वाले को नाक छेदन, फिटकरी से दांत साफ़ करना, लडकियो की पूजा करना सहायक होगा। अगर घर के बहुत से सदस्यों का बुध खराब हो या स्वयं अपना बुध टेवे में मंदे घरो में आता रहे तो बकरी की सेवा या बकरी दान करना उत्तम फल देगा। अगर जुबान में थथलापन हो तो वह थथलापन के अलावा और कोई मंदा फल न देगा। चाहे टेवे में मंदा होवे। घर में एक के बाद एक बीमार पड जाने की लानत खड़ी हो जाने के समय बुध से बचाव के लिय कद्दू (हलवे वाला जो पक्का रंग पीला और अन्दर से खोखला हो चुका हो, सब्जी वाला हरा कद्दू नहीं) सालम का सालम (पूरा साबुत) धर्म स्थान में देना सहायक होगा।

शुक्र मंदा हो तो बुध मदद करता है पर मगर पाप मंदे के समय बुध भी मंदा होता है और मौत गूंजती होगी। और उस समय अगर शुक्र ऐसे घरो में हो जहाँ बुध मंदा होता है तो शुक्र भी बर्बाद करेगा।

अकेला बैठा हुआ बुध निकम्मा तथा बिना शक्ति का होगा और उसका फल देगा जिसका की वो पक्का घर है (न की घर के मालिक की तरह), मसलन बुध खाना नं १ और सूर्य खाना नं १२ तो बुध वो ही फल देगा, जो सूर्य का खाना नं १२ में लिखा है।

ऊपर ही की तरह अगर बुध बैठा हो तो बुध का अगर कोई मंदा असर होगा तो वो मालिक याने मंगल पर होगा और खाना नं १ का मालिक याने मंगल खाना नं ९ में बैठ जाए तो मंगल बेबुनियाद और मंदा होगा। इसी तरह बुध जहाँ भी हो और उस घर का मालिक खाना नं ९ में बैठे तो मंदा और बेबुनियाद होगा।

पूरी सूची ऐसे है:

बुध खाना नं १ सूर्य की तरह फल देगा / और अगर खाना नं ९ में मंगल बैठ जाय तो मंगल का फल मंदा और बेबुनियाद।

बुध खाना नं २ : गुरु / शुक्र

बुध खाना नं ३ : मंगल / शुक्र

बुध खाना नं ४ : चन्द्र / चन्द्र

बुध खाना नं ५ : गुरु / सूर्य

बुध खाना नं ६ : केतु / केतु, बुध

बुध खाना नं ७ : शुक्र, बुध / शुक्र

बुध खाना नं ८ : मंगल, शनि / मंगल

बुध खाना नं ९ : गुरु / गुरु

बुध खाना नं १० शनि / शनि

बुध खाना नं १ १ : गुरु / शनि

बुध खाना १ २ : राहु / राहु, गुरु

मसलन बुध अगर खाना नं १० में हो तो शनि की तरह फल देगा । गर शनि खाना नं ९ में जा कर बैठ जाय तो शनि का फल ख़राब कर देगा ।

दूसरे ग्रह से बुध का सम्बन्ध:

गुरु से : राख

सूर्य से: पारा

चन्द्र से : जैसे मीन

शुक्र से: दही

मंगल से : शेर के दांत

शनि से : कलई

राहु से: हाथी की सूंड

केतु : कुत्ते की पूँछ

बुध और शनि एक साथ दिवार वाले घरो में हो तो शहतीर (बीम) या गार्डर खडे कर के उन पर सेहन बनाने से बुध बर्बाद होगा । पागलपन, सर की खराबियाँ, बहिन, बुआ फूफी बर्बाद होंगे ।

बुध का अंडा अक्ल का बीज नहीं मगर अक्ल की नक़ल ही बुध का अंडा है जो कुंडली के खाना नं ९ में पैदा होता है ।

खड़ा अंडा, मैना, आम, बकरी बुध खाना नं २-४-६

लेटा अंडा, भेड़ : ८-१ ०

गन्दा अंडा : खाना नं १२

आम हालत माँ-धी खाना नं १-७

खाना नं ३, ९ : चमकादड, किसी चीज का साया या अक्स मगर असल चीज किसका साया है पता न चले, कहाँ है पता न चले।

खाना नं ५: दूध वाला बकरा और दाढ़ी वाली बकरी।

खाना नं ११ : चौड़े पत्ते वाले वृक्ष, मैना का उपदेश, लाल कंठी वाला तोता, बृहस्पति की नक़ल होगी।

लाल किताब के अनुसार कुंडली विश्लेषण की विधि एवं उपायों का तर्क

जब कोई व्यक्ति अपनी समस्या लेकर आता है, वह समस्या किसी ग्रह से संबंधित होती है। जिस प्रकार होम्योपैथी में लक्षण देखकर संबंधित रोग एवं उसके कारणों का लगाया जाता है तथा उसके अनुसार उपाय (दवाइयां) निर्धारित की जाती है। उसी प्रकार लाल किताब में भी ग्रहों से संबंधित समस्याएं दी हुई है अर्थात यदि लाल किताब का अध्ययन सही रूप में किया गया हो तो व्यक्ति के समस्या बताते ही समझ जाना चाहिए कि वह किस ग्रह के अशुभ प्रभाव में है। इसके बाद जन्म कुंडली के आधार पर वर्ष कुंडली बनाकर उसका विश्लेषण करें तो आश्चर्यचकित होना पड़ेगा। वर्ष कुंडली में वही ग्रह तकलीफ दे रहा है जिस के संकेत यह व्यक्ति दे रहा है और इसका का सीधा संबंध किसी ग्रह से है। यदि किसी जन्मकुंडली नहीं है तो उसकी प्रश्न कुंडली बनाकर देखना चाहिए परिणाम वहीं मिलेंगे, क्योंकि प्रश्न वही ग्रह बोलेगा, व्यक्ति के लिए तकलीफदेह है। अब कैसे विश्लेषण किया जाए : - पहले तो पता लगाएं व्यक्ति स्वयं के विषय में पूछने आया है या अन्य के विषय में जैसे माता, पिता पत्नी संतान भाई बहन या अन्य किसी के लिए। माता के लिए प्रश्न पूछने पर चौथे भाव को लग्न मानकर, पिता के लिए नौवें भाव को पत्नी के लिए सातवें भाव को भाई बहन के लिए तीसरे भाव को कोर्ट संबंधी मामलों के लिए छठे या आठवें भाव को संतान के लिए पांचवें भाव को तथा अन्य के लिए नौवें भाव को लग्न मंगल विश्लेषण किया जाता है। उदाहरण के लिए यदि किसी का लड़का चला गया हो की बरामदगी के लिए इस प्रकार विश्लेषण एवं उपाय किया जाएगा:-

पांचवें घर को लग्न मानेंगे तो इससे चतुर्थ भाव (अर्थात पिता का आठवां भाव) संतान के लिए घर का भाव होगा। अब संतान कारक वस्तु जैसे तिल को शमशान में शिकवा ना चाहिए ऐसा इसलिए की संतान का चतुर्थ जातक के लिए आठवां भाव होता है और आठवां भाव शमशान का कारक की है आठवें भाव में तिल जातक (पिता) द्वारा फिकवाने से केतु लड़के के चतुर्थ भाव (उसका घर भाव) में स्थापित होगा और संतान के वापस घर आने का योग बन जाएगा। अगर यही प्रश्न लड़के की माता ने पूछा हो तो माता की कुंडली के पंचम भाव को लगन बनाएंगे। इसी प्रकार यही प्रश्न यदि गुमशुदा के भाई या बहन द्वारा पूछा जाए, तो प्रश्नकर्ता के लग्न तीसरे भाव को लग्न बनाया जाएगा, तो तीसरे घर से चौथा घर (घर का भाव) हुआ छठा घर तो, अब केतु कारक वस्तु कुएं में डालना होगा। इसी प्रकार यदि भाई या बहन अपने भाई या बहन के बारे में पूछें तो छठे घर में मंगल की वस्तु या बुध की वस्तु कुएं में डालना चाहिए, क्योंकि भाई का कारक मंगल और बहन का कारक बुद्ध होता है। पत्नी के बारे में पूछें तो सातवें घर को लगन मानकर शुक्र की वस्तु दसवें घर में स्थापित करना चाहिए अर्थात शुक्र की वस्तुओं को घर के अँधेरे स्थान या अलमारी के अंदर रख देना चाहिए। सातवें भाव से चौथा भाव पति का दसवां भाव होता है, यही प्रश्न यदि पत्नी पूछती है पति के बारे में तो पति कारक गुरु की वस्तु को अँधेरे स्थान या अलमारी के अंदर में रख देना चाहिए। किसी भी ग्रह के अशुभ होने की जांच निम्न प्रकार से करना चाहिए: -

1. यह ग्रह निर्धारित अशुभ घरों में बैठा हो जैसे गुरु 6, 7, 10 घरों में
2. ग्रह नीच राशि में बैठा हो
3. इस ग्रह को क्या कोई ग्रह टक्कर मार रहा है
4. किस ग्रह पर क्रूर ग्रहों की दृष्टि हो
5. इस ग्रह की जड़ (राशि) पर दुश्मन ग्रहों हो

6. इस ग्रह की युति अपने दुश्मन ग्रह से हो
7. वर्षफल में किस ग्रह का प्रभावी वर्ष चल रहा है यह लाल किताब के अनुसार दिए गए दशा चार्ट से देखना चाहिए यदि कोई ग्रह जिसकी वर्तमान में दशा चल रही है यदि वह ६, ८, १२ या ऐसे घरो से संबंधित हो, जहाँ पर वह अशुभ हो, तो उस वर्ष उस ग्रह का अशुभ फल होगा, जिसे उपाय द्वारा ठीक करना होगा (यदि ग्रहफल का न हो तो ही)।

लाल किताब के अनुसार व्यक्ति की विशिष्ट आयु पर हर ग्रह अपना अपना विशेष प्रभाव निर्धारित वर्षों में करता है। इन ग्रहों के प्रभाव को 35 साला चक्र कहते हैं।

लाल किताब का वर्षफल बनाते समय जिस ग्रह का उस वर्ष में प्रभाव हो, उस ग्रह की स्थिति पर विशेष देने की जरूरत है, इससे फलकथन और स्पष्ट हो जाएगा। उदाहरणार्थ जैसे आयु के 1 से 6 वर्ष तक शनि का प्रभाव होता है और उन सालों में यदि शनि वर्षफल में आठवें घर में आ जाए तो बीमारी आ सकती है और शनि यदि 11 में घर में आ जाए तो अच्छा फल दे सकता है क्योंकि 6 वर्ष के बच्चे के लिए क्या अच्छा तो यह अच्छा फल उसके मां-बाप के लिए हो सकता है। इसी क्रम में शनि के बाद राहु का समय 7 से 12 वर्षों तक होता है, इसके बाद केतु 13 से 15 वर्ष तक यह समय बच्चों की पढ़ाई का होता है और बच्चों का मन पढ़ाई से उचाट होने लगता है, एकाग्रता भंग सी होने लगती है, क्योंकि केतु पांव है और दिमाग के चक्कर का कारक है। यदि इन सालों में केतु अशुभ घरों में भ्रमण करें तो पढ़ाई में गिरावट आती है इसके बाद गुरु का समय 16 से 21 वर्ष होता है, जहां पर यदि गुरु अशुभ घरों में जाता है, तो गुरू से संबंधित चीजों पर बुरा असर पड़ता है सूर्य का समय 22 से 23 तक, 24 फरवरी चंद्र, और शुक्र का समय 25 से 27 तक, 28 से 33 तक मंगल का समय तथा बुद्ध 34 से 35 वर्ष तक इसीलिए इसको 35

साला चक्र कहते हैं। फिर दूसरे 35 वर्ष के लिए शनि के क्रम से यह चक्र पुनः शुरू होता है सभी ग्रहों कीआयु में शुभ अशुभ प्रभाव उस ग्रह से संबंधित कार्यों एवं चीजों पर पड़ता है।

लाल किताब के अनुसार विभिन्न ग्रहो के प्रभावी दशा वर्ष

प्रभावी ग्रह	पहला चक्र	दूसरा चक्र	तीसरा चक्र	चौथा चक्र
शनि	1 – 6	36 – 41	71 -76	106 - 111
राहु	7 -12	42 – 47	77 – 82	112 - 117
केतु	13 -15	48 – 50	83 – 85	118 - 120
गुरु	16 – 21	51 – 56	86 – 91	
सूर्य	22 – 23	57 – 58	92 – 93	
चंद्र	24	59	94	
शुक्र	25 – 27	60 – 62	95 – 97	
मंगल	28 – 33	63 – 68	98 – 103	
बुध	34 – 35	69 – 70	104 – 105	

उपाय का तरीका

इस ग्रह को अन्य घर में स्थापित किया जाए, जहां पर यह शुभ है। लेकिन यह ग्रह अन्य घर में उसी शर्त पर स्थापित हो सकता है\, जब उस घर तक जाने का रास्ता (दृष्टि) बना हो अगर रास्ता नहीं हो तो उसके लिए डायवर्सन रोड का इस्तेमाल होता है। उदाहरण के लिए आठवें गुरु को हटाना है, गुरु की दृष्टि पांचवें और नौवें घर पर जाती है अर्थात गुरु के लिए इन घरों में रास्ता बना हुआ है। अब यह देखना है कि इन सभी घरों में गुरु के लिए सबसे शुभ घर कौन सा है अर्थात ऐसा घर पर गुरु का दुश्मन ग्रह ना हो दुश्मन राशि (ऊपरी ज्योतिष के अनुसार) ना हो या उस घर में के स्थापित करने पर गुरु किसी दुश्मन ग्रह की दृष्टि से प्रभावित ना हो। अब दूसरा उदाहरण यदि किसी ग्रह के प्रभाव को हम किसी ऐसे घर में ले जाना चाहते हैं, जहां उस ग्रह का जाने का रास्ता

(दृष्टि) ना हो तो, हमें डायवर्सन रोड का प्रयोग करना होगा । ऐसे ग्रह की सहायता लेनी होगी जिसकी दृष्टि उस घर तक जाती हो । मान लें कि हमें गुरु हो आठवें घर से दसवे घर में ले जाना है क्योंकि गुरु की चौथी दृष्टि नहीं होती तो हमें मंगल की सहायता लेनी होगी क्योंकि मंगल की दृष्टि चौथे एवं आठवें घर पर भी होती है अर्थात हमें मंगल के रास्ते को प्रयोग में लाना होगा । इसके लिए मंगलवार के दिन मंगल के समय में किया जाए उपाय, अर्थात मंगलवार दिन के 11:00 से 1:00 बजे के बीच । इसी प्रकार दूसरे प्रकरण को देखते हैं जैसे किसी व्यक्ति पर एक मुसीबत आ जाए, जिससे उसका कुछ लेना-देना नहीं हो और आकस्मिक हो या अचानक ऐसी बीमारी हो जाए मेडिकल साइंस आप कुछ कारण एवं उपचार ना बता सके तो यह स्थिति राहु के कारण होता है, क्योंकि राहु एक ऐसा ग्रह है जो कभी भी कुछ कर सकता है । इस प्रकार की समस्या में राहु का उपाय किया जाता है और यह उपाय राहु कौन से घर में है, उसके आधार पर होता है । किसी भी उपाय को करने से पहले यह देखना आवश्यक है के उपाय के कारण कोई दूसरा बुरा असर तो नहीं हो रहा । उदाहरण के लिए यदि सूर्य दसवें घर में अशुभ हो रहा हो और चौथा घर खाली हो ताबे का पैसा (सूर्य कारक) पानी में प्रवाहित करते हैं और इस प्रकार सूर्य का प्रभाव घर नंबर 4 में जा कर शुभ हो जाता है क्योंकि सूर्य, चंद्र का दोस्त है लेकिन अगर चौथे घर में शनि मौजूद हो यह उपाय नहीं करेंगे क्योंकि सूर्य एवं शनि मिलकर मंगल बद बना देंगे जिस से फायदे की जगह नुकसान हो जाएगा। इसी प्रकार यदि कोई व्यक्ति ऐसा आए जिसका हर कार्य अंत समय में बिगड़ जाता हो या बने-बनाए काम बर्बाद हो जाता हो मंगल बद का कार्य है मंगल बद का उपाय करना चाहिए । इस प्रकार हम देखते हैं कि सिर्फ लक्षण देखकर करही अशुभ बन रहे ग्रहों का पता और कुंडली वर्ष कुंडली या प्रश्न कुंडली देखकर उपाय किए जा सकते हैं । एक बात अवश्य ध्यान रखना चाहिए कि अगर जन्म कुंडली उपलब्ध है और उसमें कोई ग्रह शुभ है लेकिन वर्ष कुंडली

में की स्थिति अशुभ है या ठीक न नहीं है तो ऐसा उपाय करना चाहिए किस ग्रह को नष्ट न किया जाए बल्कि तो उसका स्वभाव बदला जाए या उसे अपने दोस्त ग्रह से मिला दिया जाए । जिस घर के ग्रह का अशुभ प्रभाव का उपाय करना है तो उस घर में स्थित ग्रह के वस्तुओं को भी शामिल करते हैं जैसे पहले घर में यदि चंद्र केतु हो और हमें चंद्र को केतु के दुष्प्रभाव से मुक्त करना हो तो राहु के वस्तु का प्रयोग किया जाएगा क्योंकि केतु के लिए राहु का एवं राहु के लिए केतु का उपाय किया जाता है। इस उपाय में राहू कारक जौ को दूध (चंद्र कारक) से धोकर पानी में प्रवाहित कर देते हैं। तर्क यह है किस प्रकार राहु चंद्र का असर चौथे घर में चला जाएगा और चौथे भाव में राहु या केतु कोई शरारत नहीं करते |

लाल किताब के उपाय- विभिन्न घरों में ग्रहों की स्थिति:

विभिन्न घरों में गुरु की स्थिति

गुरु प्रथम भाव में :-

1। कपड़ों एवं भोजन का दान संतो एवं साधुओं को
2। बुद्ध शुक्र एवं शनि से संबंधित वस्तुएं धाक स्थानमें दे
3। शनि पांचवें घर में हो तो स्वयं का घर ना बनाएं
4। यदि शनि नौवें घर में हो शनि से संबंधित कोई भी मशीन ना खरीदें
5। शनि यदि 11 वीं या 12 वे घर में हो तो अल्कोहल और अंडे का सेवन ना करें
6। बुद्ध के अशुभ प्रभाव को करने के लिए चांदी का आभूषण पहले
7। किसी से कोई भी चीज दान में ना लें
8। सोना शरीर में धारण करें
9। घर के दीवारों पर पीले रंग का पेंट करें

गुरु दूसरे घर में :-

1। चना दाल को पीले कपड़े में बांधकर मंदिर के पुजारी को दे
2। घर में कहीं पर भी कच्चा स्थान होना चाहिए
3। केसर या हल्दी का तिलक लगाएं

गुरु तीसरे घर में :-

1। अविवाहित कन्याओं का का पालन करें
2। पीपल की सेवा करें

3। घर में गेंदा या सूरज मुखी का पौधा लगाएं

गुरु चौथे घर में :-

1। घर के अंदर मंदिर नहीं होना चाहिए
2। बुजुर्गों का सम्मान करना चाहिए
3। पीपल का पौधा लगाएं
4। घर में पीला पेंट करें

गुरु पांचवे घर में :-

1। कुत्ते पाले
2। गणेश जी की पूजा करें
3। किसी से कोई गिफ्ट ना लें
4। किसी मंदिर का प्रसाद ना लें

गुरु छठे घर में :-

1। सोने के आभूषण पहने
2। पीपल वृक्ष में पानी दे
3। धन के लिए 600 ग्राम चना दाल किसी धार्मिक स्थान में दे
4। कुत्तों को मीठी रोटियां दें

गुरु सातवें घर में :-

1। भगवान शिव की पूजा करें
2। घर के अंदर मंदिर नहीं होना चाहिए
3। पीले कपड़े में सोना लपेट कर अपने साथ रखें
4। साधु संतों से दूर रहे
5। पीपल में पानी डालें

गुरु आठवें घर में :-

1। सुनहरी या पीले रंग का धागा गले में पहले
2। 800 ग्राम चना दाल लगातार 8 दिनों तक मंदिर में चढ़ाएं
3। शमशान भूमि में पीपल वृक्ष लगाएं
4। हल्दी के 8 टुकड़े मंदिर में लगातार तीन दिनों तक चढ़ाएं
5। राहु की वस्तुएं जैसे जाओ नारियल बहते पानी में बहाए
6। भिखारियों को खाली हाथ ना जाने दे

गुरु 9 वें घर में :-

1। गाय की सेवा करें
2। नीम के वृक्ष के नीचे चांदी का एक चौकोर टुकड़ा दबाएं
3। प्रतिदिन मंदिर जाएं
4। गंगाजल पिए
5। किसी का झूठा खाना ना खाएं

गुरु दसवें घर में :-

1। लगातार 43 दिनों तक एक तांबे का सिक्का पानी में प्रवाहित करें
2। 400ग्राम गुड़ बहते पानी में प्रवाहित करें
3। लगातार 43 दिनों तक या 7 गुरुवार 10 बादाम मंदिर में चढ़ाएं
4। साधु-संन्यासियों से दूर रहें एवं भिखारियों को भोजन का दान ना दे

गुरु ग्यारहवें घर में :-

1। शरीर पर सोना पहने
2। पीपल वृक्ष पर पानी डालें
3। पिता पिता द्वारा प्रयोग किया गया पलंग या चादर का प्रयोग करें

गुरु बारहवें घर में :-

1। पीपल वृक्ष में पानी दे
2। ब्राम्हण को पीले वस्त्र दान में दें
3। हल्दी या केसर का तिलक लगाएं
4। गले में माला ना पहने
5। पिता की सेवा करें
6। साधु-संन्यासियों की सेवा करें

विभिन्न घरों में सूर्य की स्थिति

पहले घर में : -

1। यहां पर सूर्य अशुभ होने पर 24 साल की आयु के पहले विवाह कर लेना चाहिए अन्यथा 24 मिसाल विनाश का सामना करना पड़ता है
2। गुड़ का सेवन ना करें
3। बंदरों को गुड़ खिलाएं

दूसरे घर में: -

1। किसी से भी जॉब या बाजरा दान में ना लें
2। चंद्र से संबंधित वस्तुएं दान में ना दें
3। सूर्य को गुड मिला हुआ पानी चढ़ाएं
4। किसी भी स्त्री के साथ जमीन जायजाद झगड़ों से दूर रहे

तीसरे घर में: -

1। मां का आशीर्वाद लेकर काम करें
2। गुड मिला हुआ पानी सूर्य को चढ़ाएं
3। दूसरों को खीर खिलाएं

चौथे घर में: -

1। अंधों को रोटियां खिलाएं
2। लकड़ी या लोहे के व्यवसाय से दूर रहें
3। खाकी कलर के धागे में तांबे का सिक्का गले में पहने
4। सोना धारण करें

पांचवे घर में: -

1। लाल बंदरों की सेवा करें
2। पुत्र का जन्म शुभ फल देगा

छठे घर में: -

1। तांबा, गेहूं एवं गुड का दान करें
2। गुड़ और गेहूं लाल मुंह के बंदरों को खिलाएं

सातवें घर में: -

1। चौकोर चांदी का टुकड़ा जमीन में दबाए
2। काली गाय की सेवा करें
3। कोई भी काम करने से पहले पानी का एक घूंट पिए
4। खाना खाने से पहले एक हिस्सा अग्नि को अर्पण करें
7। रात को दूल्हे की याद हॉट प्लेट कीआग दूध से बुझाएं

आठवें घर में: -

1। यदि सूर्य के साथ कोई पाप ग्रह ना हो तो 800 ग्राम गुड लगातार 8 दिनों तक क्या 800 ग्राम गेहूं आप या लगातार आठ रविवार किसी मंदिर में चढ़ाएं
2। किसी भी कार्य में जाने से पहले गुड़ खाकर पानी पी ले
3। लाल गाय की सेवा करें बड़े भाई की देखभाल करें

नौवें घर में: -

1। चांदी, चावल या दूध का दान करें
2। पीतल के बर्तनों का प्रयोग करें
3। बंदरों को गुड़ खिलाएं

दसवें घर में: -

1। सर पर सफेद टोपी पहने एवं काले या नीले कपड़े पहनने से बचे
2। बहते पानी में तांबे के सिक्के प्रवाहित करें

11 वे घर में: -

1। रात में सोते समय सिरहाने मूली या गाजर रखकर प्रातः काल धार्मिक स्थान में दे दे
2। तांबे एवं गेहूं का दान करें
3। झूठ कभी ना बोले

बारहवें घर में: -

1। लाल बंदरों को गुड़ खिलाएं
2। भूरी चीटियों को सतनाजा खिलाएं
3। झूठी गवाही ना दे
4। चक्की घर में रखना शुभ है
5। किसी से भी इलेक्ट्रिक के उपकरण मुफ्त में ना लें

विभिन्न घरों में चंद्र की स्थिति

पहले घर में :-

1। मैं साथ लाल रंग का रुमाल रखें
2। पीपल वृक्ष में पानी डालें

3। अपने पुत्र के साथ कहीं सफर कर रहे हैं तो बहते पानी में तांबे का सिक्का डालें
4। खुद के पैसों से घर ना बनवाएं
5। हरे रंग से दूर रहें और चांदी का टोटी वाला बर्तन प्रयोग में ना लाएं
6। माता का आशीर्वाद लें और उनसे चावल लेकर चांदी के डिब्बे में रखें

दूसरे घर में : -

1। घर में घंटियां ना रखें
2। सिरहाने रात को दूध से भरा पात्र रखें और दूसरे दिन सुबह कीकर के पेड़ में डाल दें
3। घर में मंदिर नहीं होना चाहिए
4। घर की कोई महिला यार बीमार चल रही हो तो किसी कन्या को लगातार 43 दिनों तक हरे रंग का कपड़ा दान में दें

तीसरे घर में: -

1। कन्या जन्म के समय दूध का दान करें और पुत्र जन्म के समय सूर्य की वस्तुएं दान में दें
2। कन्यादान करना भी शुभ होगा
3। माता का आशीर्वाद लेते रहे
4। कन्या के पैसे का उपयोग ना करें

चौथे घर में : -

1। दूध का दान शुभ होगा लेकिन दूध का व्यवसाय अशुभ रहेगा
2। किसी महत्वपूर्ण कार्य में जाते समय घर में दूध से भरा पात्र कायम करें

पांचवे घर में : -

1। प्रत्येक सोमवार थोड़े से चावल एवं शक्कर के क्यूब सफेद कपड़े में बांधकर बहते पानी में प्रवाहित करें

छठे घर में : -

1। पिता कोअपने हाथों से गुड़ खिलाएं

2। चना दाल, गेहूं और गुड मंदिर में दान करें

3। अस्पताल या शमशानघाट में प्याऊ लगवाएं

4। रात में दूध का सेवन ना करें एवं चांदी का दान ना दें

5। हैंडपंप या कुआं घर में ना बनवाएं

सातवें घर में : -

1। 24 की आयु के पहले विवाह न करें

2। दूध का व्यवसाय ना करें

3। अपने विवाह के समय आपकी स्त्री को अपने वजन के बराबर चावल लाना चाहिए सुखी वैवाहिक जीवन के लिए

आठवें घर में : -

1। अपनी माता से आशीर्वाद के साथ चांदी या चावल लेकर चांदी की डिब्बी में रखें

2। कभी भी चांदी या दूध का दान ना करें

3। बिना शक्कर वाले 8:00 पेढे किसी भी मंदिर में लगातार 8 सोमवार दान में दें

4। शमशान के नल या कुए का पानी लाकर उसमें चांदी का एक टुकड़ा डालकर कांच की बोतल म पूजा स्थान में◌े◌ं रखना चाहिए

5। यदि राहु या केतु दूसरे घर में हो तो एक बोतल में दूध भरकर वीराने में दबा देना चाहिए

6। पूर्वजों का श्राद्ध करना चाहिए और रात में दूध नहीं पीना चाहिए

नौवें घर में : -

1। घर की अलमारी में चांदी का एक चौकोर टुकड़ा रखना चाहिए

2। गरीबों को दूध दान में देना चाहिए

3। झूठा नहीं खाना चाहिए

4। रात में सिरहाने में दूध का एक गिलास रखें और प्रातः काल खजूर या कीकर के पेड़ पर चढ़ाना चाहिए

दसवें घर में : -

1। माता से चावल एवं चांदी लेकर एक चांदी की डिब्बी में हमेशा रखना चाहिए

2। चावल या दूध का दान कभी ना करें

3। रात में दूध ना पिए

4। यदि आप डॉक्टर हैं तो दवाईयों का दान कभी ना करें

ग्यारहवां घर : -

1। मंदिर में दूध का दान दें

2। अभी आपका बच्चा जन्म ले तो आपकी मां को उस बच्चे को 43दिनों तक नहीं देखना चाहिए यदि देख लिया हो उपाय के तौर पर 121 मीठे पेड़े नदी में प्रवाहित करना चाहिए

बारहवां घर : -

1। किसी भी गरीब बच्चे को पढ़ाने के लिए सहायता नहीं देना चाहिए

2। किसी भी कार्य को करने से पहले पानी का घुट लेना चाहिए

3। साधु या सन्यासी को भोजन नहीं देना चाहिए

4। बहुत ज्यादा बात नहीं करना चाहिए

विभिन्न घरों में मंगल की स्थिति

पहले घर में: -

1। किसी से भी मुफ्त में चीजें ना ले

2। साधु संतों से दूर रहें

3। हाथी दांतों के प्रोडक्ट से दूर रहें

4। मंगल संबंधी कारोबार से दूर रहें

5। भाइयों की देखभाल करें

दूसरे घर में: -

1। रेवड़ी और बताशे पानी में बहाएं

2। बिजली के उपकरणों का व्यवसाय शुभ होगा

3। लाल रंग का रुमाल अपने साथ रखें

4। घर में एक्वेरियम रखें

5। सुबह उठकर शहद का सेवन करें

तीसरे घर में: -

1। घर में हाथी दांत की चीजें रखें

2। बाए अंगूठे में चांदी की अंगूठी पहनने

3। पानी में रेवड़ियां बनाएं

चौथे घर में: -

1 पीपल के जड़ में मीठा दूध डालें और गीली मिट्टी से तिलक करें

2। यदि घर में अकारण आग लगती रहती हो तो मिट्टी के पात्र में शहद भरकर वीराने में दवाएं

3। सांवले व्यक्ति के साथ रिश्ता ना रखें इसी प्रकार गाने व्यक्ति के साथ एवं संतानहीन व्यक्ति के साथ रिश्ता ना रखें

4। तांबा गेह गुड या दूध का दान कभी-कभी करते रहना चाहिए 400 ग्राम रेवड़ी पानी में लगातार 7 मंगलवार प्रवाहित करना चाहिए

पांचवें घर में: -

1। रात में सिरहाने में पानी रखकर सुबह किसी पौधे में डाल देना चाहिए

2। घर में नीम वृक्ष लगाना चाहिए

3। पुरखों के लिए श्राद्ध करना चाहिए

छठे घर में : -

1। बच्चे के जन्म के टाइम मीठा ना बांटते हुए नमकीन चीजें बांटनी चाहिए

2। 6 कन्याओं को भोजन कराना चाहिए

3। चावल का दान करना चाहिए

4। अपने बच्चे को सोना ना पहनने दें

सातवें घर में: -

1। अपनी बहन या चाची को लाल रंग के वस्त्र उपहार में दें

2। शनि को उच्च बनाने के लिए घर बनाना चाहिए

3। कभी झंझट में खत्म ना हो रही हो तो छोटी-छोटी दीवारे बना कर गिराना चाहिए

4। मसूर दाल शहद या सिंदूर दान में दें या पानी में प्रवाहित करें

5। मृगछाला के ऊपर सोना चाहिए

आठवें घर में: -

1। 8 तंदूरीरोटियां कुत्तों को दिलाएं गले में चांदी की चेन पहने
2। 4 किलो रेवड़ी या बताशे पानी में प्रवाहित करें
3। यदि मंगल का प्रभाव बहुत खराब हो तो मिट्टी के पात्र म शहद भरकर वीराने में दवाएं यह उपाय उसी समय काम करेगा यदि गुरु या चंद्र तीसरे घर में हूं
4। मृगछाला पहने
5। बुद्ध मंगल का सबसे बड़ा शत्रु है जब बुद्ध मंगल के साथ युति करता है तो मामा के घर को बर्बाद करता है यदि मामा घर में ना रहे उसी शर्त पर इस प्रकोप से बचा जा सकता है नाक छेदन करवाकर और उसमें 100 दिनों तक चांदी पहनी जाए तो बुद्ध का बुरा असर दूर हो जाएगा
6। रसोई में बैठकर खाना खाएं मिट्टी के कुल्हड़ में गुड भरकर वीराने में दवाएं

नौवें घर में: -

1। चावल गुड़ या दूध का दान मंदिर में करें
2। अतिथियों को खाना खाने के बाद मीठा खिलाएं

दसवें घर में: -

1। मीठा खाना खाएं
2। मृगछाला साथ में रखें

ग्यारहवीं घर में: -

1। मिट्टी के कुल्हड़ में शहद या सिंदूर रखें
2। मेहमानों को मिठाई एवं भाइयों की देखभाल करें

12वीं घर में: -

1। किसी भी ब्राह्मण को शहद या गुड़ मिला हुआ दूध लगातार 12 मंगलवार पिलाएं
2। 12 बताशे लगातार 12 मंगलवार मंदिर में चढ़ाएं
3। घर में कोई भी जंग खाया हुआ औजार ना,रखें
4। सुबह उठकर शहद का सेवन करें

विभिन्न घरों में बुध की स्थिति

पहले घर में: -

1। हमेशा हरे रंग के कपड़ों से एवं साली से दूर रहें
2। दुर्गा सप्तमी के दिन कुंवारी कन्या का आशीर्वाद ले
3। कार के इलेक्ट्रॉनिक उपकरण घर में न रखें

दूसरे घर में: -

1। नाक छेदन करवाकर लगातार 96 दिनों तक चांदी पहने
2। चंद्र और गुरु का उपाय करना शुभ रहेगा
3। सूट या निवाड़ के गोले घर में ना रखें तोता ना पाली
4। धर्म स्थान में दूध या चावल का दान शुभ होगा

तीसरे घर में: -

1। फिटकरी से दांत साफ करें
2। चौड़े पत्ते वाले पौधे घर में ना लगाएं
3। दक्षिण मुखी घर में ना रहे तोता पहले
4। हिजड़ों को हरे कपड़े हरी चूड़ियां दान में दें

चौथे घर में: -

1। गले में चांदी का चेन पहने
2। माथे पर हल्दी य केसर का तिलक लगातार 43 दिनों तक लगाएं
3। बंदरों को गुड़ खिलाएं
4। मिट्टी के घड़े पानी में बहाए

पांचवें घर में: -

1। गले में तांबे का सिक्का पहने
2। गाय की सेवा करे
3। गाय मुखी घर बहुत शुभ रहेगा

छठ में घर में: -

1। किसी कार्य में जाते समय अपने साथ एक फूल ले जाए
2। दाहिने हाथ की उंगली में चांदी की अंगूठी पहनने
3। चंद्र अशुभ हो तो कांच की बोतल में गंगाजल भरकर जमीन में दबाए

सातवें घर में: -

1। काली गाय की सेवा करें
2। कन्यादान करें। साझीदारी में कोई व्यवसाय ना करें
3। अपनी बेटी की हर मांग पूरी करें और उसे अपनी माता के समान इज्जत **करें**

आठवीं घर में: -

1। 8 फूल या 8 फल साबुत मूंग दाल के साथ हरेकपड़े में बांधकर लगातार 8 दिनों तक मंदिर में दें, तोता ना पालें
2। चंद्र दूसरे घर में हो तो 34 पेढे (बिनाशक्कर वाले) कुत्तों को खिलाएं
3। मिट्टी के कुल्हड़ में मशरूम डालकर मंदिर में दें

4। घर के पूजा स्थान को ना बदले

नौवें घर में: -

1। नाक छेदन करवाकर चांदी पहले
2। पीले चावल लगातार 43 दिनों तक पानी में बहाए
3। जेब में लोहे की लाल रंग की गोली राखी
4। हरे कपड़ों का प्रयोग ना करें साबुत मूंग दाल दान दें

दसवें घर में: -

1। दूध या चावल का दान इंडियन में करें
2। घर में मनी प्लांट या तुलसी का पौधा ना रखें
3। शनि से संबंधित उपाय शुभ होगा

ग्यारहवें घर में: -

1। गले में तांबे का सिक्का पहले
2। हरे रंग का प्रयोग करें
3। साधु महात्माओं से कोई ताबीज ना ले
4। नाक छेदन ना करवाएं

बारहवें घर में: -

1। नात छेदन करवा कर चांदी डालें
2। 12:00 खाली मटके मंगलवार के दिन प्रवाहित करें
3। स्टील की अंगूठी धारण करें

विभिन्न घरों में शुक्र की स्थिति

पहले घर में: -

1। गुड़ का सेवन न करें

2। काली गाय की सेवा करें

3। 25 वर्ष से पहले विवाह ना करें पारिवारिक अशांति होने पर अपनी पत्नी से दोबारा विवाह करें

दूसरे घर में: -

1। 2 किलो पीले आलू गाय को खिलाएं

2। 200 ग्राम गाय का घी मंदिर में दे

3। मंगल से संबंधित वस्तुओं का प्रयोग करने से बच्चे पैदा करते वक्त परेशानी होती है

तीसरे घर में: -

1। अपनी स्त्री इज्जत के साथ रखें

2। मंगल से संबंधित वस्तुएं रखें

3। किसी भी प्रकार का संगीत एवं नृत्य के कार्यक्रम अपने घर में ना रखें

चौथे घर मे: -

1। पत्नी के बीमार हो जाने के समय एक कटोरी में शहद भर कर छत पर रखें

2। दही का दान करें

3। गुरु का उपाय सहायक होगा

4। गुरु से संबंधित वस्तुएं पानी में प्रवाहित करें

पांचवें घर में: -

1। गाय की सेवा करें एवं पिता की इच्छा के विरुद्ध विवाह ना करें

2। वृद्ध महिला की देखभाल करें

छठवें घर में: -

1। पत्नी नंगे पांव न रहें

2। 6 कन्याओं को लगातार छह दिनों तक दूध पिलाएं
3। अपने साथ हमेशा चांदी की ठोस गोली रखें
4। सुगंधित वस्तुओं का प्रयोग करें

सातवें घर में: -

1। लाल गाय की सेवा करें
2। यदि पत्नी बीमार हो तो उसके वजन के बराबर जुवार किसी मंदिर में दान करें
3। माता-पिता की देखभाल करें
4। गंदे नाले में नीला फूल प्रवाहित करें एवं सुगंधित वस्तुओं का उपयोग करें

आठवें घर में: -

1। शुक्रवार के दिन 8 किलो गाजर मंदिर में चढ़ाएं
2। 43 दिनों तक लगातार काली गाय को जुवार चढ़ाएं खिलाएं
3। एक फूल प्रतिदिन 43 दिनों तक गंदे नाले में बढ़ाएं
4। प्रत्येक शुक्रवार गाय को रोटी खिलाएं। पत्नी की गंभीर बीमारी के समय उसके वजन के बराबर जुवार जमीन में दबाए या चावल चिड़ियों को
5। किसी से भी मुफ्त में कोई चीज ना लें। प्रतिदिन मंदिर जाएं

नौवें घर में: -

1 काली और लाल गाय की सेवा करें
2। नीम के वृक्ष में 43 दिनों तक लगातार चांदी का चौकोर टुकड़ा दवाएं
3। अपनी पत्नी को चांदी का कड़ा जिसमें लाल रंग चढ़ा हो, पहनने को दे

दसवें घर में: -

1। मंदिर में कपास का दान करें
2। घर में कच्ची जगह जरूर होना चाहिए

3। मेहमानों को देखभाल करें

ग्यारहवें घर में: -

1। मंदिर में दही या कपास का दान करें
2। पानी में सरसों का तेल प्रवाहित करें या मंदिर में दे

बारहवें घर में: -

1। पत्नी के भार के बराबर ज्वार दान करें यदि पत्नी का स्वास्थ्य खराब हो
2। सफ़ेद गाय की सेवा करें
3। घी का दीपक जलाएं

विभिन्न घरों में शनि की स्थिति

पहले घर में: -

1। जमीन में काला सुरमा या काला नमक दबाएं
2। पीपल की जड़ में मीठा दूध डालें और तिलक लगाएं
3। किसी साधु को सिगड़ी या तवा

दूसरे घर में: -

1। उड़द चना एवं काली मिर्च का व्यवसाय अच्छा होगा
2। माथे पर तेल लगाना अशोक होगा
3। उड़द काली मिर्च एवं चने का दान मंदिर में करें

तीसरे घर में: -

1। चित्र खबरें कुत्ते को रखने से धन में वृद्धि होगी
2। गणेश जी की पूजा करें दक्षिण या पश्चिम मुखी मकान में ना रहे
3। उड़द दाल, चमड़ा, लोहा पानी में प्रवाहित करें

चौथे घर में: -

1। चावल एवं दूध गाय या भैंस को खिलाएं
2। कुएं में चावल या दूध डालें
3। तेल उड़द दाल और काला कपड़ा दान करें
4। शराब पानी में प्रवाहित करें
5। काले एवं हरे कपड़े ना पहने

पांचवे घर में: -

1। बच्चे के जन्म के समय नमकीन चीजें खिलाएं
2। मंदिर में 10 बादाम चढ़ाकर उसमें से 5 वापस लाकर घर में रखें
3। 48 की आयु के पहले मकान ना बनवाएं
4। शराब का दान करें

छठे घर में: -

1। बुध का उपाय करें
2। मिट्टी के कुल्हड़ में सरसों तेल भरकर तालाब में दबा दें
3। 6 जोड़ी जूते मजदूरों को शनिवार को दान में दें
4। बादाम एवं नारियल पानी में प्रवाहित करें

सातवें घर में: -

1। काले कौवे को खाना दे
2। पहला घर खाली है तो बर्तन में शहद भरकर घर में रखें
3। शराब एवं तेल का दान करें

आठवें घर में: -

1। चांदी का चौकोर टुकड़ा अपने पास रखें

2। शराब न पिए

3। 8 किलो काली उड़द लगातार 42 साल की आयु तक पानी में बहा दे रही शनिवार के शनिवार

4। रोटी में सरसों का तेल लगाकर कौवा एवं कुत्तों को डालें

नौवें घर में: -

1। चावल या बदाम पानी में प्रवाहित करें

2। सोना चांदी के व्यवसाय में लाभ होगा

3। गुरु का उपाय सो होगा

4। भैरो के टेंपल में शराब चढ़ाएं

10 वें घर में: -

1। पीतल के बर्तन में गंगा जल घर में रखें

2। शराब का सेवन ना करें

3। चने की दाल लगातार 43 दिनों तक प्रवाहित करें

4। 10 अंधों को खाना खिलाएं

5। किसी भी प्रकार का हथियार साथ में ना रखें

11 वें घर में: -

1। सूर्योदय के समय भूमि पर तेल, शराब या अन्य लिक्विड गिराएं

2। किसी भी महत्वपूर्ण कार्य से पहले मिट्टी के घड़े में पानी भर के घर में रखें

3। शराब का सेवन ना करें। घर में चांदी की एक ईट रखें

बारहवें घर में: -

1। शराब का सेवन ना करें। 12 बादाम काले कपड़े में लपेटकर घर के दक्षिण में रखें

2। तेल एवं शराब का दान करें

विभिन्न घरों में राहु की स्थिति

पहले घर में: -

1। 400 ग्राम तांबे के सिक्के पानी में प्रवाहित करें
2। काले एवं नीले कपड़े ना पहने
3। गले में चांदी का चेन धारण करें
4। नारियल प्रवाहित करें
5। चंद्र का उपाय शुभ होगा

दूसरे घर में: -

1। चांदी की ठोस गोली चांदी के बक्से में बंद करके घर में रखें
2। यदि पुत्र तकलीफ में हो तो जाओ या सरसों प्रवाहित करें

तीसरे घर में: -

1। हाथी दांत का कोई सामान घर में ना रखें
2। चांदी के आभूषण साथ में रखें
3। संयुक्त परिवार में रहें। किसी के लिए गवाही ना दें

चौथे घर में: -

1। चांदी पहने
2। 400 ग्राम धनिया लगातार 7 दिनों तक प्रवाहित करें
3। झूठी गवाही ना दें

पांचवे घर में: -

1। चांदी का ठोस हाथी घर में रखें
2। द्वितीय विवाह ना करें
3। कन्यादान शुभ रहेगा। संयुक्त परिवार में रहें

छठे घर में: -

1। भूरा या काला कुत्ता घर में रखें

2। काला चश्मा पहने

3। चांदी की ठोस गोली अपने साथ रखें

7 वें घर में: -

1। घर में चांदी की ईट रखें

2। शनिवार के दिन नारियल या बादाम प्रवाहित करें

3। शादी के समय कन्या को अपने पिता से चांदी की ठोस गोली लेना चाहिए और ससुराल में लाकर पूजा स्थान में रख देना चाहिए यदि 21 वर्ष की आयु के पहले शादी होती है तो चांदी की कटोरी में गंगाजल भरकर घर में रखना चाहिए

आठवें घर में: -

1। अपने वजन के बराबर कच्चा कोयला पानी में प्रवाहित करना चाहिए

2। 8 बादाम लगातार 43 दिनों तक मंदिर में चढ़ाएं एवं उनमें से 4 घर में लाकर रखें

3। 4 किलो सीसा और 8 नारियल 42 वर्ष की आयु में प्रवाहित करना चाहिए

4। घर या स्नानघर का छत बदलना नहीं चाहिए यदि बदलना पड़े उसने पुराना मटेरियल मिला लेना चाहिए

5। संयुक्त परिवार में रहना चाहिए

6। बुखार नहीं उतर रहा हो तो 800 ग्राम बार्ली गौमूत्र से धोना चाहिए और उसे प्रवाहित कर देना चाहिए अपने साथ हमेशा चांदी का चौकोर टुकड़ा रखना चाहिए

नौवें घर में: -

1। कुत्ता पालें
2। केसर का तिलक लगाएं सोना धारण करें
3। जॉइंट फैमिली में रहे
4। सरसों का दान करें

दसवें घर में: -

1। सिर को ढक कर रखें
2। मसूर दाल प्रवाहित करे
3। 4 किलोग्राम गुण प्रवाहित करें यह दान करें
4। मंगल का उपाय करें अंधे लोगों को खाना खिलाएं
5। जो को अंधेरे कमरे में रखें
6। सरसों का दान करें

ग्यारवे में घर में: -

1। सोना पहनने
2। चांदी के गिलास में पानी पिए
3। चना दाल और लड्डू खाते हैं पीले कपड़े में लपेटकर रखें
4। हाथी जैसा खिलौना ना खरीदें
5। घर में या साथ में हथियार ना रखें

बारहवें घर में: -

1। लाल रंग की थैली में सौंफ सिरहाने रखें
2। रसोई में बैठकर खाना खाएं
3। कच्चे कोयले पानी में बहाएं
4। चांदी का ठोस हाथी घर में रखें

विभिन्न घरों में केतु की स्थिति

पहले घर में: -

1। बंदरों को गुड़ खिलाएं

2। बुध का उपाय करें

3। काला सफेद कंबल मंदिर में दें

4। पैर के दोनों अंगूठे में चांदी की रिंग पहले

5। यदि कुंडली में सूर्य छठे या सातवें घर में है तो गुड गेहूं या तांबा दान नहीं करें

दूसरे घर में: -

1। मंदिर में हल्दी की गांठे चढ़ाएं

2। माथे पर केसर या हल्दी का तिलक लगाएं

3। गाय को चारा दें

तीसरे घर में: -

1। केसर का तिलक लगाएं

2। बीमारी की हालत में चना और केसर मिलाकर प्रवाहित करें

3। सोना पहने इसे चोट नहीं लगेंगे

4। अकारण यात्रा रोकने के लिए गुड और दूध एवं चावल मिलाकर प्रवाहित करें

5। रस्सी या सूत के गोले घर में ना रखें

6। काला सफेद कंबल मंदिर में दें या जमीन में दबाए

चौथे घर में: -

1। घर के पुरोहित को सोना, पीली वस्तुएं पीले कपड़े में लपेटकर

2। चना दाल प्रवाहित करें

3। चांदी पहने

पांचवे घर में: -

1। चावल दूध और गुड का दान करें
2। केले प्रवाहित करें या दान में दें

छठे घर में: -

1। बाएं हाथ की उंगली में अनामिका में सोने का छल्ला धारण करें
2। लहसुन की कलियों को लगातार छह दिनों तक प्रवाहित करें अगर चंद्र चौथे घर में हो
3। दूध में केसर मिलाकर पिए
4। कुत्ता पालन करें यदि कुत्ता मर जाए तो दूसरा कुत्ता 15 दिन के अंदर अंदर ले आए

सातवें घर में: -

1। झूठे वादे ना करें
2। गंभीर परेशानियों के समय गुरु का उपाय करें
3। चार नींबू और चार केले प्रवाहित करें
4। काली गाय की सेवा करें

आठवें घर में: -

1। 200 ग्राम चना दाल पीले कपड़े में बांधकर मंदिर में दें
2। दोनों कानों के ऊपरी हिस्से में छेद करके सोना पहनने
3। काला कुत्ता रखें मंदिर में काला सफेद कंबल दान करें

नौवें घर में: -

1। कानो में सोना पहने

2। चौकोर चांदी का टुकड़ा रखें
3। माता-पिता का ख्याल रखें

दसवें घर में: -

1। शहद या दूध घर की नींव में दवाएं
2। चांदी की डिब्बी में शहद भरकर घर में रखें
3। 9 साल से कम आयु के बच्चों को खाना खिलाएं

ग्यारवे घर में: -

1। काला कुत्ता पालन
2। कुत्तों को खाना खिलाएं

बारहवें घर में: -

1। सोने की चेन पहने
2। काला कुत्ता पाले

विशेष:

सामान्य रूप से लाल किताब के उपाय 43 दिन पूरे होने के बाद देखते हैं, लेकिन उपाय पूरे होने के पहले भी परिणाम आने लगते हैं। लेकिन इसका मतलब यह नहीं के उपाय बीच में ही छोड़ दी है, पूरे 43 दिनों तक उपाय करने हैं।

1। याददाश्त बढ़ाने के लिए गाय के कंडे के राख से हाथ धोना चाहिए क्योंकि कंडे बुद्ध के कारक हैं।
2। केसर नाभि पर लगाने से चेहरे पर लालिमा आती है, क्योंकि गुरु और मंगल की युति हो जाती है।

3। दक्षिण मुखी दरवाजा वाले घर में रहना हो तो मिट्टी का ठोस बंदर दरवाजे पर लगाना चाहिए जिसका मुंह घर के अंदर की ओर हो।

4। खराब पड़े संगीत के उपकरण तथा इलेक्ट्रॉनिक उपकरण घर में नहीं रखना चाहिए क्योंकि कारण गुरु की हवा बुद्ध के अंदर अवरुद्ध हो जाती है और धन का आगमन रुक जाता है या बहुत कम हो जाता है।

5। घर में खाली मटके में अनाज भर कर रखना चाहिए।

6। घर में मंदिर रखने से और घंटी बजाने से लाल किताब के अनुसार संतानहीनता की घंटी बज जाएगी विशेष रुप से पुत्र संतान नहीं हो पाएगा।

7। सामान्यतः सभी पुरुषों को चांदी का जला हुआ कड़ा पहनना चाहिए जिसमें 48 ग्राम का तांबे का मेक लगा हो स्वास्थ्य के लिए यह अच्छा होता है, क्योंकि गोलाकार बुद्ध का, चांदी चंद्र का, और तांबा सूर्य का कारक है।

8। विवाहित महिला को कभी भी फर्श पर नंगे पांव नहीं चलना चाहिए। चप्पल पहन कर चले या दरी पर चलें क्योंकि केतु का सीधा संपर्क शुक्र (कच्ची जमीन) के साथ और शनि (फर्श) के साथ होकर बुद्ध एवं राहु (भावना) के साथ हो जाएगा।

9। खाना बनाने से पहले पानी के कुछ सीटें है तवे पर डाल देना चाहिए। इसी प्रकार खाना बनाने के बाद चूल्हे में दूध के कुछ चीजें डालना चाहिए।

10। चांदी की चूड़ी जो की ढलाई से बनी हुई हो उसके ऊपर लाल रंग चढ़ाकर पहनने से घर के तनाव में कमी आती है क्योंकि गोलाकार बुद्ध का है जिस पर चंद्र का प्रभाव है। यह दोनों राहु (तनाव) पर मंगल के लाल रंग के द्वारा नियंत्रण करेंगे।

बुध का भेद

बुध के भेद का मतलब है, बुध के विभिन्न रूप जो की वह विभन्न ग्रहों के नकल करके बनाता है। यह भेद ग्रहों की शक्तियों को उनके बैठे होने वाले घर न. से गुणा करके निकलते है और फिर सभी गुणनफल को जोड़ कर उसमे 9

से भाग देते हैं जो शेष बचता है, उस अंक से बुध का भेद निकालते हैं। ग्रहों की शक्तिया निम्न लिखित हैं :-

सु = 9, चं = 8, शु = 7, गु = 6, मं = 5, बु = 4, श = 3, रा = 2

के = 1

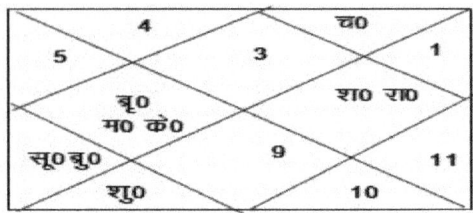

बुध का भेद

ग्रह	ग्रहशक्ति	ग्रहशक्ति X खाना न.	गुणन फल (product)	Q का मूल्य
A	B	C	B X C = D	0 = 5th खाने का ग्रह . #
सु	9		सभी गणनफल का जोड़ = Z	1 = के
चं	8			2 = रा
शु	7			3 = श
गु	6			4 = बू
मं	5			5 = मं
बू	4			6 = गु
श	3			7 = शु
रा	2		टोटल = Z	8 = चं
के	1			9 = सु
Z / 9 = शेष = Q . # यदि न. ५ खाली तो घर स्वामी को ले				

www.ingramcontent.com/pod-product-compliance
Lightning Source LLC
LaVergne TN
LVHW061539070526
838199LV00077B/6842
* 9 7 8 9 3 6 4 5 2 7 3 1 6 *